全国高职高专经济管理专业“十三五”规划精品教材·会计类

初级会计实务

主　编　何彦　徐梅　方丽

中国·武汉

图书在版编目(CIP)数据

初级会计实务/何彦,徐梅,方丽主编.—武汉:华中科技大学出版社,2019.2
全国高职高专经济管理专业"十三五"规划精品教材.会计类
ISBN 978-7-5680-4998-6

Ⅰ.①初… Ⅱ.①何… ②徐… ③方… Ⅲ.①会计实务-高等职业教育-教材 Ⅳ.①F233

中国版本图书馆 CIP 数据核字(2019)第 033333 号

初级会计实务
Chuji Kuaiji Shiwu

何 彦 徐 梅 方 丽 主编

策划编辑:聂亚文
责任编辑:史永霞
封面设计:孢 子
责任监印:朱 玢
出版发行:华中科技大学出版社(中国·武汉) 电话:(027)81321913
武汉市东湖新技术开发区华工科技园 邮编:430223
录 排:华中科技大学惠友文印中心
印 刷:武汉华工鑫宏印务有限公司
开 本:787mm×1092mm 1/16
印 张:17
字 数:434 千字
版 次:2019 年 2 月第 1 版第 1 次印刷
定 价:42.00 元

前言

“初级会计实务”是会计专业核心课程的重要内容。作为高职高专财会专业工学结合教材，本教材主要有以下特点：

1．教材内容依据我国最新的会计政策和税收规范编写。

在充分调研和吸收企业管理人士意见的基础上，依据我国《企业会计准则 2006》、《企业会计准则讲解 2010》、2014—2017 年企业会计准则修订与增补、《财政部、国家税务总局关于全面推开营业税改征增值税试点的通知》（财税〔2016〕36 号）等最新的会计和税收规范编写。

2．教材体例契合工学结合的教学要求，采用项目化体系编写。

本教材采取任务引领的编写模式，以“必需、够用”为尺度，将知识点与技能点“情境化”、“问题化”、“任务化”和“目标化”。每个教学项目明确提出该项目中所涉及的学习目标要求及典型工作任务，旨在让学生在学习完成具体工作任务的过程中熟练各项经济业务的会计处理，构建相关理论知识和实践能力，实现教、学、做一体，培养学生的职业能力。

3．教材充分考虑专业课证融通要求，参照初级会计职业资格考核标准编写。

围绕高职高专人才培养目标，结合会计岗位所需职业能力，同时考虑会计职称考试需要，根据《高等职业学校专业教学标准（试行）》要求，我们认为会计实务应安排的基本教学内容如下：

初级会计实务	中级会计实务	高级会计实务
企业会计概述 货币资金 应收及预付款项 存货 金融资产（基本） 固定资产 无形资产 流动负债 所有者权益 收入、费用和利润 财务会计报告（基本）	会计准则应用 外币折算（基本） 非货币性资产交换 债务重组 金融资产（系统） 长期股权投资（系统） 投资性房地产 资产减值（基本） 资产负债表日后事项 非流动负债（系统） 会计变更与差错更正 所得税（基本） 财务会计报告（系统）	外币折算（系统） 租赁（系统） 衍生工具会计（上） 衍生工具会计（下） 企业合并 每股收益 资产减值（系统） 分部与中期财务报告 合并财务报告（上） 合并财务报告（下） 所得税（系统）

据此，本教材的教学内容主要突出会计要素核算的原则与方法，结合初级会计实务资格考试大纲要求编排内容、选择实例，力求使会计理论描述和业务处理方法与企业实际经济活动实时吻合，切合职业岗位的实际需要，以工作任务为主线，突出职业岗位能力培养，实施项目化教学。全教程共分11个教学项目，涵盖资产核算、负债核算、所有者权益核算、收入核算、费用核算、利润核算及财务报告编制等内容。

高职院校可根据招生对象的不同选用不同内容以合理安排教学。

本教材由常州纺织服装职业技术学院何彦（教授）、常州轻工职业技术学院徐梅（讲师，注册会计师）、江海职业技术学院方丽（副教授）主编。其中，何彦执笔编写项目1至项目7，徐梅执笔编写项目8至项目9，方丽执笔编写项目10至项目11。

本教材采取校企合作模式，由高职院校教师与厦门网中网软件有限公司、华润（集团）创业有限公司等企业专业人士合作完成。校企合作编写团队共同对教程编写理念、编写思路、编写内容和编写方法等进行了认真细致的研讨。在教程编写过程中，得到很多企业、行业专家和同行的热情指导和帮助，尤其是得到了厦门网中网软件有限公司官小军、华润（集团）创业有限公司马防震的大力支持，在此表示由衷的感谢。

另外，需要指出的是，如有新的会计、税收法规出台，应以新颁布的为准。

由于编者水平有限，本教材在内容编排和表述上可能有不到位之处，敬请各位专家同行和广大读者批评指正。

编　者

2018年7月

目录

项目1

会计职业及会计岗位认知

【学习目标要求】

掌握会计的概念、特点及会计信息的使用者;明确会计目标和作用;理解会计的基本假设和会计信息的质量要求;熟悉会计基本要素及对其核算要解决的主要问题;了解会计法规体系及主要内容;认识企业会计岗位工作职责。

【典型工作任务】

1. 会计基础认知
2. 会计职业认知
3. 会计岗位认知

本项目知识结构

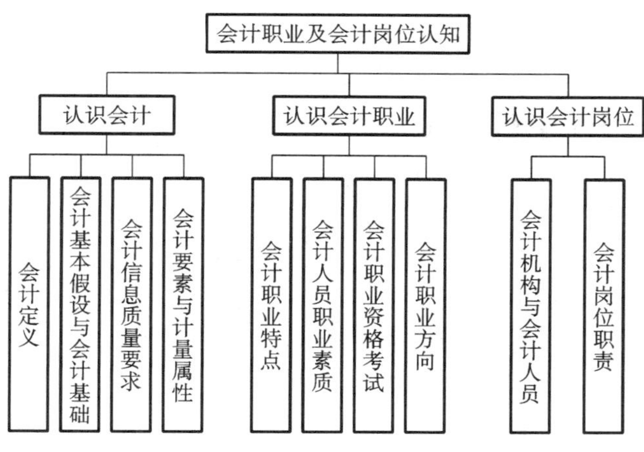

任务 1.1　认识会计

一、会计定义

会计是随着社会生产力的提高和经济管理的需要而产生和发展起来的。对于现代会计来说，会计是企业经济管理活动，也是处理经济信息的一个信息系统。在市场经济条件下，经济活动的各个领域都存在着会计管理活动，而且经济越发展会计越重要。

会计是以货币为主要计量单位，采用专门方法和程序，对企业和行政、事业单位的经济活动进行完整的、连续的、系统的核算和监督，以提供经济信息和反映受托责任履行情况为主要目的的经济管理活动。

会计由简单的计数发展而成具有完备的理论基础与实践规范的现代会计，经历了漫长的发展历程。进入 20 世纪 50 年代以来，随着现代科技的发展，传统会计逐步发展成为财务会计和管理会计两大分支，共同服务于市场经济下的现代企业。

◇知识拓展 1.1

财务会计与管理会计的联系与区别

管理会计，是利用财务会计提供的财务信息及其他生产经营活动中的有关资料，运用数学、统计等方面的一系列方法，通过整理、计算、对比、分析等手段的运用，向企业内部各级管理人员提供用于短期和长期经营决策、制订计划、指导和控制企业经营活动的信息。

会计始终是服务于管理的，现代会计分为财务会计和管理会计两大分支是适应所有权与经营权相分离的结果。财务会计与管理会计两者是同源而分流的。

财务会计和管理会计都是以现代企业经济活动所产生的数据为依据，通过科学的程序和方法，提供用于经济决策与控制的、以财务信息为主的经济信息。财务会计主要为外部利益关系集团服务，提供受托主体履行和完成经济责任的信息，以满足外部利益集团的需要，因此财务会计又称为“对外报告会计”，是一种社会化的会计；管理会计主要为企业内部各个层次的委托人服务，为其提供加强经济管理、提高全面经济利益和社会效益的信息，因此，管理会计又称为“对内报告会计”，是一种个性化的会计。

本书所述的会计核算主要属于财务会计范畴。

1. 财务会计定义

财务会计是以会计准则为主要依据，确认、计量企业资产、负债、所有者权益的增减变动，记录收入的取得、费用的发生和归属，以及收益的形成和分配，定期以财务报告的形式报告企业的财务状况、经营成果和现金流量，并分析报表、评价企业的偿债能力、获利能力等的一整套信息处理系统。

2. 财务会计目标

财务会计的目标，即向财务会计报告使用者提供与企业财务状况、经营成果和现金流量等有关的会计信息，反映企业管理层受托责任履行情况，有助于财务会计报告使用者做出经济决策。

我国财务报告目标，主要包括以下两个方面：

（1）向财务报告使用者提供决策有用的信息。

企业编制财务报告的主要目的是满足财务报告使用者的信息需要，有助于财务报告使用者做出经济决策。因此，向财务报告使用者提供决策有用的信息是财务报告的基本目标。

财务报告的使用者包括投资者、债权人、政府及其有关部门和社会公众等。

（2）反映企业管理层受托责任的履行情况。

在现代公司制下，企业所有权和经营权相分离，企业管理层是受委托人之托，经营管理企业及其各项资产，负有受托责任。企业管理层所经营管理的各项资产均为投资者投入的资本（或者留存收益作为再投资）或者向债权人借入的资金所形成的，企业管理层有责任妥善保管并合理、有效地使用这些资产。因此，财务报告应当反映企业管理层受托责任的履行情况，以有助于评价企业的经营管理责任以及资源使用的有效性，并帮助投资者决定是否继续维持委托代理关系。

3. 会计规范

会计规范是一套用于规定并约束会计信息系统的数据加工、处理与信息生成等行为的法律、制度、标准和惯例的总称，也是评价会计工作质量、会计信息质量的标准和依据。

目前，我国的会计规范体系由四个部分构成：

（1）会计法律。由国家最高权力机关——全国人民代表大会及其常委会经过一定立法程序制定的有关会计工作的法律，我国的会计法律即《中华人民共和国会计法》，简称《会计法》，是制定其他会计法规的基本依据，是指导会计工作的最高准则。

（2）会计行政法规。由国家最高行政管理机关——国务院制定并发布，或国务院有关部门拟定并经国务院批准发布，调整经济生活中某些方面会计关系的法律规范。会计行政法规制定的依据是《会计法》，它通常以条例、办法、规定等具体名称出现。《企业财务会计报告条例》《总会计师条例》等属于行政法规，其中《企业财务会计》是对《会计法》有关财务会计报告要求的具体化。

（3）部门规章。由国务院财政部根据《会计法》制定的关于会计核算、会计监督、会计机构和会计人员，以及会计工作管理的制度，包括规章和规范性文件。《企业会计准则——基本准则》，简称《基本准则》，属于部门规章。

（4）规范性文件。《企业会计准则第 1 号——存货》等具体会计准则、《企业会计准则——应用指南》和解释公告等属于规范性文件。

综上所述，我国企业会计准则体系由基本准则、具体准则、应用指南和解释公告等组成。其中，基本准则具体规范了包括财务报告目标、会计基本假设、会计信息质量要求、会计要素的定义及其确认、计量原则、财务报告等在内的基本问题，其在整个企业会计准则体系中扮演着概念框架的角色，起着统驭作用，是制定具体准则的基础，属于企业会计准则中的第一层次；具体会计准则分为一般业务准则、特殊业务准则和报告类准则，主要规范了各项具体业务事项的确认、计量和报告，属于会计准则体系中的第二层次；应用指南是对具体准则的一些重点、难点问题做出的操作性规定，属于会计准则体系中的第三层次；解释公告是随着《企业会计准则》的贯彻实施，就实务中遇到的实施问题而对准则做出的具体解释，属于会计准则体系中的第四层次。我国企业会计准则体系如图 1-1 所示。

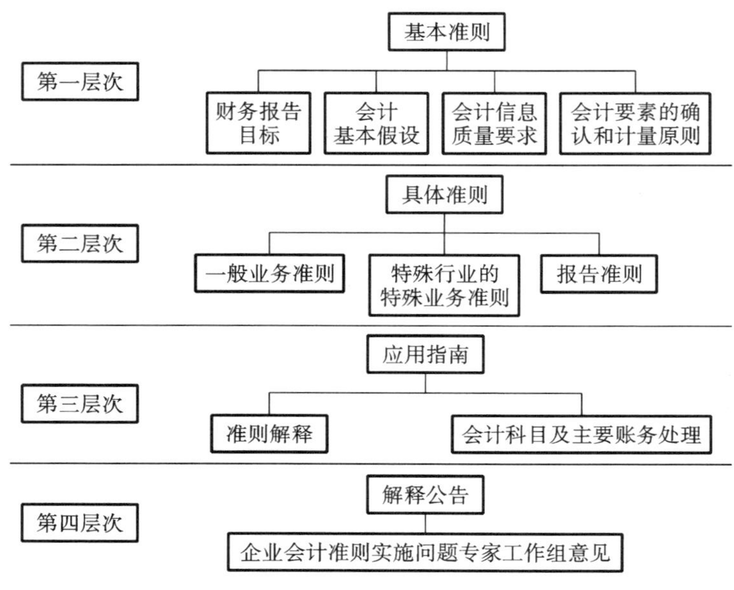

图 1-1　我国企业会计准则体系

二、会计基本假设与会计基础

1. 会计基本假设

会计基本假设是对会计核算所处时间、空间环境等所做的合理假定，是企业会计确定、计量和报告的前提。财务会计核算对象的确定、财务报表要素的确认与计量都要以这一基本前提为依据。会计基本假设包括会计主体、持续经营、会计分期、货币计量四个方面。

1）会计主体

会计主体，是指企业会计确认、计量和报告的空间范围。

在会计主体假设下，企业应当对其本身发生的交易或者事项进行会计确认、计量和报告，反映企业本身所从事的各项生产经营活动。明确界定会计主体是开展会计确认、计量和报告工作的重要前提。

首先，明确会计主体，才能划定会计所要处理的各项交易或事项的范围。在会计工作中，只有那些影响企业本身经济利益的各项交易或事项才能加以确认、计量和报告，那些不影响企业本身经济利益的各项交易或事项不能加以确认、计量和报告。会计核算中涉及的资产、负债的确认，收入的实现，费用的发生等，都是针对特定会计主体而言的。

其次，明确会计主体，才能将会计主体的交易或者事项与会计主体所有者的交易或者事项以及其他会计主体的交易或者事项区分开来。例如，企业所有者的经济交易或者事项是属于企业所有者主体所发生的，不应纳入企业会计核算的范围，但是企业所有者投入企业的资本或者企业向所有者分配的利润，则属于企业主体所发生的交易或者事项，应当纳入企业会计核算的范围。

会计主体不同于法律主体。一般来说，法律主体必然是会计主体。

2）持续经营

持续经营，是指在可以预见的将来，企业将会按当前的规模和状态继续经营下去，不会停业，也不会大规模削减业务。

在持续经营假设下，企业会计确认、计量和报告应当以持续经营为前提。明确这一基本假设，就意味着会计主体将按照既定用途使用资产，按照既定的合约条件清偿债务，会计人员就可以在此基础上选择会计政策和估计方法。只有设定企业是持续经营的，才能进行正常的会计处理。采用历史成本计价、在历史成本的基础上进一步采用计提折旧的方法等，都是基于企业是持续经营的。

3）会计分期

会计分期，是指将一个企业持续经营的生产经营活动期间划分为若干连续的、长短相同的期间。会计分期的目的，在于通过会计期间的划分，将持续经营的生产经营活动划分成连续、相等的期间，据以结算盈亏，按期编报财务报告，从而及时向财务报告使用者提供有关企业财务状况、经营成果和现金流量的信息。

在会计分期假设下，会计核算应划分会计期间，分期结算账目和编制财务报告。

会计期间分为年度和中期。年度和中期均按公历起讫日期确定。中期是指短于一个完整的会计年度的报告期间。

4）货币计量

货币计量，是指会计主体在财务会计确认、计量和报告时以货币计量，反映会计主体的生产经营活动。货币是商品的一般等价物，是衡量一般商品价值的共同尺度，具有价值尺度、流通手段、贮藏手段和支付手段等特点。

以货币计量为假设，可以全面反映、综合反映企业的生产经营情况。但是，统一采用货币计量也有缺陷，例如，某些影响企业财务状况和经营成果的因素，如企业经营战略、研发能力、市场竞争力等，往往难以用货币来计量，但这些信息对于使用者决策也很重要，为此，企业可以在财务报告中补充披露有关非财务信息来弥补上述缺陷。

2. 会计基础

会计基础，是指会计确认、计量和报告的基础，具体包括权责发生制和收付实现制。

为了更加真实、公正地反映特定会计期间的财务状况和经营成果，我国《企业会计准则——基本准则》明确规定：企业应该以权责发生制为基础进行会计确认、计量和报告。权责发生制，是指收入、费用的确认应当以收入和费用的实际发生而非实际收支作为确认的标准。凡是当期已经实现的收入和已经发生或应当负担的费用，不论款项是否收付，都应当作为当期的收入和费用处理；凡是不应归属于当期的收入和费用，即使款项已经在当期收付，也都不应作为当期的收入和费用。

权责发生制以权利取得和责任完成作为收入和费用发生的标志，有助于正确衡量企业经营成果。

收付实现制是与权责发生制相对应的一种会计基础，它以现金的实际收到或支付作为确认收入和费用的标准。收付实现制操作相对简单，适用于无须通过计量利润以反映其经营成果的单位。

目前，政府会计由预算会计和财务会计构成。其中，预算会计采用收付实现制，国务院另有规定的，依照具体规定；财务会计采用权责发生制。

三、会计信息质量要求

会计信息质量要求是对企业财务报告提供会计信息质量的基本要求，是使财务报告中所提供会计信息对投资者等信息使用者决策有用应具备的基本特征。根据《企业会计准则——基本准则》的规定，主要包括可靠性、相关性、可理解性、可比性、实质重于形式、重要性、谨慎性和及时性等。其中，可靠性、相关性、可理解性和可比性是会计信息的首要质量要求，是企业财务报告中所提供会计信息应具备的基本质量特征；实质重于形式、重要性、谨慎性和及时性是会计信息的次级质量要求，是对可靠性、相关性、可理解性和可比性等首要质量要求的补充和完善，尤其是在对某些特殊交易或者事项进行处理时，需要根据这些质量要求来把握其会计处理原则。另外，及时性还是会计信息相关性和可靠性的制约因素，企业需要在相关性和可靠性之间寻求一种平衡，以确定信息及时披露的时间。

1. 可靠性

可靠性要求企业应当以实际发生的交易或者事项为依据进行确认、计量和报告，如实反映符合确认和计量要求的各项会计要素及其他相关信息，保证会计信息真实可靠、内容完整。

可靠性是高质量会计信息的重要基础和关键所在。如果企业以虚假的交易或事项进行确认、计量和报告，属于违法行为，不仅会严重损害会计信息质量，而且会误导投资者，干扰资本市场，导致会计秩序、财经秩序混乱。

2. 相关性

相关性要求企业提供的会计信息应当与财务报告使用者的经济决策需要相关，有助于财务报告使用者对企业过去、现在或者未来的情况做出评价或者预测。

相关的会计信息应当能够有助于使用者评价企业过去的决策，证实或者修正过去的有关预测，因而具有反馈价值。相关的会计信息还应当具有预测价值，有助于使用者根据财务报告提供的会计信息预测企业未来的财务状况、经营成果和现金流量。

3. 可理解性

可理解性要求企业提供的会计信息应当清晰明了，便于财务报告使用者理解和使用。

企业编制财务报告、提供会计信息的目的在于使用，要想让使用者有效使用会计信息，就应当放弃了解会计信息的内涵，弄懂会计信息的内容，这就要求财务报告提供的会计信息应当清晰明了，易于理解。只有这样，才能提供会计信息的有用性，实现财务报告的目标，满足向投资者等财务报告使用者提供决策有用信息的要求。

4. 可比性

可比性要求企业提供的会计信息应当具有可比性。具体包括下列要求：

(1) 同一企业对于不同时期发生的相同或者相似的交易或者事项，应当采用一致的会计政策，不得随意变更。当然，满足会计信息可比性的要求，并不表明不允许企业变更会计政策，企业按照规定或者会计政策变更后可以提供更可靠、更相关的会计信息时，就有必要变更会计政策，以向使用者提供更为有用的信息，但是有关会计政策变更的情况，应当在附注中予以说明。

(2) 不同企业发生的相同或者相似的交易或者事项，应当采用规定的会计政策，确保会计信息口径一致、相互可比，即对于相同或者相似的交易或者事项，不同企业应当采用一致的会计政策，以使不同企业按照一致的确认、计量和报告基础提供有关会计信息。

5. 实质重于形式

实质重于形式要求企业应当按照交易或者事项的经济实质进行会计确认、计量和报告，不应仅以交易或者事项的法律形式为依据。

在实际工作中，交易或者事项的外在法律形式并不总能完全反应其实质内容，企业发生的交易或者事项在多数情况下，其经济实质和法律形式是一致的。但在有些情况下，会出现不一致。例如，以融资租赁方式租入的资产，虽然从法律形式来讲企业并不拥有其所有权，但是由于租赁合同规定的租赁期相当长，往往接近于该资产的使用寿命；租赁期结束时承租企业有优先购买该资产的选择权；在租赁期内承租企业有权支配资产并从中受益等，从其经济实质来看，企业能够控制融资租入资产所创造的未来经济利益，在会计确认、计量和报告时就应当将以融资租赁方式租入的资产视为企业的资产，在企业的资产负债表中进行反映。

6. 重要性

重要性要求企业提供的会计信息应当反映与企业财务状况、经营成果和现金流量有关的所有重要交易或者事项。

在实务中，如果某会计信息的省略或者错报会影响投资者等财务报告使用者据此做出决策，该信息就具有重要性。重要性的应用需要依赖职业判断，企业应当根据其所处环境和实际情况，从项目的性质和金额大小两方面加以判断。例如，企业发生的某些支出，金额较小，从支出的收益期来看，可能需要若干会计期间进行分摊，但根据重要性要求，可以一次性计入当期损益。

7. 谨慎性

谨慎性要求企业对交易或者事项进行会计确认、计量和报告时应当保持应有的谨慎，不应高估资产或者收益、低估负债或者费用。

在面临不确定因素，需要对某些会计事项进行职业判断时，应保持一定程度的谨慎，稳妥从事，留有余地。例如，企业对售出商品可能发生的保修义务确认预计负债、对可能承担的环保责任确认预计负债等，就体现了会计信息质量的谨慎性要求。

但是，谨慎性的应用并不允许企业设置秘密准备，如果企业故意低估资产或者收益，或者故意高估负债或者费用，将不符合会计信息的可靠性和相关性要求，损害会计信息质量，扭曲企业实际的财务状况和经营成果，从而对使用者的决策产生误导，这是会计准则所不允许的。

8. 及时性

及时性要求企业对于已经发生的交易或者事项，应当及时进行确认、计量和报告，不得提前或者延后。

在会计确认、计量和报告过程中贯彻及时性，一是要求及时收集会计信息，即在经济交易或者事项发生后，及时收集整理各种原始单据或者凭证；二是要求及时处理会计信息，即按照会计准则的规定，及时对经济交易或者事项进行确认或者计量，并编制出财务报告；三是要求及时传递会计信息，即按照国家规定的有关时限，及时地将编制的财务报告传递给财务报告使用者，便于其及时使用和决策。

四、会计要素与计量属性

（一）会计要素及其确认

会计要素，是根据交易或事项的经济特征所确定的财务会计对象和基本分类。会计要素按照其性质分为资产、负债、所有者权益、收入、费用和利润，其中，资产、负债和所有者权益要素侧重于反映企业的财务状况，收入、费用和利润要素侧重于反映企业的经营成果。会计要素的界定和分类可以使财务会计系统更加科学严密，为投资者等财务报告使用者提供更加有用的信息。

1. 资产及其确认

资产，是指企业过去的交易或者事项形成的、由企业拥有或者控制的、预期会给企业带来经济利益的资源。

根据资产的定义，资产具有以下几个方面的特征：

(1) 资产预期会给企业带来经济利益，是指资产直接或者间接导致现金和现金等价物流入企业的潜力。

(2) 资产应为企业拥有或者控制的资源，是指企业享有某项资源的所有权，或者虽然不享有某项资源的所有权，但该资源能被企业所控制。

(3) 资产是由企业过去的交易或者事项形成的。企业过去的交易或者事项包括购买、生产、建造行为或其他交易或者事项。预期在未来发生的交易或者事项不形成资产。

将一项资源确认为资产，需要符合资产的定义，并同时满足以下两个条件：一是与该资源有关的经济利益很可能流入企业；二是该资源的成本或者价值能够可靠地计量。

符合资产定义和资产确认条件的项目，应当列入资产负债表；符合资产定义但不符合资产确认条件的项目，不应当列入资产负债表。

2. 负债及其确认

负债，是指企业过去的交易或者事项形成的、预期会导致经济利益流出企业的现时义务。

根据负债的定义，负债具有以下几个方面的特征：

(1) 负债是企业承担的现时义务。现时义务是指企业在现行条件下已承担的义务。未来发生的交易或者事项形成的义务，不属于现时义务，不应当确认为负债。

(2) 负债的清偿预期会导致经济利益流出企业。

(3) 负债是由企业过去的交易或者事项形成的。企业未来所发生的承诺、签订的合同等交易或事项不会形成企业负债。

将一项义务确认为负债，需要符合负债的定义，并同时满足以下两个条件：一是与该义务有关的经济利益很可能流出企业；二是未来流出的经济利益能够可靠地计量。

3. 所有者权益及其确认

所有者权益，是指企业资产扣除负债后，由所有者享有的剩余权益。公司的所有者权益又称为股东权益。所有者权益是所有者对企业资产的剩余索取权。

所有者权益按其来源主要包括所有者投入的资本、直接计入所有者权益的利得和损失、留存收益等。

所有者投入的资本，是指所有者所有投入企业的资本部分，它既包括构成企业注册资本或者股本部分的金额，也包括投入资本超过注册资本或者股本部分的金额，即资本溢价或者股本溢价。

直接计入所有者权益的利得和损失，是指不应计入当期损益、会导致所有者权益发生增减变动的、与所有者投入资本或者向所有者分配利润无关的利得或者损失。其中，利得是指由企业非日常活动所形成的、会导致所有者权益增加的、与所有者投入资本无关的经济利益的流入。

损失是指由企业非日常活动所发生的、会导致所有者权益减少的、与向所有者分配利润无关的经济利益的流出。

留存收益是企业历年实现的净利润留存于企业的部分，主要包括盈余公积和未分配利润。

由于所有者权益体现的是所有者在企业中的剩余权益，因此，所有者权益的确认主要依赖于其他会计要素，尤其是资产和负债的确认；所有者权益金额的确定也主要取决于资产和负债的计量。

资产＝负债＋所有者权益

4. 收入及其确认

收入，是指企业在日常活动中形成的、会导致所有者权益增加的、与所有者投入资本无关的经济利益的总流入。

根据收入的定义，收入具有以下几个方面的特征：

(1) 收入应当是企业在日常活动中形成的。日常活动，是指企业为完成其经营目标所从事的经常性活动，以及与之相关的活动。

(2) 收入应当会导致经济利益的流入，该流入不包括所有者投入的资本。

(3) 收入应当最终会导致所有者权益的增加。

收入在确认时除了应当符合收入定义外，还应当满足严格的确认条件。收入只有在经济利益很可能流入从而导致企业资产增加或者负债减少，且经济利益的流入额能够可靠计量时才能予以确认。

因此，收入的确认至少应当符合以下条件：一是与收入相关的经济利益应当很可能流入企业；二是经济利益流入企业的结果会导致企业资产的增加或者负债的减少；三是经济利益的流入额能够可靠地计量。

5. 费用及其确认

费用，是指企业在日常活动中发生的、会导致所有者权益减少的、与向所有者分配利润无关的经济利益的总流出。

根据费用的定义，费用具有以下几个方面的特征：

(1) 费用应当是企业在日常活动中发生的。日常活动所产生的费用通常包括营业成本、税金及附加、销售费用、管理费用、财务费用等。将费用界定为日常活动所形成的，目的是为了将其与损失相区分，企业非日常活动所形成的经济利益的流出不能确认为费用，而应当计入损失。

(2) 费用应当会导致经济利益的流出，该流出不包括向所有者分配的利润。企业向所有者分配利润会导致经济利益的流出，该经济利益的流出属于所有者权益的抵减项目，不确认为费用。

(3) 费用应当最终会导致所有者权益的减少。

费用的确认除了应当符合费用定义外，还应当满足严格的条件，即费用只有在经济利益很可能流出从而导致企业资产减少或者负债增加，且经济利益的流出额能够可靠计量时才能予以确认。

因此，费用的确认至少应当符合以下条件：一是与费用相关的经济利益应当很可能流出企业；二是经济利益流出企业的结果会导致资产的减少或者负债的增加；三是经济利益的流出额能够可靠计量。

6. 利润及其确认

利润，是指企业在一定会计期间的经营成果，反映的是企业的经营业绩情况，是业绩考核的重要指标。

利润包括收入减去费用后的净额、直接计入当期利润的利得和损失等。其中，收入减去费用后的净额反映的是企业日常活动的业绩，直接计入当期利润的利得和损失反映的是企业非日常活动的业绩。直接计入当期利润的利得和损失，是指应当计入当期损益、最终会引起所有者权益发生增减变动的、与所有者投入资本或者向所有者分配利润无关的利得或者损失。企业应当严格区分收入和利得、费用和损失之间的区别，以更加全面地反映企业的经营业绩。

利润反映的是收入减去费用、利得减去损失后的净额，因此，利润的确认主要依赖于收入和费用以及利得和损失的确认，其金额的确定也主要取决于收入、费用、利得、损失金额的计量。

（二）会计要素计量属性及其应用原则

会计计量是指为了在资产负债表和利润表内确认和列示财务报表的要素而确定其金额的过程。企业在将符合确认条件的会计要素登记入账并列报于财务报表时，应当按照规定的会计计量属性进行计量，确定其金额。

会计计量属性反映的是会计要素金额的确定基础，主要包括历史成本、重置成本、可变现净值、现值和公允价值等。

1. 历史成本

历史成本又称实际成本，是指取得或制造某项财产物资时所实际支付的现金或现金等价物。

在历史成本计量下，资产按照购置时支付的现金或者现金等价物的金额，或者按照购置资产时所付出的对价的公允价值计量；负债按照因承担现时义务而实际收到的款项或者资产的金额，或者承担现时义务的合同金额，或者按照日常活动中为偿还负债预期需要支付的现金或者现金等价物的金额计量。

2. 重置成本

重置成本又称现行成本，是指按照当期市场条件，重新取得同样一项资产所需要支付的现金或现金等价物金额。

在重置成本计量下，资产按照现在购买相同或者相似资产所需支付的现金或者现金等价物的金额计量；负债按照现在偿付该项债务所需支付的现金或者现金等价物的金额计量。

3. 可变现净值

可变现净值，是指在生产经营过程中，以预计售价减去进一步加工成本和销售所必需的预计税金、费用后的净值。

在可变现净值计量下，资产按照其正常对外销售所能收到现金或者现金等价物的金额扣减该资产至完工时估计将要发生的成本、估计的销售费用以及相关税费后的金额计量。

4. 现值

现值，是指对未来现金流量以恰当的折现率进行折现后的价值，是考虑货币时间价值因素等的一种计量属性。

在现值计量下，资产按照预计从其持续使用和最终处置中所产生的未来净现金流入量的折现金额计量；负债按照预计期限内需要偿还的未来净现金流出量的折现金额计量。

5. 公允价值

公允价值，是指市场参与者在计量日发生的有序交易中，出售一项资产所能收到或转移一项负债所需支付的价格。

在公允价值计量下，资产和负债按照在公平交易中，熟悉情况的交易双方自愿进行资产交换或者债务清偿的金额计量。

在会计要素计量属性中，历史成本通常反映的是资产或负债过去的价值，而重置成本、可变现净值、现值、公允价值通常反映的是资产或负债现实的成本或现实的价值。

企业在对会计要素进行计量时，一般应当采用历史成本，例如，企业购入存货、建造厂房、生产产品等，应当以所购入资产发生的实际成本作为资产计量的金额。在某些情况下，为了提高会计信息质量，实现财务报告目标，企业会计准则允许采用重置成本、可变现净值、现值、公允价值计量的，应当保证所确定的会计要素金额能够取得并可靠计量，如果这些金额无法取得或者可靠地计量的，则不允许采用其他计量属性。

任务1.2 认识会计职业

一、会计职业的特点

会计是当今社会非常热门的职业，“经济越发展会计越重要”也被越来越多的人所接受。会计职业有以下特点：

1. 入职门槛低，后续发展有难度

会计入职门槛相对比较低，2017年11月新修订的《会计法》，修改了“从事会计工作的人员，必须取得会计从业资格证书”的规定，改为“会计人员应当具备从事会计工作所需要的专业能力”。相对于医学、自动化、计算机等学科，会计人员入职相对容易。但，会计是一个需要实践经验和专业技巧的职业，要想得到好的发展，后续要不断学习和积累，取得初级、中级、高级会计师证书，尤其是CPA、CIA、ACCA等难度大、含金量高的证书。

2. 社会需求量大，高水平专业人员短缺

虽然具备会计从业资格的人员有不少，但高级财务人才仍然短缺。目前，具有会计实践经验，并取得注册会计师等的中高级会计人才深受企业的青睐。现代企业对高水平财务人员不仅要求具有财务会计、管理、经济法、税法、金融、计算机、国际贸易等方面的知识，还要求其具有很强的分析判断能力和良好的沟通能力。掌握国际通行会计准则、实现财务人员国际化、取得国际会计师证书已成为很多财务人员的一个目标。

3. 执业时间可以较长

会计是一种重视实践经验的工作，从事会计职业的时间越长，其积累的工作经验相对也越长，专业技能水平越高，职级越高，薪酬收入也相应提高。

4. 职业风险较大

随着市场经济的发展，会计环境日趋复杂，会计人员工作压力越来越大，其职业风险也在不断提高，主要表现在：一，由于会计理论和技术发展滞后于经济发展的局限性，可能导致错误的会计信息，给会计人员带来风险；二，由于会计工作专业技术性强，职业能力要求高，受会计人员自身业务水平的局限性，可能导致会计业务处理错误或不当，给会计人员带来风险；三，由于会计人员自身职业道德的缺失，受利益驱使，玩忽职守，给会计人员带来风险；四，由于企业内部控制存在漏洞，企业经营不善，给会计人员带来风险。

会计工作记录的是企业经济活动的全过程，企业的任何一个环节出现问题，都会涉及会计活动，不可避免地就会涉及会计人员。既然选择了会计职业，就要充分认识会计职业的风险性，树立职业信念，强化职业能力，以诚信为本，合理定位，提高个人素质，通过各种手段在合理范围内规避会计职业风险。

二、会计人员应具备的职业素质

1. 良好的职业道德

会计人员职业道德，是会计人员从事会计工作应当遵循的道德标准。建立会计人员职业道德规范，是对会计人员强化道德约束，防止和杜绝会计人员在工作中出现不道德行为的有效措施。

会计人员的职业道德问题，主要包括以下六个方面：

(1) 敬业爱岗，即会计人员应当热爱本职工作，努力钻研业务，使自己的知识和技能适应所从事工作的要求。

(2) 熟悉法规，即会计人员应当熟悉财经法律、法规和国家统一会计制度，并结合会计工作进行广泛宣传。

(3) 依法办事，即会计人员应当按照会计法律、法规、规章规定的程序和要求进行会计工作，保证所提供的会计信息合法、真实、准确、及时、完整。

(4) 客观公正，即会计人员办理会计事务应当实事求是、客观公正。

(5) 搞好服务，即会计人员应当熟悉本单位的生产经营和业务管理情况，运用掌握的会计信息和会计方法，为改善单位内部管理、提高经济效益服务。

(6) 保守秘密，即会计人员应当保守本单位的商业秘密，除法律规定和单位领导人同意外，不能私自向外界提供或者泄露单位的会计信息。

2. 过硬的专业知识

一名出色的会计人员不仅要具有扎实的会计理论基础和娴熟的会计实务技能，还要通晓财务通则、会计准则，熟悉财务管理和会计电算化等知识，并能加以熟练运用。同时还应掌握与会计工作密切相关的财政、税收、法律、金融、审计、资产评估等知识，会计人员只有具备这些多层次结构的知识，才能从较高的视角上把握财会工作的运行规律，才能根据客观环境做出正确的职业判断，选择适当的会计政策，做出合理的会计估计，提供真实的会计信息。

3. 善于学习的能力

伴随现代经济日趋复杂，现代会计中新知识、新要求和新手段不断涌现，这就需要会计人员必须有很强的学习能力，才能适应新的工作模式。会计人员要善于学习，除利用专业书籍外，还要借助现代传媒、现代科技等手段，多渠道地学习新的会计理论和新的准则制度。只有对新知识和新理论深钻细研，才能尽快掌握最新的会计专业知识。会计人员要善于总结经验，对任何一个会计处理，都要注意学会分析、判断、综合、总结，并养成良好的思维习惯，只有通过持续不断的实践锻炼与经验总结，才能切实提高业务能力和职业判断能力。

4. 沟通协调的能力

由于会计的职能作用和会计部门的特殊性，会计人员需要有内外协调沟通的能力。会计人员对内要与采购、生产、销售以及科研等部门的人员来往，要全面、系统、总括地了解企业的经营情况，向决策层提供决策依据和生产经营数据；对外要维系工商、税务、银行和政府相关部门，以及供应商、经销商之间的关系。如果处理不好，就会影响企业的发展。因此，会计人员要有良好的语言和文字表达能力，才能准确地陈述问题和观点，要有较强的交流沟通能力，学会与不同的人打交道，才能正确处理各种关系。

三、会计职业资格考试

职业资格是对从事某一职业所必备的学识、技术和能力的基本要求。职业资格包括从业资格和执业资格。从业资格是指从事某一专业（工种）学识、技术和能力的起点标准。执业资格是指政府对某些责任较大，社会通用性强，关系公共利益的专业（工种）实行准入控制，是依法独立开业或从事某一特定专业（工种）学识、技术和能力的必备标准。

职业资格分别由国务院劳动、人事行政部门通过学历认定、资格考试、专家评定、职业技能鉴定等方式进行评价，对合格者授予国家职业资格证书。从业资格通过学历认定或考试取得。执业资格通过考试方法取得。

2017 年 9 月 12 日，人力资源社会保障部发布《关于公布国家职业资格目录的通知》。该文件将职业资格重新分为专业技术人员职业资格和技能人员职业资格。专业技术人员职业资格由人力资源社会保障部人事考试中心主管，职业技能鉴定考试由人力资源社会保障部职业技能鉴定中心主管。

1. 会计专业技术资格证书

主考机构：人力资源社会保障部、人事部。

适合人群：想进入企事业单位在财会岗位任职的人员。

考试内容：初级考初级会计实务、经济法基础两个科目；中级考财务管理、经济法、中级会计实务三个科目；高级实行考评结合，考试科目为高级会计实务。

国企和事业单位较重视职称证书，而且职称在一定程度上和薪酬相关联。全国会计专业技术资格证书是企业相关职称评定的依据。初级对应于助理会计师，中级对应于会计师，高级对应于高级会计师。

2. 注册会计师(CPA)证书

主考机构：中国注册会计师协会。

适合人群：准备在国内从事会计职业的高级人才。

考试内容：会计、审计、财务成本管理、经济法、税法、战略与风险管理。

注册会计师考试成绩合格后，具有 2 年以上从事独立审计业务工作实践经验的人员，可申请取得职业资格证书，有权签署审计报告。CPA 证书是取得执业资格必不可少的敲门砖，有些企业在招聘中高级财会人员时，也会要求具有 CPA 证书。

3. 特许公认会计师(ACCA)证书

主考机构：特许公认会计师公会。

适合人群：准备出国进修或准备进入大型跨国企业从事财务工作的人员，需要有一定英语基础。

考试内容:ACCA 有 14 门考试科目,包括财务报表编制、财务信息与管理、公司法与商法、财务管理与控制、财务报告等。

ACCA 证书在国际上得到广泛认可,被全球许多国家确定为法定的会计师资格,会员可从事审计、税务、破产执行及投资顾问等专业会计师的工作。同时,ACCA 因其课程的全面性、完善性和综合性,而被誉为财会专业的 MBA 课程。希望就职跨国公司财务部门的人员,参加 ACCA 学习,可大大提高财会专业英语水平,熟知相关的国际会计准则,并拥有优秀的财务背景和实务操作能力。

4. 国际注册内部审计师(CIA)证书

主考机构:国际内部审计师协会。

适合人群:报考 CIA 需具有学士或学士以上学位、中级及中级以上专业技术资格、注册会计师证书或非执业注册会计师证书。特定专业高校师生也可报名。

考试内容:包括内部审计程序、内部审计技术、管理控制与信息技术、审计环境四个部分。

CIA 是唯一得到世界各国普遍认可的内部审计职业认证。我国对高水平、专业化内部审计人员的需求越来越大。通过 CIA 考试者往往备受用人单位的青睐。

5. 加拿大注册会计师(CGA)证书

主考机构:加拿大注册会计师协会。

适合人群:具有高中以上学历的人员。

考试内容:CGA 考试科目分为三级,基础课程级、专业提高课程级和执业核心课程级,共有 18 门课程。

CGA 是国际公认的会计专业资格认证项目,持证者可在全球各地从事财务及其他企业管理工作。与其他会计考试相比,CGA 课程不仅注重会计及财务管理知识,同时还注重计算机信息技术、应用分析能力、综合管理能力、领导能力等。

CGA 会员有很多担任跨国公司或合资企业高级行政管理人员或 CEO。

6. 国际注册信息系统审计师(CISA)证书

主考机构:信息系统审计与控制协会(ISACA)。

适合人群:报考 CISA 需具有大专以上学历,大学英语四级以上外语水平,以及一定的审计知识和计算机知识。

考试内容:包括信息系统审计和信息系统相关知识。

作为全球信息行业最高级别的注册信息系统审计师认证考试,CISA 资格在国际上被广泛认可,拥有 CISA 资格的审计人员与普通审计人员的区别,就像注册会计师与普通财会人员一样。

四、会计职业方向

会计是一个涉及领域非常广的职业,可以是企业会计,从事财务会计、成本和管理会计、财务管理、内部审计等工作;可以是金融机构会计,服务于银行、证券行业和其他金融机构;也可以是行政事业单位会计,在政府各部门以及各种不以盈利为目标的事业单位工作;还可以是会计师事务所会计,从事鉴证服务、税务代理、资产评估、会计服务、管理咨询等工作。

以下归纳了 13 个会计职业发展方向:

(1) 会计信息系统实施专家、ERP专家,侧重于企业信息化、财务管理、财务会计信息化,了解会计和软件。

(2) 理财顾问、财务顾问,侧重对企业实践进行策划、指导、辅助、咨询。

(3) 会计专家、教授学者,侧重研究和规范会计制度、准则、理论、教学。

(4) 财务总监,审核会计报告、进行企业经济活动分析、组织企业成本管理、压缩企业成本、组织企业财务预算的编制、日常检查等工作。

(5) 基金经理、CFA,资本运作、资金管理、投资管理、企业并购、筹资、上市操作等。

(6) 内部审计师、内部控制经理,侧重企业内部财务制度控制、财务风险控制、舞弊控制等。

(7) CPA、会计师事务所合伙人,审查会计账目、会计报表和其他财务资料,出具查账报告书,验证企业的投入资本,出具验资报告书等。

(8) 税务经理,制定税务制度、计划和策略,负责税务办理和监督,提供税务咨询等。

(9) 风险经理,对业务进行风险控制、出具风险报告等。

(10) 财务部经理(会计经理),组织领导编制公司财务计划、审查财务计划、拟订资金筹措和使用方案等。

(11) CFO,领导公司财和物的规划与控制、风险防范与控制等。

(12) 公司法律顾问,负责企业政策咨询、合同审核、商务结构安排等。

(13) 总经理、副总经理、总经理助理,制定或协助总经理制定公司发展战略规划、经营计划、业务发展计划等。

任务1.3 认识会计岗位

一、会计机构与会计人员

会计机构,是指单位内部设置的办理会计事务和组织领导会计工作的职能部门。设置会计机构要考虑单位的具体情况,根据会计业务的需要设置会计机构。一个单位是否需要设置会计机构,一般取决于三个方面的因素:一是单位规模的大小;二是经济业务和财务收支的繁简;三是经营管理的需要。

《会计法》第三十六条第一款对会计机构和会计人员的设置做了如下规定:“各单位应当根据会计业务的需要,设置会计机构,或者在有关机构中设置会计人员并指定会计主管人员;不具备设置条件的,应当委托经批准设立从事会计代理记账业务的中介机构代理记账。”会计机构内部应当建立稽核制度。

会计人员是指从事会计工作的专职人员。在我国,会计人员按职权划分主要有总会计师、会计机构负责人(会计主管人员)、一般会计人员;按照专业技术职称划分为高级会计师、中级会计师、初级会计师。

我国《会计法》规定,会计人员应当具备从事会计工作所需要的专业能力。担任单位会计机构负责人(会计主管人员)的,应当具备会计师以上专业技术职务资格或者从事会计工作三年以上经历。

二、会计岗位职责

各单位应当根据会计业务设置会计工作岗位，对各个岗位的会计人员按照岗位责任进行考评。定人员，定岗位，明确分工，各司其职，有利于会计工作程序化、规范化，有利于落实责任和会计人员钻研分管的业务，有利于提高工作效率和工作质量。

我国在《会计基础工作规范》中规定：会计工作岗位可以一人一岗、一人多岗或者一岗多人，但应当符合内部牵制制度的要求，出纳人员不得兼管稽核、会计档案保管和收入、费用、债权债务账目的登记工作；会计人员的工作岗位应当有计划地进行轮换，以促进会计人员全面熟悉业务，不断提高业务素质；会计工作岗位的设置由各单位根据会计业务需要确定，在设置会计工作岗位时，必须遵循“不相容职务相互分离原则”。

在《会计基础工作规范》中提出了示范性的会计工作岗位设置方案，即会计机构负责人或者会计主管人员，出纳，财产物资核算，工资核算，成本核算，财务成果核算，资金管理，往来结算，总账报表，稽核，档案管理等。开展会计电算化和管理会计的单位，可以根据需要设置相应工作岗位，也可以与其他工作岗位相结合。

通常，业务活动规模大、业务过程复杂、经济业务量大和管理严格的单位，会计机构规模会相应较大，会计人员相应较多，会计机构内部的岗位职责分工也相应较细；相反，业务活动规模小、业务过程简单、经济业务量少和管理要求不高的单位，会计机构规模就会相应较小，会计人员相应较少，会计机构内部的岗位职责分工也相应较粗。

1. 会计机构负责人(会计主管人员)岗位职责

①按照会计制度及有关规定，结合本单位的具体情况，主持起草本单位具体会计制度及实施办法，科学地组织会计工作，并领导、督促会计人员贯彻执行；②参与经营决策，主持制定和考核财务预算；③经常研究工作，总结经验，不断改进和完善会计工作；④组织本单位会计人员学习业务知识，提高会计人员的素质，考核会计人员的能力，合理调配会计人员的工作。

2. 出纳岗位职责

①严格按照本单位的《货币资金内部会计控制实施办法》的规定，对原始凭证进行复核，办理款项收付；②办理银行结算，规范使用支票；③认真登日记账，保证日清月结，及时查询未达账项；④保管库存现金和有关印章，登记注销支票；⑤审核收入凭证，及时办理销售款项的结算，督促有关部门催收销售货款。

3. 财产物资核算岗位职责

(1) 存货核算岗位职责：①会同有关部门拟定材料物资管理与核算实施办法；②审查采购计划，控制采购成本，防止盲目采购；③负责存货明细核算，对已验收入库尚未付款的材料，月终要估价入账；④配合有关部门制定材料消耗定额，编制材料计划成本目录；⑤参与库存盘点，处理清查账务；⑥分析储备情况，防止呆滞积压。

(2) 固定资产核算岗位职责：①会同有关部门拟订固定资产管理与核算、实施办法；②参与核定固定资产需用量，参与编制固定资产更新改造和大修理计划；③计算提取固定资产折旧、预提修理费用；④参与固定资产的清查盘点与报废；⑤分析固定资产的使用效果。

4. 工资核算岗位职责

①审核有关工资的原始单据，办理代扣款项(包括计算个人所得税、住房基金、劳保基金、失

业保险金等)；②按照人事部门提供工资分配表，填制记账凭证；③协助出纳人员发放工资，工资发放完毕后，要及时将工资和奖金计算明细表附在记账凭证后或单独装订成册，并注明记账凭证编号，妥善保管；④计提应付福利费和工会经费，并进行账务处理。

5. 成本核算岗位职责

①核对各项原材料、物品、产成品、在产品入库领用事项及收付金额；②编制材料领用转账凭证；③审核委托及受托外单位加工事项；④计算生产与销售成本及各项费用；⑤进行成本、费用的分配及账目之间的调整；⑥分析比较销售成本，做好成本日常控制；⑦进行内部成本核算及业绩考核；⑧编制公司有关成本报表；⑨其他与成本核算、分析、控制有关的事项。

6. 税务会计岗位职责

①办理公司税务上的缴纳、查对、复核等事项；②办理有关的免税申请及退税冲账等事项；③办理税务登记及变更等有关事项；④编制有关的税务报表及相关分析报告；⑤办理其他与税务有关的事项。

7. 财务成果核算岗位职责

①负责销售核算，核实销售往来；②计算与分析利润计划的完成情况，督促实现目标；③建立投资台账，按期计算收益；④结转收入、成本与费用，严格审查营业外支出，正确核算利润；⑤按规定计算利润和利润分配，计算应缴所得税；⑥结账时的调整业务处理。

8. 资金管理岗位职责

①反映资金预算的执行及控制状况；②筹措及调度资金；③办理借贷款事项及其清偿；④办理投资业务；⑤记录、保管各种有价证券；⑥与财务调度有关的其他事项。

9. 预算管理岗位职责

①编制各期资金预算；②编制及考核生产预算；③编制及控制成本费用预算；④编制及分析销售预算；⑤编制及执行资本预算；⑥处理其他与预算有关事项。

10. 往来结算岗位职责

①执行往来结算清算办法，防止坏账损失。对购销业务以外的暂收、暂付、应收、应付、备用金等债权债务及往来款项，要严格清算手续，加强管理，及时清算。②办理往来款项的结算业务。对购销业务以外的各种应收、暂付款项，要及时催收结算；应付、暂收款项，要抓紧清偿。对确实无法收回的应收账款和无法支付的应付账款，应查明原因，按照规定报经批准后处理。实行备用金制度的公司，要核定备用金定额，及时办理领用和报销手续，加强管理。对预借的差旅费，要督促及时办理报销手续，收回余额，不得拖欠，不准挪用。③负责往来结算的明细核算。对购销业务以外的各项往来款项，要按照单位和个人分户设置明细账，根据审核后的记账凭证逐笔登记，并经常核对余额。年终要抄列清单，并向领导或有关部门报告。

11. 总账报表岗位职责

①负责保管总账和明细账，年底按会计档案的要求整理与装订总账及明细账；②编制会计报表并进行分析，写出综合分析报告；③其他与账务处理有关事项。

12. 稽核岗位职责

①审查财务收支；②复核各种记账凭证；③对账簿记录进行抽查，看其是否符合要求，并将计算机中的数据与会计凭证进行核对；④复核各种会计报表是否符合制度规定的编报要求。

13. 会计电算化管理岗位职责

①负责协调计算机及会计软件系统的运行工作；②掌握计算机的性能和财务软件的特点，

负责财务软件的升级与开发;③对计算机的文件进行日常整理,对财务数据盘进行备份,妥善保管;④监督计算机及会计软件系统的运行,防止利用计算机进行舞弊;⑤经常进行杀病毒工作,保证计算机的正常使用。

14. 档案管理岗位职责

依据《会计档案管理办法》的规定,建立会计档案的立卷、归档、保管、查阅和销毁等管理制度,保证会计档案妥善保管、有序存放、方便查阅、严防毁损、散失和泄密。

项目2

货币资金核算

【学习目标要求】

了解货币资金的特点及内部控制的要求；熟悉出纳岗位职责；掌握库存现金管理的主要内容、核算的账户设置及主要业务处理；熟悉各银行转账结算方式的主要内容，并掌握银行存款核算的账户设置、业务处理及清查核对的内容和方法；熟悉其他货币资金的核算。

【典型工作任务】

1. 货币资金认知
2. 库存现金核算
3. 银行存款核算
4. 其他货币资金核算

本项目知识结构

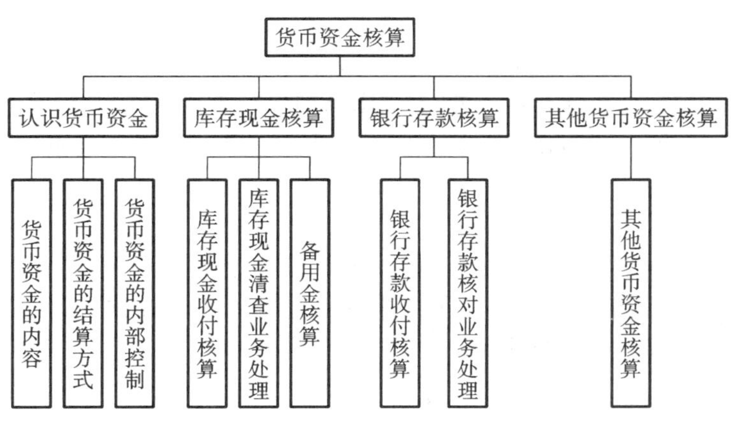

任务 2.1 认识货币资金

一、货币资金的内容

货币资金是指企业在生产经营过程中处于货币形态的那部分资产。

持有货币资金是企业进行生产经营活动的基本条件。例如:商品的购进、销售,工资的发放,税金的缴纳,股利、利息的支付以及进行投资活动等事项,都需要通过货币资金进行收付结算。同时,一个企业货币资金拥有量的多少,标志着它偿债能力和支付能力的大小,是投资者分析、判断财务状况的重要指标,在企业资金循环周转过程中起着连接和纽带的作用。

因此,企业需要经常保持一定数量的货币资金,既要防止不合理地占压资金,又要保证业务经营的正常需要,并按照货币资金管理的有关规定,对各种收付款项进行结算。

货币资金是企业中最活跃的资金,流动性强,是企业的重要支付手段和流通手段。按其存放地点和用途的不同,货币资金可分为库存现金、银行存款和其他货币资金。

1. 库存现金

现金的定义有广义和狭义之分。狭义的现金是指企业的库存现金,就是指存放在财会部门、由出纳人员经管的货币。这里取狭义概念,包括人民币现金和外币现金。广义的现金是指除了库存现金外,还包括银行存款和其他符合现金定义的票证等。

库存现金是企业流动性最强的资产,企业应当严格遵守国家有关现金管理制度,正确进行现金收支的核算,监督现金使用的安全性、合法性与合理性。

2. 银行存款

银行存款是指企业存放在银行或其他金融机构的货币资金。

按照国家有关规定,凡是独立核算的单位都必须在当地银行开设账户。企业在银行开设账户以后,除按核定的限额保留库存现金外,超过限额的现金必须存入银行;除了在规定的范围内可以用现金直接支付的款项外,在经营过程中所发生的一切货币收支业务,都必须通过银行存款账户进行结算。

3. 其他货币资金

其他货币资金是指单位除现金、银行存款以外的其他各种货币资金,这些资金的存款地点和用途与库存现金、银行存款不同,主要包括外埠存款、银行汇票存款、银行本票存款、信用卡存款、信用证保证金存款和存出投资款等。

二、货币资金收付业务的结算方式

根据中国人民银行有关支付结算办法的规定,目前企业发生的货币资金收付业务主要采用以下几种方式,通过银行办理转账结算。

1. 银行汇票

银行汇票是汇款人将款项交存当地出票银行,由出票银行签发的,由其在见票时,按照实际结算金额无条件支付给收款人或持票人的票据。银行汇票适用于单位和个人之间的商品交易和劳务供应以及其他异地款项的结算。

(1) 银行汇票结算的有关规定：①单位和个人的各种款项结算，均可使用银行汇票；②银行汇票的提示付款期限为自出票日起一个月；③银行汇票的收款人也可以将银行汇票背书转让给他人，可以用于转账，填明“现金”字样的银行汇票也可以用于支取现金。

(2) 银行汇票的结算程序：①应按照规定填写“银行汇票申请书”交出票银行；②银行收妥款项后向申请人签发银行汇票；③申请人持银行汇票向收款单位办理结算；④收款人开户银行审核无误后，办理转账；⑤收款人开户银行与付款人开户银行之间清算资金有多余款的，由申请人开户银行主动收入申请人账户中。

2. 银行本票

银行本票是银行签发的，承诺自己在见票时无条件支付确定的金额给收款人或者持票人的票据。银行本票适用于单位和个人在同城范围内商品交易和劳务供应以及其他款项的结算。

银行本票由银行签发并保证兑付，而且见票即付，具有信誉高、支付功能强等特点。

银行本票分定额本票和不定额本票。银行本票分为定额本票和不定额本票两种，定额银行本票面额为 1 000 元、5 000 元、10 000 元和 50 000 元，其提示付款期限自出票日起最长不得超过 2 个月。

(1) 银行本票结算的有关规定：①银行本票可以用于转账，注明“现金”字样的银行本票可以用于支取现金；②申请人或收款人为单位的，银行不得为其签发现金银行本票；③银行本票的提示付款期限自出票日起最长不得超过两个月，可以在票据交换区域内将银行本票背书转让；④银行本票丢失，失票人可以凭人民法院出具的享有票据权利的证明，向出票银行请求付款或退款。

(2) 银行本票的结算程序：①申请人应向银行提交“银行本票申请书”；②出票银行受理银行本票申请书，收妥款项后签发银行本票；③申请人取得银行本票后，即可向填明的收款单位办理结算；④收款企业在将收到的银行本票向开户银行提示付款时，应填写进账单连同银行本票一并交开户银行办理转账。

3. 商业汇票

商业汇票是出票人签发的，委托付款人在指定日期无条件支付确定的金额给收款人或者持票人的票据。商业汇票适用于同城或异地在银行开立存款账户的法人以及其他组织之间，订有购销合同的商品交易的款项结算。

(1) 商业汇票结算的有关规定：①在银行开立存款账户的法人以及其他组织之间须具有真实的交易关系或债权债务关系，才能使用商业汇票；②出票人是交易中的收款人或付款人；③商业汇票可以由付款人签发并承兑，也可经由收款人签发交由付款人承兑；④商业汇票的付款期限由交易双方商定，但最长不得超过 6 个月；⑤提示付款期限自汇票到期日起 10 日内；⑥商业汇票可以背书转让。

(2) 商业汇票的种类：商业汇票按承兑人不同分为商业承兑汇票和银行承兑汇票两种。商业承兑汇票是由银行以外的付款人承兑。银行承兑汇票由银行承兑，由开立存款账户的存款人签发。

4. 支票

支票是单位或个人签发的，委托办理支票存款业务的银行在见票时，无条件支付确定的金额给收款人或者持票人的票据。支票适用于全国各单位之间的商品交易、劳务供应及其他款项的结算。

支票结算方式是同城结算中应用比较广泛的一种结算方式。单位和个人的同一票据交换区域的各种款项结算，均可以使用支票。支票出票人签发的支票金额，不得超出其在付款人处的存款金额。如果存款低于支票金额，银行将拒付。这种支票称为空头支票，出票人要负法律上的责任。开立支票存款账户和领用支票，必须有可靠的资信，并存入一定的资金。

支票可分为现金支票和转账支票。现金支票只能用于支取现金；转账支票只能用于转账。普通支票可以用于支取现金，也可以用于转账。支票的提示付款期限为自出票日起 10 日，中国人民银行另有规定的除外。支票一经背书即可流通转让，具有通货作用，成为替代货币发挥流通手段和支付手段职能的信用流通工具。运用支票进行货币结算，可以减少现金的流通量，节约货币流通费用。

5. 信用卡

信用卡是指商业银行向个人和单位发行的，凭以向特约单位购物、消费和向银行存取现金，且具有消费信用的特制载体卡片。

信用卡按使用对象分为单位卡和个人卡，按信誉等级分为金卡和普通卡。单位卡账户的资金一律从其基本存款账户转账存入，不得交存现金，不得将销货收入的款项存入其账户。持卡人可持信用卡在特约单位购物、消费，但单位卡一律不得用于 10 万元以上商品交易、劳务供应款项的结算，不得支取现金。特约单位在每日营业终了，应将当日受理的信用卡签购单汇总，计算手续费和净额，并填写汇总计单和进账单，连同签购单一并交银行办理进账。

信用卡按是否向发卡银行交存备用金分为贷记卡、准贷记卡两类。贷记卡是指发卡银行给予持卡人一定的信用额度，持卡人可在信用额度内先消费、后还款的信用卡。准贷记卡是指持卡人须先按发卡银行要求交存一定金额的备用金，当备用金账户余额不足支付时，可在发卡银行规定的信用额度内透支的信用卡。

准贷记卡的透支期限最长为 60 天，贷记卡的首月最低还款额不得低于其当月透支余额的 10%。透支利息，自签单日或银行记账日起 15 日内按日息万分之五计算，超过 15 日按日息万分之十计算，超过 30 日或透支金额超过规定限额的，按日息万分之十五计算。

6. 汇兑

汇兑是汇款人委托银行将其款项支付给收款人的结算方式。汇兑适用于异地之间各种款项的结算。单位和个人各种款项的结算，均可使用汇兑结算方式。

汇兑分信汇和电汇两种。信汇是汇款人委托银行通过邮寄方式将款项划转给收款人。电汇是汇款人委托银行通过电报将款项划给收款人。汇兑结算方式适用于异地之间的各种款项结算。

采用汇兑结算方式，付款单位汇出款项时，填写银行印发的汇款凭证送达开户银行后，根据经银行办理汇款的汇款回执编制付款凭证。收汇银行将汇款收进单位存款账户后，向收款单位发出收款通知，收款单位根据收到的银行收账通知编制收款凭证。

7. 委托收款

委托收款是收款人委托银行向付款人收取款项的结算方式。委托收款适用于同城或异地在银行或其他金融机构开立账户的单位和个人的商品交易、劳务供应及其他款项的结算。

无论是单位还是个人均可凭已承兑商业汇票、债券、存单等付款人债务证明办理同城或异地收取款项。这种方式便于汇款人向异地的收款人主动付款，适用范围十分广泛。

委托收款结算款项划回的方式分为邮寄和电报两种。采用委托收款结算方式，银行不承担审核拒付理由和代收款单位分次扣收款项的责任。因此，如果付款单位要求拒付，应在 3 天付款期内出具全部或部分拒付理由书，连同有关单据退回银行，银行据以将有关凭证及单证退回收款单位开户银行转交收款单位。

8. 托收承付

托收承付是根据购销合同由收款人发货后委托银行向异地付款人收取款项，由付款人向银行承认付款的结算方式。托收承付适用于异地特定单位签订购销合同的商品交易及其产生的劳务供应的款项结算。代销、寄销和赊销商品的款项不得办理托收承付结算。

办理托收承付必须是国有企业、供销合作社以及经营管理较好，并经开户银行审查同意的城乡集体所有制工业企业。

托收承付款项划回方式分为邮寄和电报两种，它结算每笔的金额起点为 10 000 元，新华书店系统每笔金额起点为 1 000 元。采用托收承付结算方式时，购销双方必须签有符合《经济合同法》的购销合同，并在合同上订明使用托收承付结算方式。

按照《支付结算办法》的规定，承付方式有两种，即验单承付和验货承付。验单承付是指付款方接到其开户银行转来的承付通知和相关凭证，并与合同核对相符后，就必须承认付款的结算方式。验单承付的承付期为 3 天，从付款人开户银行发出承付通知的次日算起，遇假日顺延。

验货承付是指付款单位除了验单外，还要等商品全部运达并验收入库后才承付货款的结算方式。验货承付的承付期为 10 天，从承运单位发出提货通知的次日算起，遇假日顺延。

付款方若在验单或验货时发现货物的品种、规格、数量、质量、价格等与合同规定不符，可在承付期内提出全部或部分拒付的意见。拒付款项填写“拒绝承付理由书”送交其开户银行审查并办理拒付手续。应注意，拒付货款的商品是对方所有，必须妥善为其保管。付款人在承付期内未向开户银行提出异议，银行做默义承付处理，在承付期满的次日上午将款项主动从付款方账户划转到收款方账户。

付款方在承付期满后，如果其银行账内没有足够的资金承付货款，其不足部分做延期付款处理。延期付款部分要按一定比例支付给收款方赔偿金。待付款方账内有款支付时，由付款方开户银行将欠款及赔偿金一并划转给收款人。

托收承付结算方式的结算程序和账务处理方法，与委托收款结算方式基本相同。

9. 信用证

信用证是指由银行（开证行）依照（申请人）的要求和指示或自己主动，在符合信用证条款的条件下，凭规定单据向第三者（受益人）或其指定方进行付款的书面文件。信用证是一种银行开立的有条件的承诺付款的书面文件。

在国际贸易活动中，买卖双方可能互不信任，买方担心预付款后，卖方不按合同要求发货；卖方也担心在发货或提交货运单据后买方不付款。因此需要两家银行作为买卖双方的保证人，代为收款交单，以银行信用代替商业信用。银行在这一活动中所使用的工具就是信用证。

信用证结算方式是国际结算的一种主要方式。采用信用证结算方式的，收款单位收到信用证后，即备货装运，签发有关发票账单，连同运输单据和信用证，送交银行，根据退还的信用证等有关凭证编制收款凭证；付款单位在接到开证行的通知时，根据付款的有关单据编制付款凭证。

10. 电子支付

电子支付是单位或个人通过电子终端，直接或间接向银行业金融机构发出支付指令，实现货币支付与资金转移的行为。

电子支付的业务类型按电子支付指令发起方式可以分为网上支付、电话支付、移动支付、销售点终端交易、自动柜员机交易和其他电子支付等类型。

目前，企业银行服务是网上银行服务中最重要的部分之一。“网上银行”系统是银行业务服务的延伸，客户可以通过互联网方便地使用商业银行核心业务服务，完成各种非现金交易结算业务。

三、货币资金的内部控制

（一）货币资金内部控制规定

公司、企事业等单位应执行《内部控制规范——货币资金》，单位负责人对本单位货币资金内部控制的建立健全和有效实施以及货币资金的安全完整负责。

（1）单位应当建立货币资金业务的岗位责任制，明确相关部门和岗位的职责权限，确保办理货币资金业务的不相容岗位相互分离、制约和监督。

（2）办理货币资金业务，应当配备合格的人员，并根据单位具体情况进行岗位轮换。

（3）单位应当对货币资金业务建立严格的授权审批制度，明确审批人员对货币资金业务的授权批准方式、权限、程序、责任和相关控制措施，规定经办人员办理货币资金业务的职责范围和工作要求。

（4）单位应当加强与货币资金相关的票据管理，明确各种票据的购买、保管、领用、背书转让、注销等环节的职责权限和程序，并专设登记簿进行记载，防止空白票据的遗失和被盗用。

（5）单位应当加强银行预留印鉴的管理。财务专用章应由专人保管，个人名章必须由本人或其授权代理人保管。严禁一人保管支付款项所需的全部印章。

（6）单位应当建立对货币资金业务的监督检查制度，明确监督检查机构人员的职责权限，定期和不定期进行检查。

（二）现金管理办法

根据国务院发布的《现金管理暂行条例》的规定，凡是在银行或其他金融机构开立账户的机关、团体、部队、企事业单位必须依照《现金管理暂行条例》规定收入和使用现金。具体内容包括：

1. 现金的使用范围

（1）职工的工资、津贴；

（2）个人劳务报酬；

（3）根据国家规定颁发给个人的科学技术、文化艺术、体育等各种奖金；

（4）各种劳保、福利费用以及国家规定的对个人的其他支出；

（5）向个人收购农副产品和其他物资的价款；

（6）出差人员必须随身携带的差旅费；

（7）结算起点以下的零星支出；

（8）中国人民银行确定需要支付现金的其他支出。

前款结算起点定为1 000元。结算起点的调整，由中国人民银行确定，报国务院备案。

2．现金的限额

现金的限额是指为了保证单位日常零星开支的需要，允许单位留存现金的最高数额。现金的限额由开户单位提出申请，由开户银行审查核定。现金的限额原则上根据企业3至5天的日常零星开支的需要确定。边远地区和交通不便地区可以适当放宽，但最多不超过15天。经核定的库存现金限额，开户单位必须严格遵守，超过部分应于当日终了前存入银行。需要增加或减少库存现金限额的，应当向开户银行提出申请，由开户银行核定。

3．现金收入的内部控制

现金收入的主要来源是企业销售商品、产品或提供劳务，所以企业做好销售收入和应收账款的管理与监督，是现金收入内部控制的基础。

现金收入的内部控制应注意以下几点：

(1) 凡是交来的现金，均由收款人点清，并复写“收款凭证”或“收款清单”，连同现金或支票送交出纳部门，并将“收款凭证”副本送交企业会计部门。

(2) 出纳部门收入款项时，除与收款清单核对外，还应将现金或支票送存其开户银行，并将开户银行的回单送交会计部门。

(3) 会计部门根据收款人交来的有关“收款清单”和出纳人员交来的银行存款回单加以核对，核对无误后登记日记账。

(4) 月末，会计部门要与银行送来的对账单逐笔核对，并编制银行存款余额调节表。

4．现金支出的内部控制

控制现金支出要遵守国家规定的结算制度和现金管理制度，不支付任何未经有关主管领导认可批准付款的款项。

现金支出的内部控制应注意以下几点：

(1) 企业发生的一切有关现金支出业务，都必须根据有关领导签字的“付款凭证”(需附有原始凭证)，送交会计部门。

(2) 企业会计部门核对付款凭证后送交出纳部门。

(3) 出纳部门核对无误后，将现金或支票交收款人。出纳人员要在付款凭证上加盖“现金付讫”或“银行付讫”戳记，然后送交会计部门。

(4) 会计部门根据已付款的凭证做有关分录，并据以入账。

(5) 月末，会计部门根据银行送来的对账单与会计记录核对。

5．企业在办理有关现金收支业务时，应当遵守的其他规定

(1) 开户单位的现金收入应于当日送存开户银行，当日送存困难的，由开户银行确定送存时间。

(2) 开户单位支付现金，可以从本单位库存现金限额中支付或从开户银行提取，不得从本单位的现金收入中直接支付，即不得“坐支”现金，因特殊情况需要坐支现金的，应当事先报经有关部门审查批准，并在核定的坐支范围和限额内进行，同时，收支的现金必须入账。

(3) 开户单位从开户银行提取现金时，应如实写明提取现金的用途，有本单位财会部门负责人签字，盖章，并经开户银行审查批准后予以支付。

(4) 因采购地点不确定，交通不便，生产或市场急需，抢险救灾以及其他特殊情况必须使用现金的单位，应向开户银行提出书面申请，由本单位财会部门负责人签字，并经由开户银行审查批准后予以支付。

此外，不准用不符合国家统一会计制度的凭证顶替库存现金，即不得“白条顶库”；不准谎报用途套取现金；不准用银行账户代替其他单位和个人存入或支取现金；不准用单位收入的现金以个人名义存入储蓄；不准保留账外公款，即不得“公款私存”，不得设置“小金库”等。银行对于违反上述规定的单位，将按照违规金额的一定比例予以处罚。

◇知识拓展 2.1

白条，是指不符合财务制度和会计凭证手续的字条或字据，因一般系报销者在白纸上填制，无红、蓝色印章，故称之为白条。白条还指欠条，比如有一些基层政府管理人员在餐厅吃饭不付钱，而是写下欠条，也叫白条。有的白条上面有公章。

（三）银行存款管理制度

按照国家《支付结算办法》的规定，企业应在银行开立账户，办理存款、取款和转账等结算。企业在银行开立人民币存款账户，必须遵守中国人民银行《银行账户管理办法》的各项规定。

1. 银行存款开户的有关规定

银行存款账户分为基本存款账户、一般存款账户、临时存款账户和专用存款账户。

基本存款账户，是企业办理日常结算和现金收付的账户，是存款人的主办账户，企业的工资、奖金等现金的支取，只能通过基本存款账户办理。

一般存款账户，是企业在基本存款账户以外的银行借款转存、与基本存款账户的企业不在同一地点的附属非独立核算单位的账户。企业可以通过本账户办理转账结算和现金缴存，但不能支取现金。开立基本存款账户的存款人都可以开立一般存款账户，一般存款账户的数量没有限制。

临时存款账户，是存款人因临时需要并在规定期限内使用而开立的银行结算账户。存款人有下列情况的，可以申请开立临时存款账户：①设立临时机构；②异地临时经营活动；③注册验资；④境外（含港澳台地区）机构在境内从事经营活动等。临时存款账户的有效期最长不能超过2年，企业可以通过本账户办理转账结算和根据国家现金管理的规定办理存取现金。

专用存款账户，是存款人按照法律、行政法规和规章，对其特定用途资金进行专项管理和使用而开立的银行结算账户。企业因特定用途需要开立的账户，如基本建设资金，更新改造资金，证券交易资金，期货交易保证金，单位银行卡备用金，党、团、工会设在单位的组织机构经费及其他专项管理和使用的资金，企业通过本账户只能办理具有特定用途的款项的存取和转账，企业的销货款不得转入专用存款账户。

一个企业只能在一家银行的一个营业机构开立一个基本存款账户，不得在多家银行机构开立基本存款账户，但国家另有规定的除外；不得在同一家银行的几个分支机构开立一般存款账户。

2. 银行结算纪律

企业通过银行办理支付结算时，应当认真执行国家各项管理办法和结算制度。

中国人民银行1997年9月19日颁布的《支付结算办法》规定：单位和个人办理支付结算，不准签发没有资金保证的票据或远期支票，套取银行信用；不准签发、取得和转让没有真实交易和债权债务的票据，套取银行和他人资金；不准无理拒绝付款，任意占用他人资金；不准违反规定开立和使用账户。

任务 2.2 库存现金核算

一、库存现金核算会计科目设置

为了加强对现金的管理，随时掌握现金收付的动态和库存余额，企业应当设置“库存现金”总账和“现金日记账”，分别进行企业库存现金的总分类核算和明细分类核算。

“库存现金”属于资产类账户，用以核算企业库存现金的收入、支出和结存，其借方登记现金的增加，贷方登记现金的减少，期末余额在借方，反映企业实际持有的库存现金的金额。

“库存现金”账户可以根据现金收、付款凭证和银行存款收、付款凭证直接登记。若企业日常现金收支业务量比较大，为了简化核算工作，企业可以根据实际情况，采用汇总记账凭证、科目汇总表等核算形式定期或月份终了时，根据汇总收、付款凭证或科目汇总表等，登记“库存现金”账户。

企业内部各部门周转使用的备用金，通过“其他应收款”科目核算，或者单独设置“备用金”科目核算，不在本科目核算。

“现金日记账”由出纳人员根据收、付款凭证，按照经济业务发生顺序逐笔登记。每日终了，应当在现金日记账上计算出当日的现金收入合计额、现金支出合计额和结余额，并将现金日记账的余额与实际库存现金额核对，保证账款相符。月度终了，现金日记账的余额应当与现金总账的余额核对，做到账账相符。

有外币现金收支业务的企业，应当按照人民币现金、外币现金的币种设置现金账户进行明细核算。

二、库存现金收付核算

1. 库存现金收入业务处理

现金收入的业务主要有：从银行提取现金（签发现金支票），职工出差报销时交回的剩余借款，收取结算起点以下的零星收入款，销售给不能转账的集体或个人的销货款，收取对个人的罚款，无法查明原因的现金溢余等。

企业收入现金时，借记“库存现金”科目，贷记有关科目。

【例 2-1】江南公司 2018 年 8 月发生部分经济业务如下：

(1) 从开户银行提取现金 20 000 元，备发工资。

借：库存现金	20 000	
贷：银行存款		20 000

(2) 企业管理部门职工李冰出差报销 2 400 元，借款剩余现金 600 元收回。

借：库存现金	600	
管理费用	2 400	
贷：其他应收款——李冰		3 000

(3) 企业出售材料，收入现金 5 850 元（含税）。

借:库存现金　　5 850

　贷:其他业务收入　　5 000

　　应交税费——应交增值税(销项税额)　　850

2. 库存现金支出业务处理

现金支出的业务主要有:缴存现金(填写现金缴款单)、现金发放工资或奖金、职工借款以及零星现金报销等。企业支出要符合现金开支范围的相关规定。

企业支出现金时,借记有关科目,贷记“库存现金”科目。

【例 2-2】江南公司 2018 年 9 月发生部分经济业务如下:

(1) 用现金支付车间办公用品费 250 元。

借:制造费用　　250

　贷:库存现金　　250

(2) 王浩报销由个人垫付的企业行政管理部门办公用品费 300 元,以现金付讫。

借:管理费用　　300

　贷:库存现金　　300

三、库存现金清查业务处理

现金清查是为了保证账款相符,防止现金丢失和收支记账时发生差错,以及贪污盗窃和挪用公款等违法行为,对库存现金的盘点与核对,包括出纳人员每日终了前的现金账款核对和组成清查小组进行的定期或不定期的盘点与核对。

库存现金清查的方法是实地盘点,并将现金库存数与现金日记账余额进行核对。会计主管人员和出纳人员应共同搞好这项工作。清查中发现用“借条”“白条”等不符合会计制度的凭证顶替现金的,应按规定处理纠正。如发现账实不符,应立即查明原因,及时更正。清查后,根据清查结果编制“现金盘点报告表”,填写现金实存、账存和盘亏情况。

对有待查明原因的现金短缺或溢余,应通过“待处理财产损溢——待处理流动资产损溢”账户进行相应的会计核算。待查明原因后分别视不同情况做出如下处理:

1. 如为现金短缺

现金短缺经批准后,属于应由责任人赔偿或保险公司赔偿的部分,计入“其他应收款”科目;属于无法查明原因的部分,计入“管理费用”科目。

2. 如为现金溢余

现金溢余经批准后,应支付给有关人员或单位的计入“其他应付款”科目;属于无法查明原因的计入“营业外收入”科目。

说明:“待处理财产损溢”科目属于过渡性资产类会计科目,但是不符合资产定义,期末应该做出处理,无余额,故不得在资产负债表中列示。

◇知识拓展 2.2

企业清查的各种财产损溢,应于期末前查明原因,并根据企业的管理权限,经股东大会、董事会、经理会议或类似机构批准后,在期末结账前处理完毕。如清查的各种财产损溢,在期末结账前尚未经批准的,在对外提供财务会计报告时先按上述规定进行处理,并在会计报表中做出说明;如果其后批准处理的金额与已处理的金额不一致的,调整会计报表相关项目的年初数。

【例 2-3】江南公司 2018 年 9 月发生部分经济业务如下：

(1) 在 9 月 10 日现金清查中，发现现金短缺 200 元，原因待查。

借：待处理财产损溢——待处理流动资产损溢　　200

　贷：库存现金　　200

(2) 9 月 13 日查明上述现金短缺的原因，其中 80 元是出纳员赵青工作失误造成的，由其负责赔偿，剩余 120 元无法查明原因，经批准转作管理费用。

借：其他应收款——应收现金短缺款(赵青)　　80

　　管理费用——现金短缺　　120

　贷：待处理财产损溢——待处理流动资产损溢　　200

(3) 9 月 25 日现金清查中，发现现金溢余 320 元，原因待查。

借：库存现金　　320

　贷：待处理财产损溢——待处理流动资产损溢　　320

(4) 9 月 30 日上述溢余的现金，无法查明原因，经批准转入营业外收入。

借：待处理财产损溢——待处理流动资产损溢　　320

　贷：营业外收入——现金溢余　　320

四、备用金核算

备用金是指为了使频繁发生的日常小额零星支出，摆脱常规的逐级审批及逐项签发支票等过繁、过严的手续，按照重要性原则预付给企业内部某些单位或职工日常零星开支的备用现金。

备用金采用先领后用、用后报销的办法，即由会计部门根据企业内部各单位或职工日常零星开支的需要，预先付给一定数额的现金，支出以后凭单据向会计部门报销。这就要求备用金在使用过程中，负责经管备用金的人员必须妥善保管其所支付事项的凭证、发票及各种用途的报销凭证，以便按规定间隔日期或在备用金金额周转时，凭有关凭证向会计部门报销，补足备用金以达到规定的金额。

备用金的会计处理，一般可通过“备用金”科目进行。领用备用金时，根据各单位或职工的借款单，借记“备用金”科目，贷记“库存现金”科目。经审核报销时，借记“管理费用”“制造费用”等科目，贷记“库存现金”科目。收回备用金时，借记“库存现金”科目，贷记“备用金”科目。

企业也可以设置“其他应收款——部门备用金”科目对备用金进行核算。

【例 2-4】江南公司会计部门对经理办公室的采购人员实行定额备用金制度。

(1) 2 月 5 日会计部门付给经理办公室的采购人员定额备用金 500 元。

借：备用金　　500

　贷：库存现金　　500

(2) 2 月 20 日，经理办公室采购人员支付报纸杂志费 180 元，文具用品费 200 元，电话通信费 50 元。然后将所保存的各笔支出的单据一次向会计部门报销并补足余额。

借：管理费用　　430

　贷：库存现金　　430

(3) 假定经管备用金的采购人员发生岗位调动，会计部门收回定额备用金。该采购人员将持有的尚未报销的支出凭证 320 元，以及余额 180 元，到会计部门办理报销并交回备用金。

借：管理费用　　320

　库存现金　　180

　贷：备用金　　500

备用金管理人员一般应设置“备用金登记簿”，用以记录各项零星开支。

还需要注意的是，备用金不属于货币资金，其账面金额在资产负债表中应列示在“其他应收款”项目中。

任务 2.3　银行存款核算

一、银行存款核算会计科目设置

为了反映和监督银行存款的收入、支出和结存情况，企业应当设置“银行存款”总账和“银行存款日记账”，分别进行银行存款的总分类核算和明细分类核算。

“银行存款”属于资产类账户，借方登记企业收到的银行存款，贷方登记企业付出的银行存款，期末余额在借方，反映企业期末银行存款的实际结存数。企业在银行的其他存款，如外埠存款、银行本票存款、银行汇票存款、信用证存款等，在“其他货币资金”账户核算，不通过“银行存款”账户进行会计处理。

“银行存款日记账”应当按银行和其他金融机构、存款种类等开设，对于外币存款应按不同币种和开户银行分别设置日记账。银行存款日记账可采用收、付、余三栏或多栏式。多栏式日记账可以分为收入日记账和付出日记账，其格式和登记方法与现金日记账基本相同。银行存款日记账根据收、付款凭证，按照业务的发生顺序逐笔登记，每日终了，应结出余额。银行存款日记账应定期与银行对账单核对，月份终了，银行存款日记账的余额必须与银行存款总账的余额核对相符。

二、银行存款收付核算

企业将款项存入银行或其他金融机构时，借记“银行存款”科目，贷记有关科目；提取和支出存款时，借记有关科目，贷记“银行存款”科目。

【例 2-5】江南公司为增值税一般纳税人，增值税税率为 17%。2018 年 10 月发生如下经济业务：

(1) 3 日，收到华夏公司归还前欠本公司货款的转账支票一张，金额 50 000 元，企业将支票和填制的进账单送交开户银行。

借：银行存款　　50 000

　贷：应收账款——华夏公司　　50 000

(2) 7 日，外购材料一批，货款 40 000 元，增值税税额 6 800，双方合同中明确采用托收承付结算方式，验单付款，企业收到银行转来的托收承付结算凭证和所附单据，经审核无误，在 3 天期满时承认付款，但材料尚未收到。

借：在途物资　　40 000

　应交税费——应交增值税（进项税额）　　6 800

　贷：银行存款　　46 800

(3) 10 日，企业向百汇超市购买办公用品 800 元，开出转账支票支付款项。

借：管理费用　　800

　贷：银行存款　　800

(4) 12 日，企业销售产品一批，价款 20 000 元，增值税税额 3 400，款项存入银行。

借：银行存款　　23 400

　贷：主营业务收入　　20 000

　　应交税费——应交增值税（销项税额）　　3 400

(5) 15 日，企业采用汇兑结算方式，委托银行将款项 18 000 元划转给向阳公司，以偿还前欠货款。

借：应付账款——向阳公司　　18 000

　贷：银行存款　　18 000

三、银行存款核对业务处理

为了保证银行存款核算的真实、准确，及时纠正银行存款账目可能发生的差错，正确地掌握企业可运用的银行存款实有数，保证银行存款账实相符，企业必须经常（每月至少一次）核对和清查银行存款。

银行存款核对的主要内容有：①银行存款日记账与银行存款收、付款凭证互相核对，做到账证相符；②银行存款日记账与银行存款总账相互核对，做到账账相符；③银行存款日记账与银行对账单相互核对，做到账单相符，从而达到账实相符。

核对中，如果发现记账错误，要立即查找原因，编制分录进行更正，属于银行的差错，应及时通知银行更正；如果由于有未达账项，造成银行对账单上的存款余额与企业银行存款日记账的存款余额不一致，应编制“银行存款余额调节表”进行调节，使双方余额相等。

所谓未达账项，是指一方已经入账，而另一方由于尚未收到有关收付结算凭证，因而还未入账的款项。形成未达账项的原因有以下四种情况：①企业已经收款入账，银行尚未入账的收款业务；②企业已经付款入账，银行尚未入账的付款业务；③银行已经收款入账，企业尚未入账的收款业务；④银行已经付款入账，企业尚未入账的付款业务。

“银行存款余额调节表”的编制方法是，根据双方的账面余额，采用各自加上对方已经收款入账，本单位尚未收款入账的数额，减去对方已经付款入账，本单位尚未付款入账的数额。经调节后，双方余额如果相等，一般说明双方记账没有错误，该余额就是企业可动用的银行存款额；双方余额如果不相等，表明记账有差错，应立即查明错误原因，并更正。

【例 2-6】江南公司 2018 年 7 月末银行存款日记账余额为 30 000 元，而银行对账单的余额为 41 250 元，经逐笔核对后，发现有以下未达账项尚未记录：

①7 月 28 日，收到购货单位转账支票 8 250 元，已计入企业银行存款账，但支票尚未存入银行。②7 月 29 日，开出现金支票 5 400 元支付职工差旅费，企业已入账，但持票人尚未到银行取款。③7 月 29 日，银行收到企业委托代收的销货款 15 000 元，已收存银行，企业尚未收到收款

通知。④7 月 30 日,银行代企业支付水费 900 元,银行已划账,企业尚未收到付款通知。

根据以上未达账项,编制银行存款余额调节表,见表 2-1。

表 2-1　银行存款余额调节表

2018 年 7 月 31 日　　单位:元

项目	金额	项目	金额
企业银行存款账户余额	30 000	银行对账单上的存款余额	41 250
加:银行已收企业未收	15 000	加:企业已收银行未收	8 250
减:银行已付企业未付	900	减:企业已付银行未付	5 400
调节后余额	44 100	调节后余额	44 100

◇**注意**

银行存款余额调节表是为了核对账目,不是原始凭证,不能作为调节银行存款账面余额的记账依据,但是会计档案。调节后的存款余额为企业实际可以动用的最大存款额。

银行对账单的核对不仅仅是核对余额,还应核对发生额;也不能只是由出纳员核对,还应该由他人复核。

如果有确凿证据表明存在银行或其他金融机构的款项已经部分不能收回或全部不能收回的,如应收存款的单位已宣告破产,其破产财产不足以清偿的部分,或全部不能清偿的,应当作为当期损失,冲减银行存款,借记"营业外支出"科目,贷记"银行存款"科目。

任务 2.4　其他货币资金核算

一、其他货币资金核算会计科目设置

其他货币资金是企业除现金、银行存款以外的其他各种货币资金,这些资金的存款地点和用途与库存现金、银行存款不同,主要包括银行汇票存款、银行本票存款、信用卡存款、信用证保证金存款、存出投资款、外埠存款、银行承兑汇票保证金存款等。

为了核算和反映企业各种其他货币资金的增加、减少和结存情况,企业设置"其他货币资金"科目。该科目属于资产类,借方登记其他货币资金的增加数,贷方登记其他货币资金的减少数,期末余额在借方,反映其他货币资金的结存数。

该科目按照银行汇票或本票、信用证的收款单位、外埠存款的开户银行,分别对"外埠存款""银行汇票""银行本票""信用卡""信用证保证金""存出投资款"等进行明细核算。

二、其他货币资金核算

1. 外埠存款业务处理

外埠存款是指企业到外地进行临时或零星采购时,汇往采购地银行开立采购专户的存款。采购资金存款不计利息,除采购员所需差旅费可支取少量现金外,采购物资一律通过银行转账结算。

企业汇出款项时，应填写汇款委托书，并根据汇款凭证做账务处理，借记“其他货币资金——外埠存款”科目，贷记“银行存款”科目。收到采购员交来供应单位发票账单、验收单、付款审批单等报销凭证时，借记“材料采购”或“原材料”“库存商品”“应交税费——应交增值税（进项税额）”等科目，贷记“其他货币资金——外埠存款”科目。

【例 2-7】A 公司为增值税一般纳税人。2018 年 10 月 A 公司从银行账户中将临时采购款 90 000元汇入中国工商银行兰州分行采购专户。应根据电汇凭证回单，账务处理如下：

借：其他货币资金——外埠存款（兰州工商行）　　90 000
　贷：银行存款　　90 000

A 公司采购部交来从兰州市工商银行采购专户付款购入材料的有关凭证，材料买价为 60 000元，增值税税额为 10 200 元，材料已经验收入库，应根据采购专户支票存根和增值税专用发票等，账务处理如下：

借：原材料　　60 000
　　应交税费——应交增值税（进项税额）　　10 200
　贷：其他货币资金——外埠存款（兰州工商行）　　70 200

兰州市工商银行将企业采购专户存款余额 19 800 元转回企业的银行账户。应根据开户银行的收账通知，账务处理如下：

借：银行存款　　19 800
　贷：其他货币资金——外埠存款（兰州工商行）　　19 800

2. 银行汇票存款业务处理

【例 2-8】A 公司为增值税一般纳税人，向银行申请办理银行汇票用以购买 B 公司甲材料，将款项 240 000 元交存银行转作银行汇票存款（实际工作中根据银行汇票申请书从账户中直接划款）。根据银行盖章退回的申请书存根，账务处理如下：

借：其他货币资金——银行汇票　　240 000
　贷：银行存款　　240 000

A 公司购回甲材料，取得增值税专用发票，注明价款 200 000 元，增值税税额为 34 000 元，验收入库，并收到银行汇票第四联“多余款项收账通知”退回 6 000 元。账务处理如下：

借：原材料——甲材料　　200 000
　　应交税费——应交增值税（进项税额）　　34 000
　贷：其他货币资金——银行汇票　　234 000
借：银行存款　　6 000
　贷：其他货币资金——银行汇票　　6 000

3. 银行本票存款业务处理

【例 2-9】A 公司为取得银行本票，向银行填交“业务委托书”—本票申请书，并将 20 000 元银行存款转作银行本票存款。企业取得银行本票后，应根据银行盖章退回的“业务委托书”—本票申请书“回执”填制银行付款凭证。账务处理如下：

借：其他货币资金——银行本票　　20 000
　贷：银行存款　　20 000

A 公司用银行本票 10 000 元购买办公用品。根据发票、验收单等审核后的原始凭证，账务处理如下：

借:管理费用——办公费　　10 000
　贷:其他货币资金——银行本票　　10 000

4. 信用卡存款业务处理

【例 2-10】A 公司于 2 月 1 日向银行申请单位信用卡,并开出转账支票向银行交存 100 000 元。2 月 15 日,该公司用信用卡向某酒店支付会议费 30 000 元。账务处理如下:

借:其他货币资金——信用卡　　100 000
　贷:银行存款　　100 000
借:管理费用——会议费　　30 000
　贷:其他货币资金——信用卡　　30 000

5. 信用证保证金存款业务处理

企业填写“信用证申请书”,将信用证保证金交存银行时,应根据银行盖章退回的“信用证申请书”回单,借记“其他货币资金——信用证保证金”科目,贷记“银行存款”科目;企业接到开证行通知,根据供货单位信用证结算凭证及所附发票账单,借记“材料采购”或“原材料”“库存商品”“应交税费——应交增值税(进项税额)”等科目,贷记“其他货币资金——信用证保证金”科目;将未用完的信用证保证金存款余额转回开户银行时,借记“银行存款”科目,贷记“其他货币资金——信用证保证金”科目。

【例 2-11】A 公司向银行申请开具信用证 3 000 000 元,用于支付境外采购材料价款,公司已向银行交纳保证金,并收到银行盖章退回的进账单。账务处理如下:

借:其他货币资金——信用证保证金　　3 000 000
　贷:银行存款　　3 000 000

A 公司收到银行转来的境外销货单位信用证结算凭证以及所附发票单据、海关进口增值税专用缴款书等有关凭证,材料价款 2 000 000 元,增值税税额为 340 000 元。账务处理如下:

借:原材料　　2 000 000
　应交税费——应交增值税(进项税额)　　340 000
　贷:其他货币资金——信用证保证金　　2 340 000

A 公司收款开证行的收款通知,退回信用证余款 660 000 元。账务处理如下:

借:银行存款　　660 000
　贷:其他货币资金——信用证保证金　　660 000

6. 存出投资款业务处理

企业向证券公司划出资金时,应按实际划出的金额,借记“其他货币资金——存出投资款”科目,贷记“银行存款”科目;购买股票、债券时,借记“交易性金融资产”“可供出售金融资产”等科目,贷记“其他货币资金——存出投资款”科目。

【例 2-12】企业向证券公司存入资金 200 000 元,10 天后用该项存款购买某企业的股票 150 000元,该股票不准备长期持有。

款项存入证券公司时:

借:其他货币资金——存出投资款　　200 000
　贷:银行存款　　200 000

购买股票时:

借:交易性金融资产　　150 000
　贷:其他货币资金——存出投资款　　150 000

项目3

应收及预付款项核算

【学习目标要求】

明确应收票据的分类、期限与计价，掌握应收票据各种业务的相关计算与会计处理；熟悉往来结算会计核算岗位职责；明确应收账款的确认与计价，掌握应收账款各种业务的会计处理；熟悉预付账款和其他应收款项的核算；明确企业坏账的管理要求及坏账准备的计提与核算等。

【典型工作任务】

1. 应收票据核算
2. 应收账款核算
3. 预付账款核算
4. 其他应收款核算

本项目知识结构

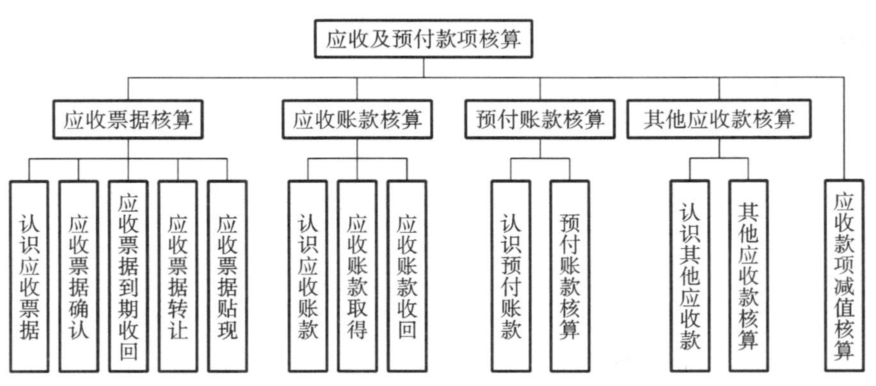

应收及预付款项是企业在日常生产经营过程中发生的各项债权，包括应收款项和预付款项。应收款项包括应收票据、应收账款、应收股利、应收利息和其他应收款等；预付款项则是企业按照合同规定预付的款项，如预付账款，这种债权属于短期债权，会计上归为企业的流动资产。

任务 3.1　应收票据核算

一、认识应收票据

1. 应收票据的种类

应收票据是企业因销售商品、提供劳务等而收到的商业汇票。商业汇票是一种由出票人签发的，委托付款人在指定日期无条件支付确定金额给收款人或者持票人的票据。

根据承兑人不同，商业汇票分为商业承兑汇票和银行承兑汇票两种。商业承兑汇票是指由付款人签发并承兑，或由收款人签发交由付款人承兑的汇票。商业承兑汇票的付款人收到开户银行的付款通知，应在当日通知开户银行付款。付款人在接到通知日的次日起三日内（遇法定节假日顺延）未通知银行付款的，视同付款人承诺付款。银行将于付款人接到通知日的次日起第四日，将票款划转给持票人开户行。

银行承兑汇票是指由在承兑银行开立存款账户的存款人签发，由承兑银行承兑的商业汇票。企业申请使用银行承兑汇票时，应向其承兑银行按票面金额的万分之五交纳手续费。银行承兑汇票的出票人应于汇票到期前将票款足额交存承兑行账户，承兑银行应在汇票到期日或到期日后的见票当日支付票款。银行承兑汇票的出票人于汇票到期前未能足额交存票款时，承兑银行除凭票向持票人无条件付款外，对出票人尚未支付的汇票金额按照每天万分之五计收利息。

商业汇票按是否计息分为带息票据和不带息票据。带息票据的到期值为票据面值与应计利息之和，不带息票据的到期值等于票据面值。带息商业汇票的票面上载明了利率和付息日期，不带息商业汇票的票面不载明利率。

商业汇票按是否带有追索权，分为带追索权的商业汇票和不带追索权的商业汇票。追索权的实质是企业在转让应收款项的情况下，接受应收款项转让方在应收款项遭到拒付或逾期未付时，向该应收款项转让方索取应收金额的权利。

2. 应收票据的期限

应收票据的期限是指票据的签发日至到期日的时间间隔，按月表示或按日表示。为方便计算，通常把 1 个月定为 30 天，1 年定为 360 天。

票据期限按月表示的，以票据到期月份中与出票日相同的那一天为到期日。月末签发的票据，不论月份大小，以到期月份的月末那天为到期日。例如，2 月 20 日签发的 2 个月票据，到期日为 4 月 20 日。再如，4 月 30 日签发的 4 个月票据，到期日为 8 月 31 日。

票据期限按日表示的，应从出票日起按实际经历天数计算。出票日和到期日只能计算其中的一天，即“算头不算尾”或“算尾不算头”。例如，4 月 15 日签发的 90 天票据，到期日应为 7 月 14 日，即 90－15－31－30＝14 天。

商业汇票的付款期限，最长不得超过 6 个月。①定日付款的汇票付款期限自出票日起计算，并在汇票上记载具体到期日；②出票后定期付款的汇票付款期限自出票日起按月计算，并在汇票上记载；③见票后定期付款的汇票付款期限自承兑或拒绝承兑日起按月计算，并在汇票上记载。商业汇票的提示付款期限，自汇票到期日起10日。符合条件的商业汇票的持票人，可以持未到期的商业汇票连同贴现凭证向银行申请贴现。

3. 应收票据的计价

应收票据一般按其面值计量，即企业收到应收票据时，按票据的票面价值入账。

对于带息票据，应于期末按照应收票据的票面价值和确定的利率计提利息，计提的利息计入应收票据的账面价值。

二、应收票据核算会计科目设置

为了反映和监督应收票据取得、到期收回票款、未到期背书转让与贴现等经济业务，企业应当设置“应收票据”科目进行核算。借方登记取得的应收票据的面值，贷方登记到期收回票款或到期前向银行贴现的应收票据的票面余额，期末余额在借方，反映企业持有的商业汇票的票面余额。

“应收票据”科目按照开出、承兑商业汇票的单位进行明细核算，并设置“应收票据备查簿”，逐笔登记商业汇票的种类、号数和出票日、票面金额、交易合同号和付款人、承兑人、背书人的姓名或单位名称、到期日、背书转让日、贴现日、贴现率和贴现净额以及收款日和收回金额、退票情况等资料。

商业汇票到期结清票款或退票后，在备查簿中应予注销。

三、取得应收票据和到期收回核算

取得商业汇票的原因不同，其账务处理不同。

企业因销售商品、产品、提供劳务等而收到开出、承兑的商业汇票，按应收票据的面值，借记“应收票据”科目；按实现的营业收入，贷记“主营业务收入”科目；按专用发票上注明的增值税税额，贷记“应交税费——应交增值税(销项税额)”科目。

企业收到应收票据以抵偿应收账款时，按应收票据面值，借记“应收票据”科目，贷记“应收账款”科目。

企业应收票据到期，收回应收票据时，应按票据面值借记“银行存款”科目，贷记“应收票据”科目。若票据到期时，付款人无力支付票款，收到银行退回的商业承兑汇票、委托收款凭证、未付票款通知书或拒绝付款等证明时，应按应收票据的账面余额借记“应收账款”科目，贷记“应收票据”科目。

1. 不带息应收票据的核算

【例3-1】某企业2018年3月10日销售给乙公司A产品一批，货款为50 000元，增值税销项税额为8 500元，收到乙公司签发并承兑的一张期限为5个月、面值为58 500元的不带息商业汇票。该企业账务处理如下：

(1) 3月10日收到商业汇票：

借：应收票据——乙公司　　58 500

　贷：主营业务收入　　50 000

　　应交税费——应交增值税(销项税额)　　8 500

(2) 8月10日到期承兑：

借:银行存款　　58 500
　贷:应收票据——乙公司　　58 500

(3) 若 8 月 10 日到期无法承兑:

借:应收账款——乙公司　　58 500
　贷:应收票据——乙公司　　58 500

2. 带息应收票据的核算

带息应收票据的到期价值等于应收票据的面值加上应收票据的利息。票据利息的计算通常在票据持有期间的中期(季度、半年、年度)期末进行。按规定计算的票据利息,增加应收票据的票面价值,同时冲减财务费用。

票据利息的计算公式如下:

应收票据利息=票据面值×票面利率×票据期限

【例 3-2】某企业 2018 年 9 月 1 日销售给甲公司一批产品,货款为 100 000 元,增值税销项税额为 17 000 元,货已发出。当日收到甲公司签发的商业承兑汇票一张,期限为 6 个月,票面利率为 5%。该企业账务处理如下:

(1) 9 月 1 日,收到商业汇票:

借:应收票据——甲公司　　117 000
　贷:主营业务收入　　100 000
　　应交税费——应交增值税(销项税额)　　17 000

(2) 12 月 31 日,计提票据利息:

计提利息:117 000×5%×4÷12=1 950 元

票据账面价值:117 000+1 950=118 950 元

借:应收票据——甲公司　　1 950
　贷:财务费用　　1 950

(3) 票据到期收回:

票据到期收回款项:117 000+117 000×5%×6÷12=119 925 元

未计提的票据利息:117 000×5%×2÷12=975 元

借:银行存款　　119 925
　贷:应收票据——甲公司　　118 950
　　财务费用　　975

四、应收票据转让核算

我国现行《银行支付结算办法》规定,企业可以将持有的应收票据背书转让,用于购买所需的商品物资。背书是指企业在票据背面或者粘单上记载有关事项并签章的票据行为。背书转让的,背书人应当承担票据责任。

企业将持有的应收票据背书转让,以取得所需物资时,按应计入取得物资成本的价值,借记“材料采购”或“原材料”“库存商品”等科目,按专用发票上注明的增值税税额,借记“应交税费——应交增值税(进项税额)”科目,按商业汇票的票面金额,贷记“应收票据”科目,如有差额,借记或贷记“银行存款”“应付账款”等科目。若转让的带息应收票据中有尚未计提的利息,按尚未计提的利息,贷记“财务费用”科目。

【例 3-3】某企业采购原材料一批，价款为 20 000 元，增值税进项税额为 3 400 元。将账面余额为 25 000 元的不带息商业汇票背书转让，收到差额款 1 600 元存入银行，材料已验收入库。该企业账务处理如下：

借：原材料　　20 000
　　应交税费——应交增值税（进项税额）　　3 400
　　银行存款　　1 600
　贷：应收票据　　25 000

五、应收票据贴现核算

企业收到商业汇票，如在未到期前急需资金，可持未到期的商业汇票经过背书后向其开户银行申请贴现。所谓贴现，是指企业将未到期的票据转让给银行，由银行按票据的票面金额扣除贴现日至票据到期日的利息后，将余额付给企业的融资行为，是企业与贴现银行之间就票据权利所做的一种转让。

按规定的贴现率计算贴现利息和实付贴现金额，其计算方法如下：

票据贴现天数＝贴现日至票据到期日的实际天数－1

票据贴现利息＝票据到期价值×年贴现率×票据贴现天数÷360

票据贴现净额＝票据到期价值－票据贴现利息

1. 不带追索权的应收票据贴现

企业将不带追索权的应收票据贴现，在转让票据所有权的同时，将票据到期不能收回票据的风险一并转给了贴现银行，企业对票据到期不能收回的票款不承担连带责任，符合金融资产终止确认的条件。

企业持未到期的不带息应收票据向银行贴现，按票据贴现净额，借记“银行存款”科目；按贴现利息部分，借记“财务费用”等科目；按应收票据的票面金额，贷记“应收票据”科目。如为带息应收票据向银行贴现，应按票据贴现净额，借记“银行存款”科目；按应收票据的账面价值，贷记“应收票据”科目；按其差额，借记或贷记“财务费用”科目。

【例 3-4】2018 年 3 月 23 日，甲公司向乙公司销售商品一批，取得含税收入 200 000 元，收到乙公司开出并承兑的不带息银行承兑汇票，期限为 6 个月，到期日为 9 月 23 日，面值为 200 000 元。2018 年 5 月 2 日，甲公司持该票据向银行申请贴现，承兑人不付款时，甲公司不承担连带责任。年贴现率为 12%。甲公司有关计算及账务处理如下：

票据到期价值＝200 000 元

票据贴现天数＝144 天

票据贴现利息＝200 000×12%×144÷360＝9 600 元

票据贴现净额＝200 000－9 600＝190 400 元

3 月 23 日，收到票据：

借：应收票据　　200 000
　贷：主营业务收入　　170 940.17
　　　应交税费——应交增值税（销项税额）　　29 059.83

5 月 2 日，票据贴现：

借：银行存款　　190 400

　　财务费用　　9 600
　　贷：应收票据　　200 000

【例 3-5】继【例 3-4】资料，假定该贴现票据为带息票据，年利率为10%，票据持有期间没有计算应计利息，其他资料不变。甲公司有关计算及账务处理如下：

票据到期价值＝200 000×(1＋10%×6÷12)＝210 000元

票据贴现利息＝210 000×12%×144÷360＝10 080元

票据贴现净额＝210 000－10 080＝199 920元

计入财务费用金额＝10 080－(210 000－200 000)＝80元

3月23日，收到票据：

借：应收票据　　200 000
　　贷：主营业务收入　　170 940.17
　　　　应交税费——应交增值税(销项税额)　　29 059.83

5月2日，票据贴现：

借：银行存款　　199 920
　　财务费用　　80
　　贷：应收票据　　200 000

2. 带追索权的应收票据贴现

企业将带追索权的应收票据贴现，并未转移应收票据到期不能收回票据的风险，不符合金融资产终止确认的条件。在企业会计实务中不能冲销“应收票据”科目，而是根据实际收到的贴现款借记“银行存款”科目，贷记“短期借款”科目。

【例 3-6】继【例 3-4】资料，假设该贴现票据为商业承兑汇票，则企业贴现时应做如下处理：

借：银行存款　　190 400
　　贷：短期借款　　190 400

票据到期日，无论票据付款人是否足额向贴现银行支付票款，贴现的票据均满足金融资产终止确认的条件，在企业会计实务中应终止确认应收票据。

票据到期日票据付款人将票款足额付给贴现银行时，企业因票据贴现而产生的负债追索责任解除，应作为偿还短期借款处理，借记“短期借款”科目，贷记“应收票据”科目，差额借记或贷记“财务费用”科目。

【例 3-7】继【例 3-6】资料，假设该贴现票据到期，付款人将票据足额支付给贴现银行，则企业应做如下处理：

借：短期借款　　190 400
　　财务费用　　9 600
　　贷：应收票据　　200 000

票据到期日票据付款人不能将票据足额支付给贴现银行时，企业负有因票据贴现而产生的负债追索责任，成为实际的债务人，借记“短期借款”科目，贷记“应收票据”科目，差额借记或贷记“财务费用”科目。同时将票据到期值中付款人未付的金额，反映对该汇票付款的债权，借记“应收账款”科目，贷记“银行存款”或“短期借款”科目。

【例 3-8】继【例 3-6】资料，假设该贴现票据到期付款人未能将票据足额付给贴现银行，银行将款项从本企业银行存款账户扣除，则企业应做如下处理：

借:短期借款　　190 400
　财务费用　　9 600
　贷:应收票据　　200 000
借:应收账款　　200 000
　贷:银行存款　　200 000

如企业银行存款账户中无款可扣,则银行将未扣除款项作为逾期贷款处理。

任务3.2　应收账款核算

一、认识应收账款

应收账款是指企业因销售商品、提供劳务等经营活动,应向购货单位或接受劳务单位收取的款项,主要包括企业销售商品或提供劳务等应向有关债务人收取的价款及代购货单位垫付的包装费、运杂费等。

通常情况下,应收账款应按从购货方应收的合同或协议价款作为初始确认金额,包括销售货物或提供劳务的价款、增值税,以及代购货方垫付的包装费、运杂费等。

在确定应收账款入账价值时,应注意商业折扣和现金折扣。商业折扣,是企业为促进商品销售而在商业标价上给予的价格扣除。现金折扣,是债权人为鼓励债务人在规定的期限内付款而向债务人提供的债务扣除。在有商业折扣的情况下,应按折扣后的价款计入应收账款。在有现金折扣的情况下,现金折扣不影响应收账款的入账价值,实际发生现金折扣作为当期财务费用,计入发生当期的损益。

◇**注意**

在存在现金折扣的情况下,应收账款入账金额的确认有总价法和净价法两种。总价法是将未减去现金折扣前的金额作为实际售价,现金折扣只有客户在折扣期内付款,才予以确认。净价法是将减去现金折扣后的金额作为实际售价。

我国现行会计制度规定,应收账款采用总价法核算。

二、应收账款核算会计科目设置

为了反映和监督应收账款的增减变动及其结存情况,企业应设置"应收账款"科目,按照往来单位设置科目。"应收账款"科目的借方登记应收账款的增加,贷方登记应收账款的收回及确认的坏账损失,期末余额一般在借方,反映尚未收回的应收账款;如果余额在贷方,则反映企业预收的账款。

不单独设置"预收账款"科目的企业,预收的账款也在"应收账款"科目核算。在编制资产负债表时,应收账款明细账的借方余额与预收账款明细账的借方余额合并,填列在"应收账款"项目中；应收账款明细账的贷方余额与预收账款明细账的贷方余额合并，填列在“预收账款”项目中。

三、取得应收账款核算

企业发生应收账款，按应收金额借记“应收账款”科目；按实现确认的收入，贷记“主营业务收入”科目；涉及增值税销项税额的，贷记“应交税费——应交增值税（销项税额）”科目。企业代购货单位垫付的包装费、运输费等款项，借记“应收账款”科目，贷记“银行存款”等科目。

1. 无商业折扣和现金折扣的情况

【例 3-9】甲企业于 2018 年 2 月 1 日采用委托收款结算方式向乙企业销售一批产品，货款为 40 000 元，增值税税额为 6 800 元，以银行存款代垫运杂费 200 元，货已发出，已办妥委托收款手续。甲企业账务处理如下：

借：应收账款——乙企业　　47 000
　贷：主营业务收入　　40 000
　　应交税费——应交增值税（销项税额）　　6 800
　　银行存款　　200

2. 有商业折扣的情况

在存在商业折扣的情况下，销售方应收账款的入账金额，应按扣除商业折扣后的实际成交价格确认。

【例 3-10】甲企业于 2018 年 3 月 1 日向丙企业销售一批产品，标价为 30 000 元（不含税价格，税率为 17%），由于是批量销售，给予对方 10% 的商业折扣。货已发出，货款尚未收到。甲企业账务处理如下：

借：应收账款——丙企业　　31 590
　贷：主营业务收入　　27 000
　　应交税费——应交增值税（销项税额）　　4 590

3. 有现金折扣的情况

【例 3-11】甲企业于 2018 年 4 月 1 日向丁企业销售一批产品，共计为 50 000 元，增值税税额为 8 500 元，规定的现金折扣条件为 2/10，N/30，产品已发出，各有关手续已办妥。（假定按不含税价折扣。）

甲企业账务处理如下：

借：应收账款——丁企业　　58 500
　贷：主营业务收入　　50 000
　　应交税费——应交增值税（销项税额）　　8 500

四、应收账款收回核算

收回应收账款时，借记“银行存款”等科目，贷记“应收账款”科目。

1. 无商业折扣和现金折扣的核算

【例 3-12】继【例 3-9】资料，甲企业 2 月 8 日接到银行收款通知，应收款收回入账。甲企业账务处理如下：

借：银行存款　　47 000

贷:应收账款——乙企业　　　　47 000

2. 有商业折扣的核算

【例 3-13】继【例 3-10】资料,甲企业 3 月 8 日收到丙企业交来的货款。甲企业账务处理如下:

借:银行存款　　　　31 590

贷:应收账款——丙企业　　　　31 590

3. 有现金折扣的核算

在存在商业折扣的情况下,发生的现金折扣计入当期损益,借记“财务费用”科目。

说明:在计算折扣金额时,可以按含税金额折扣,也可以按不含税金额折扣,在实际工作中,按双方约定计算折扣。

【例 3-14】继【例 3-11】资料,甲企业 4 月 8 日收到丁企业交来的货款。甲企业账务处理如下:

借:银行存款　　　　57 500

财务费用　　　　1 000

贷:应收账款——丁企业　　　　58 500

任务 3.3　预付账款核算

一、认识预付账款

预付账款是企业按照合同规定,预先支付给供货方(包括劳务提供者)的款项,如预付的材料货款、商品采购货款等。

预付账款和应收账款一样,都是企业的短期债权,但两者又有区别。应收账款是企业因销售商品或提供劳务而产生的债权;而预付账款是企业因购货或接受劳务而产生的债权,是预先付给供货方或劳务提供方的款项。两者应分别进行核算。

预付账款应当按照实际预付的款项金额入账。

二、预付账款核算会计科目设置

企业应当设置“预付账款”总账,核算预付账款的增减变动及其结存情况,按照往来单位设置明细账。

预付款项情况不多的企业,可以不设置“预付账款”科目,而直接通过“应付账款”科目核算。

在编制资产负债表时,预付账款明细账的借方余额与应付账款明细账的借方余额合并,填列在“预付账款”项目中;预付账款明细账的贷方余额与应付账款明细账的贷方余额合并,填列在“应付账款”项目中。

三、预付账款核算

在销售方对购货方的信任度把握不大或者销售方的货物紧俏的情况下，销售方会要求购货方预付货款。预付账款的核算包括预付款项和收到货物结清货款两个方面。

【例 3-15】江南公司向中华公司采购丙材料 4 000 千克，每千克单价 10 元，所需款项总额约为 46 800 元，合同约定江南公司需预付 70%的货款，余下部分在货物验收后付清。江南公司账务处理如下：

(1) 预付货款：

借：预付账款——中华公司　　32 760
　贷：银行存款　　32 760

(2) 收到货物，验收入库：

借：原材料——丙材料　　40 000
　　应交税费——应交增值税(进项税额)　　6 800
　贷：预付账款——C 公司　　46 800

(3) 补足货款：

借：预付账款——中华公司　　14 040
　贷：银行存款　　14 040

任务 3.4　其他应收款核算

一、认识其他应收款

其他应收款是指企业除应收票据、应收账款、预付账款等以外的其他各种应收及暂付款项。是企业发生的非购销活动的应收债权。

其他应收款的主要内容包括：①应收的各种赔款、罚款，如企业投保财产等遭受意外损失而应向有关保险公司收取的赔款；②应收的出租包装物租金，如对外经营租赁收取的租金；③应向职工收取的各种垫付款项，如为职工垫付的水费、电费、房租、应由职工负担的保险及医疗等；④存出保证金，如租入包装物支付的押金；⑤其他各种应收、暂付款项，如职工出差临时借款、内部销售部门的备用金借款等。

二、其他应收款核算会计科目设置

为了反映和监督其他应收款的增减变动及其结存情况，企业应当设置“其他应收款”科目进行核算，按照往来单位和个人设置明细科目。其他应收款应当按实际发生的金额入账。

“其他应收款”科目属于资产类科目，核算企业除应收票据、应收账款、预付账款、应收股利、应收利息、长期应收款等以外的其他各种应收及暂付款项，应向职工收取的各种垫付款项，以及已不符合预付账款性质而按规定转入的预付账款等。借方登记企业发生的各种其他应收款，贷方登记企业收到的款项和结转情况，余额一般在借方，反映企业应收未收的其他应收款项。

三、其他应收款核算

企业发生其他各种应收、暂付款项以及预付账款转入时，借记“其他应收款”科目，贷记有关科目。收回、核销其他应收款时，借记有关科目，贷记“其他应收款”科目。

【例 3-16】A 公司在采购过程中发生材料毁损，按照保险合同规定，应由保险公司赔偿损失 20 000 元，赔偿款尚未收到。A 公司账务处理如下：

借：其他应收款——保险公司　　20 000

　贷：在途物资　　20 000

任务 3.5　应收款项减值核算

一、应收款项减值损失的确认

企业的各项应收款项，可能会因购货人拒付、破产、死亡等原因而无法收回。这类无法收回的应收款项就是坏账。因坏账而遭受的损失为坏账损失或减值损失。

◇知识拓展 3.1

应收款项发生减值的客观证据主要包括：

(1) 债务人发生严重财务困难。

(2) 债务人违反了合同条款，如偿付利息或本金发生违约或逾期等。

(3) 债权人出于经济或法律等方面因素的考虑，对发生财务困难的债务人做出让步。

(4) 债务人很可能倒闭或进行其他财务重组。

企业应当在资产负债表日对应收款项的账面价值进行检查，有客观证据表明该应收款项发生减值的，应当将该应收款项的账面价值减记至预计未来现金流量现值，减记的金额确认减值损失，计提坏账准备。

确定应收款项减值的方法有两种，即直接转销法和备抵法。我国企业会计准则规定，应收账款的减值核算只能采用备抵法，不得采用直接转销法。

直接转销法是指在实际发生坏账时，将坏账损失直接计入当期损益，同时冲销应收款项。这种方法的优点是简单、实用，缺点是不符合权责发生制和收入与费用配比的会计原则。另外，在资产负债表上，应收账款是按其账面余额而不是按净额反映，这在一定程度上歪曲了期末的财务状况，所以，一般不予采用。

备抵法是采用一定的方法按期估计坏账损失，计入当期费用，同时建立坏账准备；待坏账实际发生时，冲销已提取的坏账准备和相应的应收款项。采用这种方法，坏账损失计入同一期间的损益，体现了配比原则的要求，避免了企业虚盈实亏；在报表上列示应收款项净额，使报表使用者能了解企业应收款项的可变现金额。

在备抵法下，企业应当根据实际情况合理估计当期坏账损失金额。由于企业发生坏账损失带有很大的不确定性，所以只能以过去的经验为基础，参照当前的信用政策、市场环境和行业惯例，估计每期应收款项未来现金流量现值，从而确定当期减值损失金额，计入当期损益。

◇**知识拓展 3.2**

企业可以选用的应收账款减值损失的估计方法有三种：应收账款余额百分比法、账龄百分比法和个别认定法。应收款项减值损失的估计方法一经确定，不得随意变更。

1. 应收账款余额百分比法

根据期末应收账款余额和估计的坏账率，估计应收款项减值损失，计提坏账准备的方法。坏账损失率可以参照以往的数据资料确定。

2. 账龄百分比法

根据应收款项账龄的长短以及以前的具体情况，估计应收账款减值损失的方法。通常情况下，账龄越长，发生减值的可能性就越大。将应收账款按拖欠时间的长短划分为若干区间，计列各区间上应收账款余额，并为每一个区间估计一个坏账准备的百分比，然后据以计算期末坏账准备金额。

3. 个别认定法

根据每一项应收款项的情况来估计坏账损失的方法。

在采用应收账款余额百分比和账龄分析法估计坏账损失时，如果某项应收款项的可收回性与其他各项应收款项存在明显的差别，导致该项应收款项如果按照与其他应收款项采用相同的方法或比率估计减值损失，将无法真实反映其可收回金额的，可对该项应收款项采用个别认定法估计坏账损失。在同一会计期间运用个别认定法的应收款项，应从用其他方法估计坏账损失的应收款项中剔除。

二、应收账款减值损失核算会计科目设置

企业应当设置“坏账准备”科目，核算应收款项的坏账准备计提、转销等情况。企业当期计提的坏账准备应当计入资产减值损失。

“坏账准备”科目的贷方登记当期计提的坏账准备金额，借方登记实际发生的坏账损失金额和冲减的坏账准备金额，期末余额一般在贷方，反映企业已经计提但尚未转销的坏账准备。该科目属于资产类，是“应收票据”“应收账款”“预付账款”“其他应收款”“长期应收款”等科目的备抵科目。

三、应收账款减值的账务处理

应收账款的有关账务处理的内容包括三个方面：一是期末按一定方法确定应收款项的减值损失，计提坏账准备的账务处理；二是实际发生坏账的账务处理；三是已确定的坏账又收回的账务处理。

1. 计提坏账准备

当期应计提的坏账准备可按以下公式计算：

当期计提的坏账准备＝期末应收款项的期末余额×估计比例－“坏账准备”科目的贷方余额(若为借方余额，则减负数)

◇**注意**

若计算结果为正数——补提(借记“资产减值损失”科目，贷记“坏账准备”科目)；
若计算结果为负数——冲销(借记“坏账准备”科目，贷记“资产减值损失”科目)。

2. 发生坏账损失

对于确实无法收回的应收款项，按管理权限报经批准后作为坏账损失，转销应收款项，借记“坏账准备”科目，贷记“应收账款”“预付账款”“应收利息”“其他应收款”“长期应收款”等科目。

3. 已确认坏账的应收账款收回

已确认并转销的应收款项以后又收回的，应当按照实际收到的金额增加坏账准备的账面余额。已确认并转销的应收款项以后又收回时，借记“应收账款”“其他应收款”等科目，贷记“坏账准备”科目；同时，借记“银行存款”科目，贷记“应收账款”“其他应收款”等科目。也可以按照实际收回的金额，借记“银行存款”科目，贷记“坏账准备”科目。

【例 3-17】(1)2016 年 12 月 31 日 A 公司对 B 公司的应收账款进行减值测试。应收账款余额合计为 1 000 000 元，A 公司根据 B 公司的资信情况确定计提 10%的减值准备。A 公司账务处理如下：

借：资产减值损失——计提坏账准备　　100 000
　贷：坏账准备　　100 000

(2) 2017 年 A 公司对 B 公司的应收账款中有 20 000 元存在争议，发生坏账损失。A 公司账务处理如下：

借：坏账准备　　20 000
　贷：应收账款——B 公司　　20 000

(3) 2017 年 12 月 31 日 A 公司对 B 公司的应收账款进行减值测试。应收账款余额合计为 1 200 000 元，A 公司根据 B 公司的资信情况确定计提 10%的减值准备。A 公司账务处理如下：

2017 年年末 A 公司“坏账准备”科目应保持的余额为 1 200 000×10%＝120 000 元，“坏账准备”科目的贷方余额为 100 000－20 000＝80 000 元，应补提 40 000 元(120 000 元－80 000 元)。

借：资产减值损失——计提坏账准备　　40 000
　贷：坏账准备　　40 000

(4) A 公司 2018 年 8 月 17 日收到 2017 年已转销的 B 公司坏账 17 000 元，存入银行。A 公司账务处理如下：

借：应收账款——B 公司　　17 000
　贷：坏账准备　　17 000
借：银行存款　　17 000
　贷：应收账款——B 公司　　17 000

项目4

存货核算

【学习目标要求】

明确企业存货的分类、确认及范围；熟悉存货入账价值的确定、存货发出及期末存货的各种计价方法；熟悉材料物资会计核算岗位和库存商品会计核算岗位的职责有关规定；掌握按实际成本计价和按计划成本计价进行原材料核算的账务处理；掌握包装物、低值易耗品核算方法；了解商品的其他核算方法和存货清查结果的账务处理方法。

【典型工作任务】

1. 原材料核算
2. 周转材料核算
3. 库存商品核算
4. 委托加工物资核算
5. 存货清查及核算

本项目知识结构

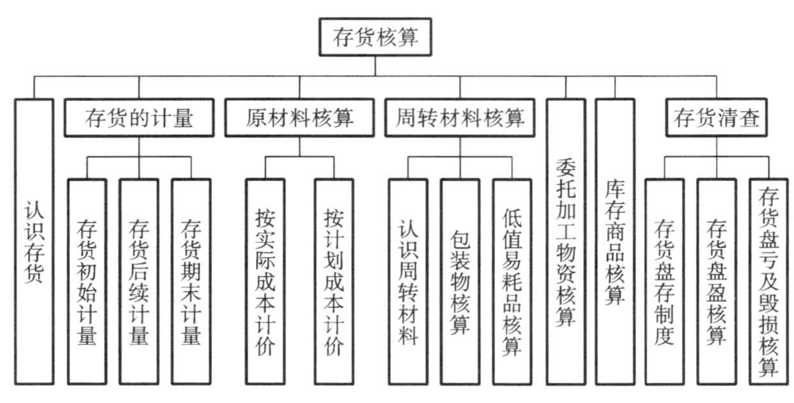

任务4.1 认识存货

一、存货的内容

存货是企业在日常活动中持有以备出售的产品或商品、处在生产过程中的在产品、在生产过程或提供劳务过程中耗用的材料或物料等，包括各类材料、在产品、半成品、产成品、商品以及包装物、低值易耗品、委托代销商品等。

(1) 原材料，指企业在生产过程中经加工改变其形态或性质并构成产品主要实体的各种原料及主要材料、辅助材料、燃料、修理用备件(备品备件)、包装材料、外购半成品等。

(2) 在产品，指企业正在制造尚未完工的生产物，包括正在生产工序加工的产品和已加工完毕但尚未检验或已检验但尚未办理入库手续的产品。

(3) 半成品，指经过一定生产过程并已检验合格交付半成品仓库保管，但尚未制造完工成为产成品，仍需进一步加工的中间产品。

(4) 产成品，指工业企业已经完成全部生产过程并已验收入库，可以按照合同规定的条件送交订货单位，或者可以作为商品对外销售的产品。企业接受来料加工制造的代制品和为外单位加工修理的代修品，制造和修理完成验收入库后，应视同企业的产成品。

(5) 商品，指商品流通企业外购或委托加工完成验收入库用于销售的各种商品。

(6) 周转材料，是指企业能够多次使用、逐渐转移其价值但仍保持原有形态不确认为固定资产的材料，包括包装物和低值易耗品。

包装物是指为了包装本企业的商品而储备的各种包装容器，如桶、箱、瓶等。低值易耗品是指不能作为固定资产核算的各种用具物品，如工具、管理用具、玻璃器皿、劳动保护用品以及在经营过程中周转使用的容器等。

低值易耗品与固定资产从性质上来说是劳动资料，但由于其单位价值较低，或使用期限相对于固定资产较短，因而作为劳动对象来管理。

(7) 委托代销商品是指企业委托其他单位代销的商品。

◇**知识拓展 4.1**

需要注意的是，为建造固定资产等各项工程而储备的各种材料，虽然同属于材料，但是由于用于建造固定资产等各项工程，其价值分次进行转移，并不符合存货的定义，因此不能作为企业的存货进行核算。

◇**注意**

存货区别于固定资产等非流动资产的最基本特征是，企业持有存货的最终目的是出售，不论是可供直接出售，如企业的产成品、商品等；还是需要经过进一步加工后才能出售，如原材料等。

二、存货的确定

根据《企业会计准则第1号——存货》规定，符合存货定义的资产项目，要在资产负债表中作为存货予以确认，必须同时满足下列条件：一是与该存货有关的经济利益很可能流入企业；二是该存货的成本能够可靠地计量。

实务中，存货范围的确认，通常应以企业对存货是否具有法定所有权为依据。凡在盘存日，法定所有权属于企业的所有一切物品，不论其存放地点，都应视为企业的存货，即所有在库、在耗、在用、在途的存货均确认为企业的存货；反之，凡是法定所有权不属于企业的物品，即使存放于企业，也不应确定为企业的存货。对于代销商品，在售出前，所有权属于委托方，因此，代销商品应作为委托方的存货处理。

任务4.2 存货的计量

一、存货的初始计量

存货应当按照成本进行初始计量。

1. 存货成本构成

存货成本包括采购成本、加工成本和其他成本。

1）采购存货的成本

存货的采购成本，包括购买价款、相关税费（关税、消费税、资源税等，小规模纳税人还包含增值税）、运输费、装卸费、保险费以及其他可归属于存货采购成本的费用。

其中，存货的购买价款是指企业购入的材料或商品的发票账单上列明的价款，但不包括按照规定可以抵扣的增值税税额。存货的相关税费是指企业购买存货发生的进口关税、消费税、资源税和不能抵扣的增值税进项税额以及相应的教育费附加等应计入存货采购成本的税金。其他可归属于存货采购成本的费用是指采购成本中除上述各项以外的可归属于存货采购的费用，如在存货采购过程中发生的仓储费、包装费，运输途中的合理损耗，入库前的挑选整理费用等。

商品流通企业在采购商品过程中发生的运输费、装卸费、保险费以及其他可归属于存货采购成本的费用等进货费用，应当计入存货采购成本，也可以先进行归集，期末根据所购商品的存销情况进行分摊。对于已售商品的进货费用，计入当期损益；对于未售商品的进货费用，计入期末存货成本。企业采购商品的进货费用金额较小的，可以在发生时直接计入当期损益。

2）加工存货的成本

存货的加工成本是在存货的加工过程中发生的追加费用，包括直接人工以及按照一定方法分配的制造费用。直接人工是指企业在生产产品和提供劳务过程中发生的直接从事产品生产和劳务提供人员的职工薪酬。制造费用是指企业为生产产品和提供劳务而发生的各项间接费用。

◇注意

对于委托加工物资，企业缴纳的消费税不一定计入产品成本。收回后直接用于销售的，应将受托方代收代缴的消费税计入委托加工物资成本；收货后用于连续生产应税消费品的，受托方代收代缴的消费税计入“应交税费——应交消费税”的借方。

3）其他方式取得存货的成本

存货的其他成本是除采购成本、加工成本以外的，使存货达到目前场所和状态所发生的其他支出。企业设计产品发生的设计费用通常应计入当期损益，但是为特定客户设计产品所发生的、可直接确定的设计费用应计入存货的成本。

（1）投资者投入存货的成本，应当按照投资合同或协议约定的价值确定，但合同或协议约定价值不公允的除外。

（2）盘盈的存货，应按其重置成本作为入账价值，并通过“待处理财产损溢”科目进行核算，按管理权限报经批准后，冲减当期管理费用。

【例 4-1】A 公司为增值税一般纳税人，2018 年 5 月 13 日采购甲材料一批，取得增值税专用发票上注明的价款为 200 万元，增值税税额为 34 万元。购入甲材料的过程中发生相关运费 2 万元，增值税税额 0.22 万元，保险费 4 万元，发生运输途中的合理损耗 3 万元，材料入库前发生挑选整理费 10 万元。要求：确认该批材料的入账价值。

解析：A 公司购入甲材料的成本＝(200＋2＋4＋10)万元＝216 万元。

2. 实务中存货成本的确定

（1）购入的存货。其成本包括买价、运杂费（包括运输费、装卸费、保险费、包装费、仓储费等）、运输过程中的合理损耗、入库前的挑选整理费用（包括挑选整理中发生的人工费用支出和挑选整理过程中所发生的数量损耗，并扣除回收的下脚废料价值）以及按规定应计入成本的税费和其他费用。

（2）自制的存货。其成本包括自制原材料、自制包装物、自制低值易耗品、自制半成品及库存商品等，其成本包括直接材料、直接人工和制造费用等的各项实际支出。

（3）委托外单位加工完成的存货。包括加工后的原材料、包装物、低值易耗品、半成品、产成品等，其成本包括实际耗用的原材料或者半成品、加工费、装卸费、保险费、委托加工的往返运输费等费用以及按规定应计入成本的税费。

3. 计入当期损益的费用

下列费用不应计入存货成本，而应在其发生时计入当期损益。

（1）非正常消耗的直接材料、直接人工和制造费用，应在发生时计入当期损益，不应计入存货成本。如由于自然灾害而发生的直接材料、直接人工和制造费用，由于这些费用的发生无助于使该存货达到目前场所和状态，不应计入存货成本，而应确认为当期损益。

（2）仓储费用是指企业在存货采购入库后发生的储存费用，应在发生时计入当期损益。但是，在生产过程中为达到下一个生产阶段所必需的仓储费用应计入存货成本。如某种酒类产品生产企业为使生产的酒达到规定的产品质量标准而必须发生的仓储费用，应计入酒的成本，而不应计入当期损益。

（3）不能归属于使存货达到目前场所和状态的其他支出，应在发生时计入当期损益，不得计入存货成本。

二、存货的后续计量

存货的后续计量是指发出存货成本的确定。

在选用具体计价方法时需注意，企业应当根据各类存货的实物流转方式、企业管理的要求、存货的性质等实际情况，合理地确定发出存货成本的计算方法，以及当期发出存货的实际成本。对于性质和用途相同的存货，应当采用相同的成本计算方法确定发出存货的成本。

日常工作中，企业发出的存货，可以按实际成本核算，也可以按计划成本核算。

1. 发出存货采用实际成本法核算

企业发出存货如果采用实际成本法核算，可以选择采用的发出存货成本的计价方法包括先进先出法、个别计价法、月末一次加权平均法和移动加权平均法等。

（1）先进先出法，是以先购进的存货先发出（销售或耗用）这样一种存货实物流转假设为前提，对发出存货进行计价。采用这种方法，先购入的存货成本在后购入存货成本之前转出，据此确定发出存货和期末存货的成本。该法可以随时结转存货发出成本，但较烦琐；如果存货收发业务较多，且存货单价不稳定时，其工作量较大。在物价上涨时，期末存货成本接近市价，而发出成本偏低，利润偏高；反之，会低估企业存货价值和当期利润。

【例 4-2】计算 2018 年 5 月发出存货成本和期末结存存货成本，见表 4-1。

表 4-1 存货收发存计算表

单位：元

日期		摘要	收入			发出			结存		
月	日		数量	单价	金额	数量	单价	金额	数量	单价	金额
5	1	期初结存							150	10	1 500
	5	购入	100	12	1 200				150 100	10 12	1 500 1 200
	10	销售				150 60	10 12	1 500 720	40	12	480
	15	购入	200	9	1 800				40 200	12 9	480 1 800
	20	领用				40 110	12 9	480 990	90	9	810
	25	购入	100	11	1 100				90 100	9 11	810 1 100
	28	销售				90 10	9 11	810 110	90	11	990
	30	本期合计	400	—	4 100	460	—	4 610	90	11	990

（2）个别计价法，也称个别认定法、具体辨认法、分批实际法，该法是假设存货具体项目的实物流转与成本流转相一致，按照各种存货逐一辨认各批发出存货和期末存货所属的购进批别或生产批别，分别按其购入或生产时所确定的单位成本计算各批发出存货和期末存货成本的方

法。在这种方法下，把每一种存货的实际成本作为计算发出存货成本和期末存货成本的基础。

【例 4-3】A 公司原材料按实际成本进行核算。2018 年 1 月 1 日结存丙材料 210 千克，每千克实际成本 20 元；1 月 10 日购入丙材料 220 千克，每千克实际成本 25 元。1 月 31 日发出的 200 千克丙材料是 1 月 10 日购进的。要求：确认按照先进先出法与个别计价法计算 1 月份发出材料实际成本的差额。

解析：按先进先出法计算发出成本为：200×20＝4 000 元。

按个别计价法计算发出成本为：200×25＝5 000 元。

按照先进先出法与个别计价法计算 1 月份发出材料实际成本的差额为：

4 000－5 000＝－1 000 元。

运用个别计价法计算的成本准确，符合实际情况，但在存货收发频繁情况下，其发出成本分辨的工作量较大。因此，该法适用于一般不能替代使用的存货、为特定项目专门购入或制造的存货以及提供的劳务，如珠宝、名画等贵重物品。

(3) 月末一次加权平均法，是指以本月全部进货数量加上月初存货数量作为权数，去除本月全部进货成本加上月初存货成本，计算出存货的加权平均单位成本，以此为基础计算本月发出存货的成本和期末存货成本的一种方法。计算公式如下：

存货单位成本 ＝［月初存货成本 ＋ $\sum$(本月各批进货单位成本 × 进货数量)］÷(月初存货数量 ＋ 本月各批进货数量之和)

本月发出存货成本＝本月发出存货数量×存货单位成本

月末库存存货成本＝月末库存存货数量×存货单位成本

或月末库存存货成本＝月初存货成本＋本月收入存货成本－本月发出存货成本

加权平均法只在月末一次计算加权平均单价，比较简单，有利于简化成本计算工作，但由于平时无法从账上提供发出和结存存货的单价及金额，因此不利于存货成本的日常管理与控制。

【例 4-4】B 公司在存货发出时，采用月末一次加权平均法核算。该公司 2018 年 1 月初库存乙材料 60 只，每只 1 000 元；1 月 10 日购进乙材料 200 只，每只 950 元；1 月 20 日购进乙材料 100 只，每只 1 020 元。要求：计算月末乙材料的加权平均单价。

解析：公司采用月末一次加权平均法核算存货成本，月末乙材料的加权平均单价为

(60×1 000＋200×950＋100×1 020)÷(60＋200＋100)＝977.78 元/只。

(4) 移动加权平均法，是指以每次进货的成本加上原有库存存货的成本，除以每次进货数量加上原有库存存货的数量，据以计算加权平均单位成本，作为在下次进货前计算各次发出存货成本依据的一种方法。计算公式如下：

存货单位成本＝(原有库存存货的实际成本＋本次进货的实际成本)÷(原有库存存货数量＋本次进货数量)

本次发出存货的成本＝本次发出存货数量×本次发出存货前存货的单位成本

本月月末库存存货成本＝月末库存存货的数量×本月月末存货单位成本

采用移动加权平均法能够使企业管理者及时了解存货的结存情况，计算的平均单位成本以及发出和结存的存货成本比较客观。但由于每次收货都要计算一次平均单价，计算工作量较大，对收发货较频繁的企业不适用。

【例 4-5】假设 A 公司采用移动加权平均法核算企业存货，则 B 商品本期收入、发出和结存情

况如表 4-2 所示。完成表 4-2 中发出 B 商品和发出日结存的平均单位成本。

表 4-2　B 商品购销明细账(移动加权平均法)　　单位:元

2018 年		摘要	收入			发出			结存		
月	日		数量	单价	金额	数量	单价	金额	数量	单价	金额
4	1	期初结存							150	10	1 500
	5	购入	100	12	1 200				250	10.8	2 700
	10	销售				200	10.8	2 160	50	10.8	540
	15	购入	200	14	2 800				250	13.36	3 340
	20	销售				100	13.36	1 336	150	13.36	2 004
	23	购入	100	15	1 500				250	14.016	3 504
	28	销售				100	14.016	1 401.6	150	14.016	2 102.4
	30	本月合计	400	—	5 500	400	—	4 897.6	150	14.016	2 102.4

2. 发出存货采用计划成本核算

企业发出存货如果用计划成本核算,则要对存货的计划成本与实际成本之间的差额进行单独核算,会计期末应调整为实际成本。

(1) 采购时,设置“材料采购”科目,核算采购环节发生的实际成本计入“材料采购”科目的借方。

(2) 材料验收入库时,按计划成本计入“原材料”科目的借方,“材料采购”科目的贷方。

(3) 期末结转,验收入库材料形成的材料成本差异超支差额计入“材料成本差异”的借方,“材料采购”科目贷方;节约差异做相反分录。

(4) 平时核算发出材料采用计划成本,计入“生产成本”等科目的借方,“原材料”科目的贷方。

(5) 月末时,计算材料成本差异率,结转发出材料应负担的差异额,将发出材料的计划成本调整为实际成本。

材料成本差异率=(期初结存材料成本差异额+本期验收入库材料的成本差异额)÷(期初结存材料的计划成本+本期验收入库材料的计划成本)×100%

发出材料应负担的差异额=发出材料的计划成本×材料成本差异率

【例 4-6】A 公司为增值税一般纳税人,适用的增值税税率为 17%,材料按计划成本法计价核算。甲材料计划单位成本为每千克 10 元。该企业 2018 年 3 月份有关资料如下:

(1) “原材料——甲材料”科目月初余额为 40 000 元,“材料成本差异——甲材料”科目月初贷方余额为 500 元,“材料采购——甲材料”科目月初借方余额为 10 600 元。

(2) 3 月 5 日,企业上月已付款的甲材料 1 000 千克验收入库。

(3) 3 月 15 日,从外地 P 公司购入甲材料 6 000 千克,增值税专用发票注明的材料价款为 59 000 元,增值税税额为 10 030 元,企业已用银行存款支付上述款项,材料尚未到达。

(4) 3 月 20 日,从 P 公司购入的甲材料到达,验收时发现短缺 40 千克,经查明为途中定额内自然损耗。按照实际数量验收入库。

(5) 3 月 31 日,汇总本月发料凭证,本月共发出甲材料 7 000 千克,全部用于 C 产品生产。

要求：根据上述资料，编制相关会计分录，并计算本月材料成本差异率、本月发出材料应负担的成本差异及月末库存材料的实际成本。

(1) 3 月 5 日，甲材料验收入库：

借：原材料——甲材料　　10 000
　材料成本差异——甲材料　　600
　贷：材料采购——甲材料　　10 600

(2) 3 月 15 日，从外地 P 公司购入甲材料：

借：材料采购——甲材料　　59 000
　应交税费——应交增值税(进项税额)　　10 030
　贷：银行存款　　69 030

(3) 3 月 20 日，验收入库 3 月 15 日采购的甲材料：

借：原材料——甲材料　　59 600
　贷：材料采购——甲材料　　59 000
　　材料成本差异——甲材料　　600

(4) 3 月 31 日计算本月材料成本差异率、本月发出材料应负担的成本差异及月末库存材料的实际成本：

材料成本差异率＝(－500＋600－600)÷(40 000＋10 000＋59 600)×100％＝－0.456 2％

本月发出材料应负担的成本差异＝70 000×(－0.456 2％)＝－319.34 元

月末库存材料的实际成本＝[40 000＋(10 000＋59 600)－70 000]－(500－600＋600－319.34)＝39 419.34 元

借：生产成本——直接材料　　70 000
　贷：原材料——甲材料　　70 000

借：材料成本差异——甲材料　　319.34
　贷：生产成本——直接材料　　319.34

三、存货的期末计量

1. 存货期末计量原则

我国企业会计准则规定，企业的存货应当在期末(即在资产负债表日)按成本与可变现净值孰低法计量，对可变现净值低于存货成本的差额，计提存货跌价准备，计入当期损益。即，期末存货的计价采用成本与可变现净值孰低法。

资产负债表日，存货应当按照成本与可变现净值孰低计量。当存货成本低于可变现净值时，存货按成本计量；当存货可变现净值低于成本时，存货按可变现净值计量。其中，成本是指期末存货的实际成本，如企业在存货成本的日常核算中采用计划成本法、售价金额核算法等简化核算方法，则成本为经调整后的实际成本。可变现净值是指在日常活动中，存货的估计售价减去至完工时估计将要发生的成本、估计的销售费用以及相关税费后的金额。可变现净值的特征表现为存货的预计未来净现金流量，而不是存货的售价或合同价。

存货成本高于其可变现净值，表明存货可能发生损失，应在存货销售之前确认这一损失，计入当期损益，并相应减少存货的账面价值。

◇知识拓展 4.2

不同情况下可变现净值的确定方法如下。

1. 直接用于出售的商品存货可变现净值的确定

产成品、商品等直接用于出售的存货，没有销售合同约定的，其可变现净值为正常生产经营过程中，产成品或商品一般销售价格(即市场销售价格)减去估计的销售费用和相关税费后的金额。

若产成品、商品等是为执行销售合同或者劳务合同而持有的存货，其可变现净值应当以合同价格，而不是估计售价减去估计的销售费用和相关税费等后的金额确定。

企业与购买方签订了销售合同(或劳务合同)，如果销售合同订购的数量小于或等于企业持有的存货数量，那么与该项销售合同直接相关的存货，应以销售合同所规定的价格作为可变现净值的计量基础；超出部分存货的可变现净值应以一般销售价格(市场价格)作为计量基础。

【例 4-7】2018 年末，中天公司甲产品的账面价值(成本)为 3 000 000 元。根据市场调查，甲产品市场销售价格为 2 900 000 元，估计的销售费用及相关税金为 80 000 元。公司没有签订有关甲产品的销售合同。中天公司采用成本与可变现净值孰低法进行期末计价核算。

解答：甲产品可变现净值＝估计售价－估计的销售费用及税金

＝2 900 000－80 000＝2 820 000 元

2. 需要经过加工的存货可变现净值的确定

确定需要经过加工的存货可变现净值时，要以其生产的产成品的可变现净值与该产品的成本进行比较。

(1) 若用其生产的产成品的可变现净值预计高于成本，则该存货应按照成本计量。

【例 4-8】2018 年末，中天公司原料及主要材料 M 原材料的账面成本为 1 000 000 元，M 原材料的估计售价为 900 000 元；M 原材料用于生产甲产品，假设用 M 原材料 1 000 000元生产成甲产品的成本为 1 300 000 元，甲产品的估计售价为 1 600 000 元，估计的销售费用及税金为 70 000 元。中天公司采用成本与可变现净值孰低法对原材料进行期末计价核算。

解答：首先，计算用该原材料所生产的产成品的可变现净值：

甲产品可变现净值＝估计售价－估计的销售费用及税金

＝1 600 000－70 000＝1 530 000 元

其次，将用该原材料所生产的产成品的可变现净值与其成本进行比较。

因甲产品的可变现净值 1 530 000 元高于甲产品的成本 1 300 000 元，因此 M 原材料按其自身的成本计量，即 M 材料按其成本 1 000 000 元计量。

(2) 如果用其生产的产成品的可变现净值预计低于成本，则该原材料应按可变现净值计量。

其可变现净值为在正常生产经营过程中，以该材料所生产的估计售价减去至完工时估计将要发生的成本、估计的销售费用以及相关税费后的金额确定。

【例 4-9】2018 年末，中天公司原料及主要材料 N 原材料的成本为 1 100 000 元，市场购买价格为 1 000 000 元，假设不发生其他购买费用。由于 N 材料市场销售价格下降，市场上用 N 材料生产乙产品的市场价格也相应下降，下降了 10%。由此造成该公司乙产品的市场销售价格总额由 2 200 000 元降为 1 900 000 元，但生产成本仍为 2 000 000元，将 N 材料加工成乙产品尚需投入 800 000 元，估计销售费用及税金为 80 000元。

解答：首先，计算用 N 材料所生产的产成品的可变现净值。

乙产品的可变现净值＝乙产品估计售价－估计销售费用及税金

＝1 900 000－80 000＝1 820 000 元

其次，将用 N 材料所生产的产成品的可变现净值与其成本进行比较。

乙产品的可变现净值 1 820 000 元小于其成本 2 000 000 元，即 N 材料价格的下降表明乙产品的可变现净值低于成本，因此，N 材料按可变现净值计量。

最后，计算 N 材料的可变现净值，并确定其期末价值。

N 材料的可变现净值＝乙产品的售价总额－将 N 材料加工成乙产品尚需投入的成本－估计销售费用及税金＝1 900 000－800 000－80 000＝1 020 000 元

N 材料的可变现净值 1 020 000 元小于其成本 1 100 000 元，因此 N 材料的期末价值应按其可变现净值 1 020 000 元计量。

2. 存货跌价准备核算会计科目设置

企业应当设置“存货跌价准备”科目，核算存货跌价准备的计提、转回和转销情况。贷方登记计提的存货跌价准备金额，借方登记实际发生的存货跌价损失金额和转回的存货跌价准备金额，期末余额一般在贷方，反映企业已计提但尚未转销的存货跌价准备。

3. 存货跌价准备核算

1）存货跌价准备的计提

资产负债表日，企业应比较存货成本与可变现净值，当存货成本低于其可变现净值时，存货按成本计价，不需做账务处理；当存货成本高于其可变现净值时，存货按可变现净值入账，计算应计提的存货跌价准备，再与已计提数进行比较，若应提数大于已提数，应予以补提。

当存货成本高于其可变现净值时，企业应当按照存货可变现净值低于成本的差额，借记“资产减值损失——计提的存货跌价准备”科目，贷记“存货跌价准备”科目。

2）存货跌价准备的转回

以前减记存货价值的影响因素已经消失的，减记的金额应当予以恢复，并在原已计提的存货跌价准备金额内转回，转回的金额计入当期损益。

转回已计提的存货跌价准备金额时，按恢复增加的金额，借记“存货跌价准备”科目，贷记“资产减值损失——计提的存货跌价准备”科目。

3）存货跌价准备的结转

企业计提了存货跌价准备，若其中有部分存货已销售，则企业结转存货销售成本时，对于已计提存货跌价准备的，应当一并结转，同时调整销售成本，借记“存货跌价准备”科目，贷记“主营业务成本”“其他业务成本”等科目。

【例 4-10】2017 年 12 月 31 日，中天公司甲产品的成本为 3 000 000 元，甲产品的可变现净值为 2 900 000 元，“存货跌价准备——甲产品”科目贷方余额为 50 000 元。2018 年末，上年末已计提的存货跌价准备未发生变化。但是由于市场前景好转，甲产品市场价格持续上升，至 2018 年末，确定甲产品可变现净值为 3 020 000 元。中天公司账务处理如下：

2017 年末甲产品应计提的存货跌价准备＝3 000 000－2 900 000－50 000＝50 000 元

借：资产减值损失——计提的存货跌价准备　　50 000
　贷：存货跌价准备　　50 000

2018 年末，以前造成减记存货价值的影响因素已经消失，减记的金额应当在原计提的 100 000元内予以恢复。

借：存货跌价准备　　100 000
　贷：资产减值损失——计提的存货跌价准备　　100 000

假设 2018 年 2 月 10 日，中天公司销售给 A 公司甲产品一批，账面成本为 300 000 元。中天公司应将销售该批甲产品应承担的跌价准备 10 000 元在结转其销售成本的同时予以结转。中天公司账务处理如下：

借：主营业务成本——甲产品　　290 000
　　存货跌价准备　　10 000
　贷：库存商品——甲产品　　300 000

任务 4.3　原材料核算

一、认识原材料

原材料是指企业在生产经营过程中经过加工改变其形态或性质并构成产品主要实体的各种原料、主要材料和外购半成品，以及不构成产品主要实体但有助于产品形成的辅助材料。原材料具体包括原料及主要材料、辅助材料、外购半成品（外购件）、修理用备件（备品备件）、包装材料、燃料等。

原材料在企业的资产中占有很大的比重，具有较强的流动性。原材料的日常收发及结存，可以采用实际成本核算，也可以采用计划成本核算。

二、原材料采用实际成本法核算的会计科目设置

材料按实际成本计价核算时，材料的收发及结存，无论是总分类核算还是明细分类核算，均按照实际成本计价。使用的会计科目有“原材料”“在途物资”“预付账款”“应付账款”等。采用实际成本核算，日常反映不出材料采购成本是节约还是超支，从而不能反映物资采购业务的经营成果。该方法通常适用于材料收发业务较少的企业。

“原材料”科目用于核算库存各种材料的收发与结存情况。实际成本法下，借方登记验收入库的原材料的实际成本，贷方登记发出材料的实际成本，期末余额在借方，反映企业库存原材料

的实际成本。本科目按材料的保管地点(仓库)、材料的类别、品种和规格等进行明细核算。

"在途物资"科目用于核算企业采用实际成本(进价)进行材料、商品等物资的日常核算、货款已付尚未验收入库的各种物资(即在途物资)的采购成本,该科目应按供应单位和物资品种进行明细核算。借方登记企业购入的在途物资的实际成本,贷方登记已验收入库在途物资的实际成本,期末余额在借方,反映在途物资的实际采购成本。本科目应按供应单位和物资品种设置明细科目,进行明细分类核算。

三、按实际成本计价的原材料核算

1. 购入材料的核算

由于支付方式不同,原材料入库的时间(物流)与付款的时间(资金流)、发票账单到达的时间(信息流)三者之间存在差异,会计账务处理有所区别。

1) 单货同到

单货同到即结算凭证等单据与材料同时到达的采购业务。

企业应根据结算凭证、发票账单和收料单等单据,借记"原材料""应交税费"等科目,贷记"银行存款""应付账款""应付票据"等科目。

如果取得的原材料等存货用于非应纳增值税项目或免征增值税项目的,以及未按规定取得增值税专用发票的一般纳税人和小规模纳税人取得的原材料等存货,应将支付的增值税税额计入取得原材料等存货的成本。

【例 4-11】A 公司购入甲材料一批,增值税专用发票上注明的价款为 200 000 元,增值税税额为 34 000 元,另支付对方代垫的包装费 2 000 元,全部货款用转账支票付清,材料已验收入库。A 公司账务处理如下:

借:原材料——甲材料	202 000	
应交税费——应交增值税(进项税额)	34 000	
贷:银行存款		236 000

2) 单到货未到

单到货未到即结算凭证等单据已到、材料未到达的采购业务。

企业应根据结算凭证、发票账单等单据,借记"在途物资""应交税费"等科目,贷记"银行存款""应付账款""应付票据"等科目。待收到材料验收入库后,根据收料单,借记"原材料"科目,贷记"在途物资"科目。

【例 4-12】A 公司采用汇兑结算方式购入乙材料一批,发票及账单已收到,增值税专用发票上注明的价款为 100 000 元,增值税税额为 17 000 元,支付保险费 500 元,材料尚未运达。A 公司账务处理如下:

借:在途物资——乙材料	100 500	
应交税费——应交增值税(进项税额)	17 000	
贷:银行存款		117 500

3) 货到单未到

货到单未到即材料已验收入库,但发票账单未到无法确认其实际成本的采购业务。

为简化核算手续,月内发生的,可暂不进行账务处理,而只将收到的材料登记明细分类账,待收到发票账单再进行有关账务处理。如果至月末发票账单等仍未收到,则应先按同类材料的价格或合同价格暂估入账，借记“原材料”科目，贷记“应付账款——暂估应付账款”科目；下月初用红字做同样的记录，予以冲回；待收到发票账单后，按正常购入材料的程序进行账务处理。

【例 4-13】A 公司采用委托收款方式购入丙材料一批，材料已验收入库，月末发票账单尚未收到，无法确定其成本，暂估价为 20 000 元。（为了使会计报表不至于太失真，需要从会计技术处理角度基本保证账实相符。）A 公司账务处理如下：

	借方	贷方
借：原材料——丙材料	20 000	
贷：应付账款——暂估应付账款		20 000

下月初，做相反的会计分录予以冲回，待收到发票账单时按实际金额入账。

	借方	贷方
借：应付账款——暂估应付账款	20 000	
贷：原材料——丙材料		20 000

4）采用预付货款方式采购原材料

采用预付货款方式采购材料物资，应在预付材料物资价款时，按照实际预付金额，借记“预付账款”科目，贷记“银行存款”科目；已经预付货款的材料验收入库，根据发票账单等所列的价款、税额等，借记“原材料”“应交税费——应交增值税（进项税额）”科目，贷记“预付账款”科目；预付款项不足，按补付金额借记“预付账款”科目，贷记“银行存款”科目；退回多付的款项，借记“银行存款”科目，贷记“预付账款”科目。

【例 4-14】A 公司与 F 公司签订购销合同，订购 100 000 元货物，合同规定预付 60%，已通过银行汇出。A 公司账务处理如下：

	借方	贷方
借：预付账款——F 公司	60 000	
贷：银行存款		60 000

收到货物，增值税发票上注明的价款 100 000 元，增值税税额 17 000 元，以银行存款补付。A 公司账务处理如下：

	借方	贷方
借：原材料	100 000	
应交税费——应交增值税（进项税额）	17 000	
贷：预付账款——F 公司		117 000
借：预付账款——F 公司	57 000	
贷：银行存款		57 000

◇**提示**

> 材料未验收入库，说明在途中，计入“在途物资”；材料验收入库，说明在仓库，计入“原材料”，材料验收入库时，需填制一式四联“入库单”，包括存根、仓库、采购、财务各一联。运用转账支票、汇兑、委托收款、托收承付结算方式，计入“银行存款”；运用银行本票、银行汇票、信用证结算方式，计入“其他货币资金”；运用商业承兑汇票、银行承兑汇票结算方式，计入“应付票据”。

2．发出材料的核算

企业各单位、部门领用的材料具有种类多、业务频繁等特点。为了简化核算，可以在月末根据“领料单”或“限额领料单”中有关领料的单位、部门等加以归类，编制“发料凭证汇总表”，据以编制记账凭证、登记入账。发出材料实际成本的确定，可以由企业从个别计价法、先进先出法、月末一次加权平均法、移动加权平均法等方法中选择。计价方法一经确定，不得随意变更。如需变更，应在财务报表附注中予以说明。

企业应根据材料用途和领用部门，分别计入相应科目。凡车间生产产品领用的原材料金额，借记“生产成本”科目；车间管理及一般消耗领用的原材料金额，借记“制造费用”科目；厂部管理及一般消耗领用的原材料金额，借记“管理费用”科目；专设销售机构领用的原材料金额，借记“销售费用”科目；委托加工发出的原材料金额，借记“委托加工物资”科目；福利部门领用的原材料金额，借记“应付职工薪酬”等科目；在建工程领用的原材料金额，借记“在建工程”科目。同时企业原材料减少，贷记“原材料”科目。涉及增值税和消费税等相关税费的，还要进行相关的账务处理。

【例 4-15】2018 年 5 月，A 公司按照领用部门和用途归类汇总编制的“发料凭证汇总表”如表 4-3 所示。

表 4-3　发料凭证汇总表

2018 年 5 月 31 日　　　　单位：元

材料/部门及用途	一车间		二车间		管理部门	合计
	甲产品	一般消耗	乙产品	一般消耗		
辅助材料 A	80 000	13 700	53 000	9 500	1 800	158 000
辅助材料 B	36 200	11 000			413	47 613
辅助材料 C	7 600		44 000	21 000	680	73 280
合计	123 800	24 700	97 000	30 500	2 893	278 893

根据“发料凭证汇总表”，A 公司账务处理如下：

借：生产成本——基本生产成本（甲产品）　　123 800
　　　　　　——基本生产成本（乙产品）　　97 000
　　制造费用　　55 200
　　管理费用　　2 893
　贷：原材料——辅助材料（A 材料）　　158 000
　　　　　　——辅助材料（B 材料）　　47 613
　　　　　　——辅助材料（C 材料）　　73 280

四、原材料采用计划成本法核算的会计科目设置

材料采用计划成本核算时，材料的收入、发出及结存，无论是总分类核算还是明细分类核算，均按照计划成本计价。主要设置“材料采购”“原材料”“材料成本差异”等科目。

“原材料”科目用于核算库存各种材料的收发与结存情况。借方登记入库材料的计划成本，贷方登记发出材料的计划成本，期末余额在借方，反映企业库存材料的计划成本。

“材料采购”科目借方登记采购材料的实际成本（包括买价、运杂费等），贷方登记入库材料的计划成本。借方大于贷方表示超支，从本科目贷方转入“材料成本差异”科目的借方；贷方大于借方为节约，从本科目借方转入“材料成本差异”科目的贷方；期末借方余额反映企业在途材料的采购成本。

“材料成本差异”科目反映企业已入库各种材料的实际成本与计划成本的差异；借方登记入

库材料的超支差异及发出材料应负担的节约差异；贷方登记入库材料的节约差异及发出材料应负担的超支差异；期末如为借方余额，反映企业库存材料的实际成本大于计划成本的差异（即超支差异），如为贷方余额，反映企业库存材料实际成本小于计划成本的差异（即节约差异）。

五、按计划成本计价的原材料核算

材料采用计划成本核算是指材料的收发及结存，均按照计划成本进行计价的方法。其特点是：收发凭证按材料的计划成本计价，原材料总分类账和明细分类账均按计划成本登记，材料的实际成本与计划成本的差异，通过“材料成本差异”科目核算。月末，计算本月发出材料应负担的成本差异并进行分摊，根据领用材料的用途计入相关资产的成本或者当期损益，从而将发出材料的计划成本调整为实际成本。除特殊情况外，计划成本在年度内不得随意变更。

◇**知识拓展 4.3**

采用计划成本进行原材料日常核算的企业，其基本的核算程序如下：

(1) 企业应先制定各种材料的计划成本目录，规定原材料的分类、各种原材料的名称、规格、编号、计量单位和计划单位成本。

(2) 平时收到材料时，应按计划单位成本计算收入材料的计划成本填入收料单内，并按实际成本与计划成本的差额，作为“材料成本差异”分类登记。

(3) 平时领用、发出的材料，都按计划成本计算，月份终了再将本月发出材料应负担的成本差异进行分摊，随同本月发出材料的计划成本计入有关科目，将发出材料的计划成本调整为实际成本。

1. 购入材料的核算

原材料按计划成本计价核算时，不论材料是否入库，取得的原材料都必须先通过“材料采购”科目进行核算。材料验收入库后，再转入“原材料”科目，同时结转材料成本差异。

1）单货同到

单货同到即结算凭证等单据与材料同时到达的采购业务。企业在办理款项结算并同时办理材料验收入库手续后，应根据结算凭证、发票账单等，按实际结算的款项借记“材料采购”“应交税费——应交增值税（进项税额）”科目，贷记“银行存款”“其他货币资金”“应付账款”“应付票据”等科目；同时，根据收料单按计划成本借记“原材料”科目，贷记“材料采购”科目，并结转入库材料的材料成本差异额。超支差异借记“材料成本差异”科目，贷记“材料采购”科目；节约差异做相反的账务处理。

【例 4-16】A 公司 2018 年 1 月 10 日购入甲材料一批，增值税专用发票上注明的价款为 300 000元，增值税税额为 51 000 元，发票账单已收到，并已验收入库，计划成本为 320 000 元，全部货款以银行存款支付。A 公司账务处理如下：

科目	借方	贷方
借：材料采购——甲材料	300 000	
应交税费——应交增值税（进项税额）	51 000	
贷：银行存款		351 000
借：原材料——甲材料	320 000	
贷：材料采购——甲材料		320 000

借：材料采购——甲材料　　20 000
　贷：材料成本差异　　20 000

或者

借：原材料——甲材料　　320 000
　贷：材料采购——甲材料　　300 000
　　材料成本差异　　20 000

2）单到货未到

单到货未到即结算凭证等单据已到、材料未到的采购业务。企业应根据结算凭证、发票账单等，按实际结算的款项借记“材料采购”“应交税费——应交增值税（进项税额）”科目，贷记“银行存款”“其他货币资金”“应付账款”“应付票据”等科目；待材料到达验收入库时，根据收料单按计划成本借记“原材料”科目，贷记“材料采购”科目，并结转入库材料的材料成本差异额。

【例 4-17】A 公司 2018 年 1 月 15 日采用汇兑结算方式购入乙材料一批，增值税专用发票上注明的价款为 200 000 元，增值税税额为 34 000 元，发票账单已到，计划成本为 180 000 元，材料尚未入库，货款已付。A 公司账务处理如下：

借：材料采购——乙材料　　200 000
　应交税费——应交增值税（进项税额）　　34 000
　贷：银行存款　　234 000

3）货到单未到

货到单未到即材料已验收入库，但发票账单未到，无法确定其实际成本的采购业务，这种情况的处理与原材料按实际成本计价核算类似。月份内发生的，可暂不进行账务处理，月末按材料的计划成本暂估入账，下月初用红字冲回。

【例 4-18】A 公司 2018 年 1 月 31 日购入 C 公司丁材料一批，月末发票账单未到，估计计划成本为 600 000 元，材料已入库。A 公司账务处理如下：

借：原材料——丁材料　　600 000
　贷：应付账款——C 公司　　600 000

下月初，做相反的会计分录予以冲回：

借：应付账款——C 公司　　600 000
　贷：原材料——丁材料　　600 000

2. 发出材料的核算

（1）结转发出材料的计划成本。月末，根据领料单等编制“发出材料汇总表”，借记“生产成本”“制造费用”“销售费用”“管理费用”等科目，贷记“原材料”科目。

（2）结转发出材料应负担的成本差异。上述发出材料的计划成本应通过“材料成本差异”科目进行结转，将发出材料的计划成本调整为实际成本，借记或贷记“生产成本”“制造费用”“销售费用”“管理费用”等科目，贷记或借记“材料成本差异”科目。

发出材料应负担的成本差异应当按期（月）分摊，不得在季末或年末一次计算。发出材料应负担的成本差异，除委托外单位加工发出材料可按期初成本差异率计算外，应使用当期的实际差异率；期初成本差异率与本期成本差异率不大的，也可按期初成本差异率计算。计算方法一经确定，不得随意变更。

本期材料成本差异率＝（期初结存材料的成本差异＋本期验收入库材料的成本差异）÷（期

初结存材料的计划成本＋本期验收入库材料的计划成本）×100％

发出材料应负担的成本差异＝发出材料的计划成本×本期材料成本差异率

期初企业的材料成本差异各期之间是比较均衡的，也可以采用期初材料成本差异率分摊本期的材料成本差异。年度终了，应对材料成本差异率进行核实调整。

期初材料成本差异率＝期初结存材料的成本差异÷期初结存材料的计划成本×100％

发出材料应负担的成本差异＝发出材料的计划成本×期初材料成本差异率

【例 4-19】A 公司原材料日常收发及结存采用计划成本核算。月初结存原材料的计划成本为 600 000 元，实际成本为 605 000 元；本月入库材料计划成本为 1 400 000 元，实际成本为 1 355 000元。当月发出材料（计划成本）情况如下：基本生产车间领用 800 000 元，在建工程领用 200 000 元，车间管理部门领用 5 000 元，企业行政管理部门领用 15 000 元。

要求：(1)计算当月材料成本差异率；(2)编制发出材料的会计分录；(3)编制月末结转发出材料成本差异的会计分录；(4)计算发出存货的实际成本和结存存货的实际成本。

解答：(1)当月材料成本差异率

＝[(605 000－600 000)＋(1 355 000－1 400 000)]÷(600 000＋1 400 000)×100％＝－2％

(2) 发出材料的会计分录：

借：生产成本　　800 000
　在建工程　　200 000
　制造费用　　5 000
　管理费用　　15 000
　贷：原材料　　1 020 000

(3) 月末结转发出材料成本差异的会计分录：

借：材料成本差异　　20 400
　贷：生产成本　　16 000
　　在建工程　　4 000
　　制造费用　　100
　　管理费用　　300

(4) 发出存货的实际成本＝1 020 000×(1－2％)＝999 600 元

结存存货的实际成本＝605 000＋1 355 000－999 600＝960 400 元

任务 4.4　周转材料核算

一、认识周转材料

周转材料是指企业能够多次使用，逐渐转移其价值但仍保持原有形态不确认为固定资产的材料，主要包括包装物、低值易耗品，以及建筑企业的钢模板、木模板、脚手架和其他周转使用的材料等。

二、周转材料核算会计科目设置

为了核算企业周转材料的收入、发出和结存情况，应设置“周转材料”科目。该科目属于资产类，借方登记企业取得周转材料的实际成本或计划成本，贷方登记发出周转材料的实际成本或计划成本及摊销价值，期末借方余额反映企业在库周转材料的计划成本或实际成本以及在用周转材料的摊余价值。

本科目可按周转材料的种类，分别设置“在库”“在用”“摊销”进行明细核算。

对于企业的包装物和低值易耗品，也可单独设置“包装物”“低值易耗品”科目进行核算。

◇**知识拓展 4.4**

周转材料的主要账务处理包括：

(1) 购入、自制、委托外单位加工验收入库的周转材料等，应当比照“原材料”科目相关规定进行处理。

(2) 周转材料应当按照使用次数分次计入成本费用，领用时按其账面价值，借记“周转材料——在用”科目，贷记“周转材料——在库”科目；摊销时应按摊销额，借记“管理费用”“生产成本”“销售费用”等科目，贷记“周转材料——摊销”科目。

周转材料报废时应补提摊销额，借记“管理费用”“生产成本”“销售费用”等科目，贷记“周转材料——摊销”科目；同时，按报废周转材料的残料价值，借记“原材料”等科目，贷记“管理费用”“生产成本”“销售费用”等科目；并转销全部已提摊销额，借记“周转材料——摊销”科目，贷记“周转材料——在用”科目。

(3) 周转材料金额较小的，可在领用时一次计入成本费用，以简化核算，领用时按其账面价值，借记“管理费用”“生产成本”“销售费用”等科目，贷记“周转材料”科目。为加强实物管理，应当在被查簿上登记。

周转材料报废时，应按报废周转材料的材料价值，借记“原材料”等科目，贷记“管理费用”“生产成本”“销售费用”等科目。

(4) 周转材料采用计划成本进行日常核算的，领用等发出周转材料时，还应同时结转应分摊的成本差异。周转材料已计提存货跌价准备的，应同时结转已计提的跌价准备。

三、包装物核算

包装物是指为了包装本企业商品而储备的各种包装容器，如桶、箱、瓶、坛、袋等。

其核算内容包括：①生产过程中用于包装产品作为产品组成部分的包装物；②随同商品出售而不单独计价的包装物；③随同商品出售而单独计价的包装物；④出租或出借给购买单位使用的包装物。

◇**知识拓展 4.5**

需要注意的是，下列各项不属于包装物核算的范围：

(1) 各种包装材料，如纸、绳、铁丝、铁皮等，应在“原材料”科目内核算。

(2) 用于储存和保管产品、商品和材料而不对外出售、出租或出借的包装物，应按其价值大小和使用年限长短，分别在“固定资产”或“低值易耗品”科目核算。

(3) 单独列作商品产品的自制包装物，应作为库存商品进行核算。

为了反映和监督包装物的增减变动及其价值损耗、结存等情况，企业应当设置“周转材料——包装物”科目进行核算，借方登记包装物的增加，贷方登记包装物的减少，期末余额在借方，通常反映企业期末结存包装物的金额。

包装物采购、入库的核算，不论是按实际成本还是按计划成本核算，均与原材料的核算基本相同。

包装物发出的核算，企业应按发出包装物的不同用途进行不同的账务处理。若包装物按计划成本核算，在结转包装物的成本时，要同时结转发出包装物应负担的成本差异。

1. 采购、入库包装物

购入、自制、委托外单位加工完成验收入库的包装物，应当比照“原材料”科目进行处理。

【例 4-20】A 公司于 2018 年 1 月 25 日购入包装物一批，价值 100 000 元，增值税进项税额为 17 000 元，货款已支付，并已验收入库，按实际成本进行核算。A 公司账务处理如下：

借：周转材料——包装物　　100 000
　　应交税费——应交增值税(进项税额)　　17 000
　贷：银行存款　　117 000

2. 生产领用包装物

对于生产部门领用的包装物，构成了产品的成本，应将包装物的实际成本或计划成本计入产品生产成本，借记“生产成本”科目，贷记“周转材料——包装物”科目。

【例 4-21】A 公司对包装物采用计划成本核算，某月生产产品领用包装物的计划成本为 200 000元，材料成本差异率为－5%。A 公司账务处理如下：

借：生产成本　　190 000
　　材料成本差异——包装物　　10 000
　贷：周转材料——包装物　　200 000

3. 随同商品出售包装物

1）随同商品出售而单独计价的包装物

随同商品一起出售，单独计价的包装物相当于单独销售包装物，在实现商品销售结转销售成本时，一方面反映其销售收入，计入“其他业务收入”科目；另一方面应反映其销售成本，按包装物的账面价值，借记“其他业务成本”科目，贷记“周转材料——包装物”科目。

【例 4-22】A 公司 2018 年 1 月销售商品领用单独计价包装物的计划成本为 90 000 元，材料成本差异率为 3%，销售收入为 100 000 元，增值税税额为 17 000 元，款项已存入银行。A 公司账务处理如下：

单独出售包装物：

借：银行存款　　117 000
　贷：其他业务收入　　100 000
　　　应交税费——应交增值税(销项税额)　　17 000

结转销售包装物的成本：

借：其他业务成本　　92 700
　贷：周转材料——包装物　　90 000
　　材料成本差异　　2 700

2）随同商品出售而不单独计价的包装物

随同产品出售但不单独计价，其目的是确保销售商品的质量或提供良好的售后服务，应按这部分包装物的实际成本，借记“销售费用”科目，贷记“周转材料——包装物”科目。

【例 4-23】A 公司 2018 年 1 月销售商品领用不单独计价包装物的计划成本为 60 000 元，材料成本差异率为 3%。A 公司账务处理如下：

借：销售费用　　61 800
　贷：周转材料——包装物　　60 000
　　材料成本差异　　1 800

4. 出租、出借包装物

以出租方式提供包装物时，要求客户支付包装物的租金，该租金作为企业的其他业务收入；相应的，该包装物的损耗、维修等支出应列入其他业务支出。出租的包装物，借记“其他业务成本”科目，贷记“周转材料——包装物”科目；收到包装物的租金，借记“银行存款”等科目，贷记“其他业务收入”科目。

以出借方式提供包装物的，只要求客户将完好的包装物按期归还，等于无偿使用，该包装物的损耗等支出应列入企业的销售费用。出借的包装物，借记“销售费用”科目，贷记“周转材料——包装物”科目。

为了督促使用单位能按时归还，无论出租还是出借包装物，一般都要收取一定数额的押金。视出租出借包装物的价值大小，可采用一次转销法或多次摊销法。

◇知识拓展 4.6

对于企业出租、出借包装物，可以多次参加生产经营活动而不改变其实物形态，因而其价值也应按损耗程度，逐渐地转化为它所参与生产的产品成本或当期费用。为了反映包装物损耗的价值转移，包装物摊销常用的方法有一次转销法、多次摊销法。

1. 一次转销法

一次转销法指包装物在领用时就将其全部账面价值计入相关资产成本或当期损益的方法。

对于包装物而言，一次转销法适用于生产领用的包装物和随同商品出售的包装物；数量不多、价值较小的出租或出借包装物，也可以采用一次转销法结转包装物的成本，但在以后收回使用过的出租或出借包装物时，应加强实物管理，并在备查簿上进行登记。

首次出租包装物时，应按出租包装物的账面价值，借记“生产成本”“其他业务成本”“管理费用”等科目，贷记“周转材料——包装物”“材料成本差异”等；按收取包装物的租金，借记“银行存款”等科目，贷记“其他业务收入”科目。以后包装物回收再次出租时，只确定租金收入，不再结转成本。

2. 多次摊销法

多次摊销法指按照估计领用的单次平均摊销包装物或低值易耗品的账面价值。

多次摊销法适用于可供多次反复使用的包装物或低值易耗品。

采用多次摊销法，出租包装物应在“周转材料——包装物”科目下设置“库存未用包装物”“库存已用包装物”“出租包装物”“包装物摊销”等明细科目。首次出租包装物时，借记“周转材料——包装物(出租包装物)”，贷记“周转材料——包装物(库存未用包装物)”，同时，按摊销出租包装物的成本，借记“其他业务成本”，贷记“周转材料——包装物(包装物摊销)”。包装物收回入库时，按包装物成本，借记“周转材料——包装物(库存已用包装物)”，贷记“周转材料——包装物(出租包装物)”。包装物价值摊销完毕时，注销包装物成本及其已摊销价值，借记“周转材料——包装物(包装物摊销)”，贷记“周转材料——包装物(出租包装物)”或“周转材料——包装物(库存已用包装物)”。

采用多次摊销法核算企业出借包装物时，设置相应“周转材料——包装物(出借包装物)”明细科目，有关核算可以比照出租包装物进行相应账务处理。

【例 4-24】A 公司包装物采用一次摊销法进行核算。2018 年 1 月份出租给 B 公司新包装物 500 个，每个成本 10 元，每个收取租金不含增值税 4 元和押金 11.70 元，并按照规定收取 17%的增值税，款项已存入银行。该包装物出租期为 5 个月，期满后，B 公司退回包装物 460 个，其余未退回，已退回包装物不能继续使用，报废包装物形成残料 500 元。退给 B 公司押金 5 382 元，其余押金予以没收。A 公司账务处理如下：

(1) 出租包装物时：

借：其他业务成本——出租包装物	5 000	
贷：周转材料——包装物		5 000

(2) 收取包装物租金时：

借：银行存款	2 340	
贷：其他业务收入		2 000
应交税费——应交增值税(销项税额)		340

(3) 收取包装物押金时：

借：银行存款	5 850	
贷：其他应付款——B 公司		5 850

(4) 租期满收回包装物残料时：

借：原材料	500	
贷：其他业务成本——出租包装物		500

(5) 退回包装物押金(460×11.70=5 382 元)时：

借：其他应付款——B 公司	5 382	
贷：银行存款		5 382

(6) 没收包装物押金(40×11.70=468 元)时：

借：其他应付款——B 公司	468	

贷:其他业务收入　　400
　应交税费——应交增值税(销项税额)　　68

四、低值易耗品核算

低值易耗品是指不能作为固定资产的各种用具物品,如工具、管理用具、玻璃器皿、劳动保护用品,以及在经营过程中周转使用的容器等。其特点是单位价值较低,或使用期限相对固定资产较短,在使用过程中保持其原有实物形态基本不变。低值易耗品从性质上属于劳动手段,其价值通过使用逐渐发生转移。

作为存货核算和管理的低值易耗品,一般划分为一般工具、专用工具、替换设备、管理用具、劳动保护用品、其他用具等。

低值易耗品的核算既可以按实际成本核算,也可以按计划成本核算。为了反映和监督低值易耗品的增减变动及其结存情况,企业应当设置"周转材料——低值易耗品"科目。该科目属于资产类科目,借方登记低值易耗品的增加,贷方登记低值易耗品的减少,期末余额在借方,通常反映企业期末结存低值易耗品的金额。该科目按低值易耗品的类别、品种、规格设置明细账,进行明细分类反映。低值易耗品的核算也可单设"低值易耗品"科目核算。

低值易耗品从发出到报废,可以多次参与生产经营过程而不改变其实物形态,其损耗的价值需要采用一定的方法分期转移到成本、费用中去。选用一次摊销法或分次摊销法摊销低值易耗品发生的成本。

金额较小的,可在领用时一次计入成本费用,但为加强实物管理,应当在备查簿上进行登记。采用分次摊销法摊销低值易耗品的,在领用时摊销其账面价值的单次平均摊销额。

1. 一次摊销法

一次摊销法指低值易耗品在领用时就将其全部账面价值计入有关成本费用中去的一种方法。通常适用于价值较低或极易损坏的管理用具和小型工具、卡具以及单件小批生产方式下为制造某批订货所用的专用工具等低值易耗品。

采用该方法,在领用低值易耗品时,按照领用低值易耗品的实际成本,借记"制造费用""管理费用"等科目,贷记"周转材料——低值易耗品"科目。低值易耗品报废时,将其残值冲减当月低值易耗品的摊销额,借记"原材料"等科目,贷记"制造费用""管理费用"等科目。

【例 4-25】某企业生产车间 10 月领用专用工具一批,计划成本为 600 元;厂部管理部门领用办公家具一批,计划成本为 1 000 元,成本差异率为−1%。该企业账务处理如下:

借:制造费用　　600
　管理费用　　1 000
　贷:周转材料——低值易耗品——专用工具　　600
　　　　　　——低值易耗品——办公家具　　1 000

借:材料成本差异　　16
　贷:制造费用　　6
　　管理费用　　10

2. 分次摊销法

对于可供多次反复使用的低值易耗品,采用分次摊销法进行核算。需要单独设置"周转材料——低值易耗品(在库)""周转材料——低值易耗品(在用)""周转材料——低值易耗品(摊销)”明细科目。

【例 4-26】A公司的基本生产车间领用专用工具一批,实际成本为100 000元,符合存货的定义和条件,采用分次摊销法进行摊销。该专用工具的估计使用次数为两次。A公司账务处理如下:

(1) 领用专用工具时:

借:周转材料——低值易耗品(在用)　　100 000

　贷:周转材料——低值易耗品(在库)　　100 000

(2) 第一次领用时摊销其价值的一半:

借:制造费用　　50 000

　贷:周转材料——低值易耗品(摊销)　　50 000

(3) 第二次领用时摊销其价值的一半:

借:制造费用　　50 000

　贷:周转材料——低值易耗品(摊销)　　50 000

同时:

借:周转材料——低值易耗品(摊销)　　100 000

　贷:周转材料——低值易耗品(在用)　　100 000

任务 4.5　委托加工物资核算

一、认识委托加工物资

委托加工物资是企业委托外单位加工的各种材料、商品等物资。

委托加工物资在加工过程中会改变原有的实物形态,必须重新对委托加工物资进行计价。企业委托外单位加工的存货,以实际耗用的原材料或者半成品成本和加工费、运输费、装卸费、保险费等费用以及按规定应计入成本的税金,作为实际成本。

二、委托加工物资核算会计科目设置

为了反映和监督委托加工物资的增减变动及其结存情况,企业应当设置“委托加工物资”科目。该科目属资产类,借方登记委托加工物资的实际成本,包括发出加工物资的实际成本、支付的加工费、应负担的运杂费和应计入委托加工物资成本的税金,贷方登记加工完成验收入库物资的实际成本和剩余物资的实际成本,期末余额在借方,反映企业尚未完工的委托加工物资的实际成本和发出加工物资的运杂费等。

该科目可按加工合同、受托加工单位以及加工物资的品种等进行明细核算。

三、委托加工物资核算

委托加工物资也可以采用计划成本或售价进行核算。

1. 发出委托加工物资

企业根据加工合同的规定，拨付给加工单位加工用的原材料，由供应部门根据加工合同，填制“委托加工物资发料单”，经审核后，由仓库据以发料。发出物资时，根据发出物资的实际成本，借记“委托加工物资”科目，贷记“原材料”科目。如果采用计划成本法核算，还应结转材料成本差异，借记或贷记“材料成本差异”科目。

【例 4-27】一般纳税企业宏鑫公司委托伟业量具厂加工一批量具，发出材料一批，计划成本5 000元，材料成本差异率为1%，另以现金支付运杂费50元。宏鑫公司账务处理如下：

借：委托加工物资——伟业量具厂	5 100	
贷：原材料		5 000
材料成本差异——原材料		50
库存现金		50

2. 支付加工费、增值税、运输费等

企业支付的加工费、应负担的增值税、运输费等，借记“委托加工物资”“应交税费——应交增值税（进项税额）”等科目，贷记“银行存款”等科目。凡属于加工物资用于非应纳税增值税项目或免征增值税项目的，以及未取得增值税专用发票的一般纳税人和小规模纳税人的加工物资，应将支付的增值税计入加工物资的成本。

【例 4-28】宏鑫公司委托伟业量具厂加工的量具加工完毕，开出转账支票支付加工费855元，支付增值税145.35元，另以现金支付量具运杂费45元。宏鑫公司账务处理如下：

借：委托加工物资——伟业量具厂	900	
应交税费——应交增值税（进项税额）	145.35	
贷：银行存款		1 000.35
库存现金		45

3. 缴纳消费税

需要缴纳消费税的委托加工物资，其由委托方代收代缴的消费税，应按以下情况处理：

（1）委托加工物资收回后直接用于出售，或用于非消费税应税项目，或虽用于连续生产消费税应税产品，但按照《中华人民共和国消费税暂行条例》规定不准予抵扣受托方代收缴的消费税额的，委托方应将受托代收代缴的消费税计入委托加工物资的成本，借记“委托加工物资”科目，贷记“应付账款”“银行存款”等科目。

（2）委托加工物资收回后用于连续生产应税消费品的，委托方应按准予抵扣的受托方代收代缴的消费税额，借记“应交税费——应交消费税”科目，贷记“应付账款”“银行存款”等科目。

委托加工物资税金核算归纳如图 4-1 所示。

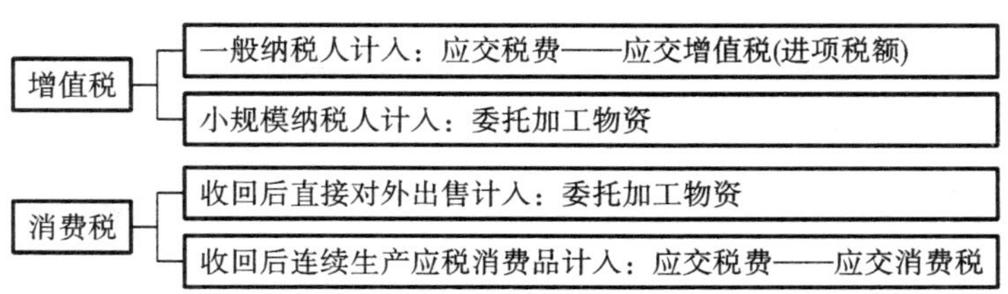

图 4-1 委托加工物资税金核算归纳

4. 收回委托加工物资

委托加工物资收回时，应由供应部门填制“委托加工物资收料单”，通知仓库据以收料。

加工完成验收入库的物资和剩余的物资，按加工收回物资的实际成本和剩余物资的实际成本，借记“原材料”“库存商品”等科目，贷记“委托加工物资”科目。

如果采用计划成本核算，按计划成本，借记“原材料”“库存商品”等科目；按实际成本，贷记“委托加工物资”科目；按实际成本与计划成本之间的差额，借记或贷记“材料成本差异”。

【例 4-29】宏鑫公司委托伟业量具厂加工的量具验收入库，实际总成本 6 000 元。宏鑫公司账务处理如下：

借：周转材料——低值易耗品　　6 000
　贷：委托加工物资——伟业量具厂　　6 000

【例 4-30】A 公司委托 B 公司加工一批应税消费商品，两公司均为一般纳税人，增值税税率为 17%。2018 年有关经济业务如下：

(1) 1 月 10 日，发出用于加工 100 000 件的材料一批，计划成本为 6 000 000 元，材料成本差异率为 −3%。A 公司账务处理如下：

借：委托加工物资　　5 820 000
　　材料成本差异　　180 000
　贷：原材料　　6 000 000

(2) 1 月 20 日，支付商品加工费 120 000 元，支付应缴纳的消费税 660 000 元，该商品收回后用于直接销售。A 公司账务处理如下：

借：委托加工物资　　780 000
　　应交税费——应交增值税(进项税额)　　20 400
　贷：银行存款　　800 400

假设该商品收回后用于连续生产应税消费品，则 A 公司账务处理如下：

借：委托加工物资　　120 000
　　应交税费——应交增值税(进项税额)　　20 400
　　应交税费——应交消费税　　660 000
　贷：银行存款　　800 400

(3) 1 月 25 日，用银行存款支付运杂费 10 000 元。A 公司账务处理如下：

借：委托加工物资　　10 000
　贷：银行存款　　10 000

(4) 1 月 30 日，上述委托加工 100 000 件商品验收入库，每件计划成本为 65 元。A 公司账务处理如下：

借：库存商品　　6 500 000
　　材料成本差异　　110 000
　贷：委托加工物资　　6 610 000

任务 4.6　库存商品核算

一、认识库存商品

库存商品是企业已完成全部生产过程并已验收入库、合乎标准规格和技术条件，可以按照合同规定的条件送交订货单位，或可以作为商品对外销售的产品以及外购或委托加工完成验收入库用于销售的各种商品。

库存商品具体包括库存产成品、外购商品、存放在门市部准备出售的商品、发出展览的商品、寄存在外的商品、接受来料加工制造的代制品和为外单位加工修理的代修品等。已完成销售手续但购买单位在月末未提取的产品，不应作为企业的库存商品，而应作为代管商品处理，单独设置代管商品备查簿进行登记。

接受来料加工制造的代制品和为外单位加工修理的代修品，在制造和修理完成验收入库后，视同企业的产成品。

◇**知识拓展 4.7**

工业企业的库存商品，主要是指已完成全部加工过程并验收入库的产成品和完成部分生产过程的半成品。工业企业接受外来原材料加工制造的代制品和外单位加工修理的代修品，在制造和修理完成验收入库后，视同企业的产品；可以降低出售的不合格产品，也视同企业的产品，但应当与合格产品分开管理。

商品流通企业的商品，主要指外购或委托加工完成验收入库后直接用于销售的各种商品。

二、库存商品核算会计科目设置

为了反映和监督库存商品的增减变动及其结存情况，企业应当设置“库存商品”科目，借方登记验收入库的库存商品成本，贷方登记发出的库存商品成本，期末余额在借方，反映各种库存商品的实际成本或计划成本。

库存商品可以采用实际成本核算，也可以采用计划成本核算，其方法与原材料核算相似。采用计划成本核算时，库存商品的实际成本与计划成本的差异，可单独设置“产品成本差异”科目核算。

三、工业企业库存商品核算

1. 验收入库商品

对于库存商品采用实际成本核算的企业，当库存商品生产完成并验收入库时，应按实际成本，借记“库存商品”科目，贷记“生产成本——基本生产成本”科目。

【例 4-31】A 公司“商品入库汇总表”记录，2018 年 1 月已验收入库甲产品 1 000 台，实际单位成本 5 000 元，共计 5 000 000 元；乙产品 2 000 件，实际单位成本为 1 000 元，共计 2 000 000 元。A 公司账务处理如下：

借：库存商品——甲产品　　5 000 000
　　　　　　——乙产品　　2 000 000
　贷：生产成本——基本生产成本——甲产品　　5 000 000
　　　　　　　——基本生产成本——乙产品　　2 000 000

2. 销售商品

企业销售商品、确认收入时，应结转其销售成本。对于一般企业而言，发出商品的成本可以采用个别计价法、先进先出法、月末一次加权平均法、移动加权平均法等计算得到。借记“主营业务成本”等科目，贷记“库存商品”等科目。

【例 4-32】A 公司 2018 年 1 月末汇总的“发出商品汇总表”中，当月已实现销售的甲产品 500 台，实际单位成本 5 000 元；乙产品 1 500 件，实际单位成本为 1 000 元。A 公司结转销售成本的账务处理如下：

借：主营业务成本　　4 000 000
　贷：库存商品——甲产品　　2 500 000
　　　　　　　——乙产品　　1 500 000

四、商品流通企业库存商品核算

商品流通企业购入的商品，可以采用进价或售价核算。采购过程中发生的运杂费、运输途中的合理损耗、入库前的挑选整理费用等，如数额较小，在发生时直接计入当期损益；如数额较大，需先进行汇集，并于期末在已售和未售商品间分摊。

采用售价核算的，商品售价和进价的差额，可通过“商品进销差价”科目核算。月末，应分摊已销售商品的进销差价，将已销商品的销售成本调整为实际成本，借记“商品进销差价”科目，贷记“主营业务成本”科目。

1. 毛利率法

毛利率法是根据本期销售净额乘以上期实际（或本期计划）毛利率匡算本期销售毛利，并据以计算发出存货和期末存货成本的一种方法。

计算公式如下：

毛利率＝销售毛利÷销售额×100％

销售净额＝商品销售收入－销售退回与折让

销售毛利＝销售额×毛利率

销售成本＝销售额－销售毛利

期末存货成本＝期初存货成本＋本期购货成本－本期销售成本

这一方法是商品流通企业，尤其是商品批发企业常用的计算本期商品销售成本和期末库存商品成本的方法。商品流通企业由于经营商品的品种繁多，如果分品种计算商品成本，工作量将大大增加，而且一般来讲，商品流通企业同类商品的毛利率大致相同，采用这种存货计价方法既能减轻工作量，也能满足对存货管理的需要。

采用毛利率法估计本期销售成本和期末存货成本时，关键在于所使用的估计毛利率是否可靠。通常可以根据上一年度销货毛利率，参考企业目前的实际经营环境和条件来估计。

采用这种方法，商品销售成本按商品大类销售额计算，在大类商品账上结转成本。商品明细账平时只记数量，不记金额，每季末的最后一个月再根据月末结存数量，按照最后进价法等计价方法，先计算月末存货成本，然后再计算该季度的商品销售成本，用该季度的商品销售成本减去前两个月已结转的成本，计算第三个月应结转的销售成本，从而对前两个月毛利率计算的成本进行调整。

【例 4-33】某商场采用毛利率法计算期末存货成本。甲类商品 2018 年 4 月 1 日期初成本为 3 500 万元，当月购货成本为 500 万元，款项以转账支票支付，当月销售收入为 4 500 万元。甲类商品第一季度实际毛利率为 25%。2018 年 4 月末，甲类商品结存成本计算如下：

本期销售成本＝4 500 万元×(1－25%)＝3 375 万元

月末结存存货成本＝3 500 万元＋500 万元－3 375 万元＝625 万元。

(1) 购进商品时：

借：库存商品——甲类商品	5 000 000	
应交税费——应交增值税(进项税额)	850 000	
贷：银行存款		5 850 000

(2) 结转销售商品成本时：

借：主营业务收入	33 750 000	
贷：库存商品——甲类商品		33 750 000

2. 售价金额核算法

售价金额核算法是指平时商品的购入、加工收回、销售均按售价记账，售价与进价的差额通过“商品进销差价”科目核算，期末计算进销差价率和本期已销售商品应分摊的进销差价，并据以调整本期销售成本的一种方法。计算公式如下：

商品进销差价率＝(期初库存商品进销差价＋本期购入商品进销差价)/(期初库存商品售价＋本期购入商品售价)×100%

本期销售商品应分摊的商品进销差价＝本期商品销售收入×商品进销差价率

本期销售商品的成本＝本期商品销售收入－本期销售商品应分摊的商品进销差价

期末结存商品的成本＝期初库存商品的进价成本＋本期购进商品的进价成本－本期销售商品的成本

企业的商品进销差价率各期之间比较均衡的，也可以采用上期商品进销差价率分摊本期的商品进销差价。年度终了，应对商品进销差价进行核实调整。

对于从事商业零售业务的企业，由于经营的商品种类、品种、规格等繁多，而且要求按商品零售价格标价，采用其他成本计算结转方法均较困难，因此广泛采用这一方法。

为了反映商品的采购成本以及库存商品的收入、发出和结存情况，企业购入、加工收回以及销售退回等增加的库存商品，按商品售价，借记“库存商品”科目；按可以抵扣的进项税额，借记“应交税费——应交增值税(进项税额)”科目；按已付和应付金额(进价与进项税额之和)，贷记“银行存款”“应付账款”等科目；按售价与进价之间的差额，贷记“商品进销差价”科目。期末分摊已销商品的进销差价，借记“商品进销差价”科目，贷记“主营业务收入”科目。“商品进销差价”科目期末贷方余额，反映企业库存商品的商品进销差价。

【例 4-34】某商场库存商品采用售价金额核算法进行核算。2018 年 5 月初，库存商品的进价成本为34万元,售价总额为45万元。当月购进商品的进价成本为126万元,售价总额为155万元。当月销售收入为130万元,购销款项已通过转账支票办理结算。月末结存商品的实际成本计算如下:

商品进销差价率=[(45－34)＋(155－126)]万元÷(45＋155)万元×100%=20%

本月销售商品的成本=130万元－130万元×20%=104万元

月末结存商品的实际成本=(34＋126－104)万元=56万元

(1) 当月购入存货时:

借:库存商品　　1 550 000
　应交税费——应交增值税(进项税额)　　214 200
　贷:银行存款　　1 474 200
　　商品进销差价　　290 000

(2) 当月销售收入实现:

借:银行存款　　1 521 000
　贷:主营业务收入　　1 300 000
　　应交税费——应交增值税(销项税额)　　221 000

(3) 结转商品销售成本:

借:主营业务成本　　1 300 000
　贷:库存商品　　1 300 000

(4) 根据已销商品应分摊的进销差价结转调整商品销售成本:

借:商品进销差价　　260 000
　贷:主营业务成本　　260 000

任务4.7　存货清查

一、认识存货清查

1. 存货清查的含义

存货清查是通过对存货的实地盘点,确定存货的实有数量,并与账面结存数核对,从而确定存货实存数与账面结存数是否相符的一种专门方法。

由于存货种类繁多、收发频繁,在日常收发过程中可能发生计量错误、计算错误、自然损耗,还可能发生损坏变质以及贪污、盗窃等情况,造成账实不符,形成存货的盘盈、盘亏。对于存货的盘盈、盘亏,应填写"存货盘点报告"(如实存账存对比表),及时查明原因,按照规定程序报批处理。

2. 存货盘存制度

企业确定存货的实物数量有两种方法,一种是实地盘存制,一种是永续盘存制。

1）实地盘存制

实地盘存制又称定期盘存制，是指企业平时只在账簿中登记存货的增加数，不记减少数，期末根据清点所得的实存数，计算本期存货的减少数。使用这种方法时的核算工作比较简便，但不能随时反映各种物资的收发结存情况，不能随时结转成本，并把物资的自然和人为短缺隐含在发出数量之内；同时由于缺乏经常性资料，不便于对存货进行计划和控制，所以实地盘存制的实用性较差，通常仅适用于一些单位价值较低、自然损耗大、数量不稳定、进出频繁的特定货物。

2）永续盘存制

永续盘存制又称账面盘存制，是指企业设置各种数量金额的存货明细账，根据有关凭证，逐日逐笔登记材料、产品、商品等的收发领退数量和金额，随时结出账面结存数量和金额。采用永续盘存制，可随时掌握各种存货的收发、结存情况，有利于存货管理。

为了核对存货账面记录，永续盘存制亦要求进行存货的实物盘点。盘点可定期或不定期进行，通常在生产经营活动的间隙盘点部分或全部存货；会计年度终了，应进行一次全面的盘点清查，并编制盘点表，保证账物相符，如有不符应查明原因并及时处理。

我国企业会计实务中，存货的数量核算一般采用永续盘存制。但不论采用何种方法，前后各期都应保持一致。

二、存货清查核算会计科目设置

为了反映企业在财产清查中查明的各种存货的盘盈、盘亏和毁损情况，企业应当设置“待处理财产损溢”科目，借方登记存货的盘亏、毁损金额及盘盈的转销金额，贷方登记存货的盘盈金额及盘亏的转销金额。企业清查的各种存货损溢，应在期末结账前处理完毕，保证存货的账实相符。期末处理后，本科目应无余额。

“待处理财产损溢”科目下设“待处理流动资产损溢”“待处理固定资产损溢”两个明细科目。存货的盘盈、盘亏和毁损，通过“待处理流动资产损溢”明细科目进行明细分类核算。

存货清查结果的处理程序分两步：

第一步，在报经有关部门批准前，根据“存货盘点报告表”将盘盈、盘亏和毁损的存货先计入“待处理财产损溢——待处理流动资产损溢”科目，从而调整账面记录，达到账实相符。

第二步，报经有关部门批准后，根据存货盘盈、盘亏和毁损的不同原因和处理结果，将待处理的财产损溢分别进行转销，以落实经济责任。

三、存货盘盈核算

企业发生存货盘盈时，应当按照其重置成本借记“原材料”“库存商品”等科目，贷记“待处理财产损溢——待处理流动资产损溢”科目；按管理权限报经批准后，借记“待处理财产损溢——待处理流动资产损溢”科目，贷记“管理费用”科目。

【例 4-35】A 公司在财产清查中盘盈丙材料 2 000 千克，实际单位成本为 50 元/千克，经查属于材料收发计量差错。A 公司账务处理如下：

（1）批准处理前：

借：原材料　　　　　　　　　　　　　　　100 000

　贷：待处理财产损溢——待处理流动资产损溢　　　　100 000

（2）批准处理后：

借:待处理财产损溢——处理流动资产损溢　　100 000
　贷:管理费用　　100 000

四、存货盘亏及毁损核算

存货发生的盘亏或毁损,应作为"待处理财产损溢"进行核算。

按管理权限报经批准后,根据造成存货盘亏或毁损的原因,分别按以下情况进行处理:

(1) 属于自然损耗产生的定额内损耗,经批准后计入"管理费用"科目。借记"管理费用"科目,贷记"待处理财产损溢——待处理流动资产损溢"科目。

(2) 属于计量收发差错和管理不善等原因造成的存货短缺,应先扣除残料价值、可以收回的保险赔偿和过失人赔偿,将净损失计入"管理费用"科目。按残料价值,借记"原材料"科目,按可收回的赔偿,借记"其他应收款"科目,按"待处理流动资产损溢"科目余额,贷记"待处理财产损溢——待处理流动资产损溢"科目,按上述借贷差额,借记"管理费用"科目。

(3) 属于自然灾害或意外事故等非常原因造成的存货毁损,应先扣除处置收入(如残料价值)、可以收回的保险赔偿和过失人赔偿,将净损失计入"营业外支出——非常损失"科目。按残料价值,借记"原材料"科目,按可收回的赔偿,借记"其他应收款"科目,按"待处理流动资产损溢"科目余额,贷记"待处理财产损溢——待处理流动资产损溢"科目,按上述借贷差额,借记"营业外支出——非常损失"科目。

企业存货按计划成本核算的,盘亏和毁损的存货还应同时结转其成本差异。

◇**知识拓展 4.8**

《小企业会计准则》规定,盘盈存货实现的收益应计入"营业外收入"科目;盘亏存货发生的损失应计入"营业外支出"科目。

【例 4-36】A 公司因暴雨毁损库存材料一批,该批原材料实际成本为 20 000 元,收回残料价值 800 元,保险公司赔偿 11 600 元。该企业购入材料的增值税税率为 17%。A 公司账务处理如下:

(1) 批准处理前:

借:待处理财产损溢——待处理流动资产损溢　　23 400
　贷:原材料　　20 000
　　应交税费——应交增值税(进项税额转出)　　3 400

(2) 批准处理后:

借:原材料　　800
　贷:待处理财产损溢——待处理流动资产损溢　　800

借:其他应收款——保险公司　　11 600
　贷:待处理财产损溢——待处理流动资产损溢　　11 600

借:营业外支出　　11 000
　贷:待处理财产损溢——待处理流动资产损溢　　11 000

项目5

固定资产核算

【学习目标要求】

明确固定资产的特征、分类、计价等基本知识；熟悉固定资产会计核算岗位职责；熟练进行不同固定资产折旧方法的折旧成本计量；掌握固定资产取得、固定资产折旧、固定资产后续支出、固定资产减值及固定资产处置等业务的会计核算。

【典型工作任务】

1. 固定资产认知
2. 固定资产取得核算
3. 固定资产折旧的计量与核算
4. 固定资产后续支出核算
5. 固定资产减值核算
6. 固定资产处置与清查核算

本项目知识结构

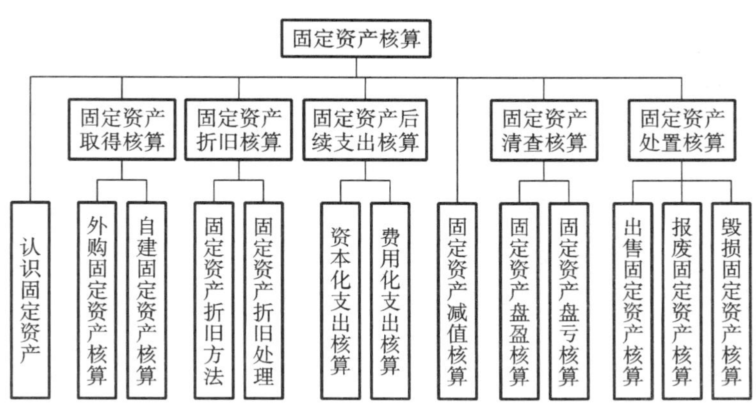

任务 5.1 认识固定资产

一、固定资产的特征

固定资产，是指企业为生产产品、提供劳务、出租或经营管理而持有的、使用寿命超过一个会计年度的有形资产，如厂房、机器设备等。未作为固定资产管理的工具、器具等，作为周转性材料（低值易耗品）核算。

从这一定义可以看出，作为企业的固定资产应具备以下三个特征：

(1) 固定资产为有形资产。

固定资产具有实物特征，这一特征将固定资产与无形资产区别开来。

(2) 固定资产是企业为生产商品、提供劳务、出租或者经营管理而持有的。

这一特征是固定资产区别于存货等流动资产的重要标志。

企业持有固定资产的目的是生产商品、提供劳务、出租或经营管理，这意味着，企业持有的固定资产是企业的劳动工具或手段，而不是直接用于出售的产品。其中“出租”不包括作为投资性房地产核算的以经营租赁方式租出的建筑物。

(3) 使用寿命超过一个完整的会计年度。

企业使用固定资产的期限较长，使用寿命一般超过一个会计年度。这一特征表明企业固定资产的收益期超过一年，能在一年以上的时间里为企业创造经济利益。

固定资产的使用寿命是指企业使用固定资产的预计期间，或者该固定资产所能生产产品或提供劳务的数量。

◇知识拓展 5.1

由于企业的经营内容、经营规模等各不相同，固定资产的确认标准不可能强求一致，各企业应根据会计制度中规定的固定资产的标准，结合各自的具体情况，制定适合本企业实际情况的固定资产目录、分类方法、每类或每项固定资产的折旧年限、折旧方法，作为固定资产核算的依据。

二、固定资产的确认

某一资产项目，如果要作为固定资产加以确认，首先需要符合固定资产的定义；其次，还需要同时符合以下两个条件：

(1) 该固定资产有关的经济利益很可能流入企业；

(2) 该固定资产的成本能够可靠地计量。

企业对符合固定资产特征和确认条件的有形资产，应当确认为固定资产；不符合的确认为存货或其他有关资产。

◇知识拓展 5.2

企业的环保设备和安全设备等资产，虽然不能直接为企业带来经济利益，却有助于企业从相关资产获得经济利益，也应确认为固定资产，但这类资产与相关资产的账面价值之和不能超过这两类资产可收回金额总额。对于固定资产的各组成部分，各自具有不同的使用寿命或者以不同的方式为企业提供经济利益，从而使用不同的折旧率或折旧方法的，应当单独确认为固定资产。

备品备件和维修设备，虽然也符合前面讲解的固定资产确认标准，但由于价值较低，所以通常将其作为存货核算。但如果这些备品备件和长期资产组合一起发挥作用，它甚至是整个长期资产的一个重要组成部分，那么这些备品备件原则上也要作为固定资产核算。

三、固定资产的分类

企业的固定资产种类繁多、规格不一，为加强管理，便于组织会计核算，应对其进行科学、合理的分类。根据不同的管理需要和核算要求以及不同的分类标准，固定资产可以按不同标准进行分类。

1. 按经济用途分类

按经济用途分类，固定资产可分为生产经营用固定资产和非生产经营用固定资产，以考核和分析企业固定资产的利用情况，促使企业合理地配备固定资产，充分发挥其效用。

生产经营用固定资产是指直接服务于企业生产、经营过程的各种固定资产，如生产经营用的房屋、建筑物、机器、设备、器具、工具等。

非生产经营用固定资产是指不直接服务于生产、经营过程的各种固定资产，如职工宿舍等使用的房屋、设备和其他固定资产等。

2. 综合分类

按固定资产的经济用途和使用情况等综合分类，可把企业的固定资产划分为七大类。

(1) 生产经营用固定资产；

(2) 非生产经营用固定资产；

(3) 租出固定资产(指企业在经营租赁方式下出租给外单位使用的固定资产)；

(4) 不需用固定资产(指本企业多余或不适用而准备以后处理的各种固定资产)；

(5) 未使用固定资产(指企业已购建完成尚未交付使用的新增固定资产以及因进行改建、扩建等原因暂停使用的固定资产)；

(6) 土地(指过去已经估价单独入账的土地。因征地而支付的补偿费，应计入与土地有关的房屋、建筑物的价值内，不单独作为土地价值入账。企业取得的土地使用权，应作为无形资产管理，不作为固定资产管理)；

(7) 融资租入固定资产(指企业以融资租赁方式租入的固定资产。融资租入的固定资产，企业虽然不拥有它的所有权，但却可以为企业拥有或者控制，预期会给企业带来未来的经济利益流入，符合资产的定义，也属于企业的资产。在租赁期内，应视同自由固定资产进行管理)。

由于企业的经营性质不同，经营规模各异，对固定资产的分类不可能完全一致。但实际工作中，企业大多采用综合分类的方法作为编制固定资产目录、进行固定资产核算的依据。

任务 5.2 固定资产取得核算

一、固定资产取得核算会计科目设置

固定资产的取得应按其初始成本入账。

固定资产的初始成本，也称为固定资产的原始价值，简称原价，是指企业为购建某项固定资产达到预定可使用状态前所发生的一切合理的、必要的支出。既有直接发生的，如购置固定资产支付的买价、运杂费、包装费、保险费、专业人员服务费、相关税费和安装调试成本等；也有间接发生的，如应分摊的借款利息、外币借款折算差额以及应分摊的其他间接费用等。

为了核算企业持有的固定资产原价，企业应设置"固定资产"科目。该科目属于资产类科目，借方登记固定资产原价的增加额；贷方登记固定资产原价的减少额；期末余额在借方，反映期末企业固定资产的账面价值。

◇知识拓展 5.3

下列各项满足固定资产确认条件的，也在"固定资产"科目核算：

(1) 建筑企业为保证施工和管理的正常进行而构建的各种临时设施。

(2) 企业购置计算机硬件所附带的、无法单独计价的软件，与所购置的计算机硬件一并作为固定资产。

采用成本模式计量的已出租的建筑物，在"投资性房地产"科目核算。

未作为固定资产管理的工具、器具等，在"周转材料"科目核算。

为了反映固定资产的具体情况，企业应按照固定资产的类别、使用部门和每项固定资产设置"固定资产登记簿"和"固定资产卡片"，进行明细核算。临时租入的固定资产，应当另外设置备查簿登记，不在该科目核算。企业融资租入的固定资产，应在"固定资产"科目下设置"融资租入固定资产"明细科目进行核算。

"在建工程"科目用于核算企业进行基建工程、更新改造等在建工程发生的实际支出。借方登记工程建设发生的各项支出；贷方登记工程完工结转的实际成本；期末余额在借方，表示企业尚未完工的在建工程的成本。企业与固定资产有关的后续支出，包括固定资产发生的日常修理费、大修理费用、更新改造支出、房屋的装修费等，满足《企业会计准则第 4 号——固定资产》规定的固定资产确认条件的，也在本科目核算；不满足固定资产确认条件的，应在"管理费用"科目或"销售费用"科目核算。"在建工程"科目应按照"建筑工程""安装工程""在安装设备""待摊支出"以及单项工程进行明细核算。在建工程发生减值的，应在本科目设置"减值准备"明细科目进行核算。

"工程物资"科目用于核算企业为基建工程、更新工程和大修理工程准备的各种物资的实际成本。借方登记企业购入工程物资的成本，贷方登记领用工程物资的成本，期末借方余额反映企业为在建工程准备的各种物资的成本。该科目应当按照“专用材料”“专用设备”“工器具”等进行明细核算。工程物资发生减值的，应在“工程物资”科目下设置“减值准备”明细科目进行核算，也可以单独设置“工程物资减值准备”科目进行核算。

企业取得固定资产的方式主要有外购、自行建造、投资者投入、非货币性资产交换、债务重组、企业合并、融资租赁等。取得方式的不同，使其取得时的成本构成及确认方法也不尽相同。

二、固定资产取得核算

（一）外购固定资产

企业外购的固定资产，应按实际支付的购买价款、相关税费、使用固定资产达到预定可使用状态前所发生的可归属于该项资产的运输费、装卸费、安装费和专业人员服务费等，作为固定资产的取得成本。其中，相关税费包括企业为取得固定资产而缴纳的关税、契税、耕地占有税、车辆购置税以及按照现行增值税制度规定不得抵扣的增值税等相关税费。

根据规定，增值税一般纳税人购进（包括接受捐赠、实物投资）或者自制（包括改扩建、安装）固定资产发生的进项税额，可凭增值税扣税凭证（增值税专用发票、海关进口增值税专用缴款书和运输费用结算单据）从销项税额中抵扣，其进项税额应当计入“应交税费——应交增值税（进项税额）”科目。

◇知识拓展 5.4

自 2009 年 1 月 1 日起，企业购买使用期限超过 12 个月的机器、机械、运输工具以及其他与生产经营有关的设备、工具、器具等固定资产进项税额允许抵扣。

1. 企业为一般纳税人

(1) 企业作为一般纳税人，购入不需要安装的机器设备、管理设备等动产时，应按实际支付的购买价款、相关税费以及使固定资产达到预定可使用状态前所发生的可归属于该项资产的运输费、装卸费和专业人员服务费等，作为固定资产成本，借记“固定资产”科目，按专用发票上注明的增值税进项税额，借记“应交税费——应交增值税（进项税额）”科目，贷记“银行存款”“应付账款”“应付票据”等科目。

【例 5-1】2018 年 3 月 12 日，江南公司购入一台不需要安装的设备，取得的增值税专用发票上注明的设备价款为 600 000 元，增值税税额为 102 000 元，发生的装卸费为 800 元，另支付运输费并取得增值税专用发票，注明运输费 500 元，税率 11%，增值税税额 55 元。江南公司属于增值税一般纳税人，所有款项以银行存款转账支付，假定不考虑其他相关税费。江南公司账务处理如下：

Ⅰ. 计算固定资产成本：

固定资产买价	600 000
加：装卸费	800
运输费	500
合计	601 300

Ⅱ. 编制购入固定资产的会计分录：

借：固定资产　　601 300
　　应交税费——应交增值税（进项税额）　　102 055
　贷：银行存款　　703 355

（2）企业作为一般纳税人，购入需要安装的动产时，应在购入的固定资产取得成本的基础上加上安装调试成本等，作为购入固定资产的成本，先通过“在建工程”科目核算，待安装完毕达到预定可使用状态时，再由“在建工程”科目转入“固定资产”科目。

购入时，按实际支付的购买价款、运输费、装卸费和其他相关税费等，借记“在建工程”科目，按购入固定资产时可抵扣的增值税进项税额，借记“应交税费——应交增值税（进项税额）”科目，贷记“银行存款”等科目；支付安装费用时，按照发生的安装调试成本，借记“在建工程”科目，取得的外部单位提供的增值税专用发票上注明的增值税进项税额，借记“应交税费——应交增值税（进项税额）”科目，贷记“银行存款”等科目；耗用本单位的材料或人工时，按应承担的成本金额，借记“在建工程”科目，贷记“原材料”“应付职工薪酬”等科目；安装完毕达到预定可使用状态时，按其实际成本，借记“固定资产”科目，贷记“在建工程”科目。

【例 5-2】2018 年 5 月 16 日，中华公司购入一台需要安装的生产用设备，取得的增值税专用发票上注明的设备价款为 300 000 元，增值税税额为 51 000 元，发生的装卸费为 1 800 元，款项已通过银行存款转账支付；支付安装费用并取得增值税专用发票，注明安装费 40 000 元，税率 17%，增值税税额 6 800 元；安装设备时，领用原材料一批，其账面成本为 32 000 元，未计提存货跌价准备，购进该批原材料时支付的增值税进项税额为 5 440 元；应支付安装工人薪酬 5 200 元。江南公司属于增值税一般纳税人，假定不考虑其他相关税费。江南公司账务处理如下：

Ⅰ. 购入设备进行安装时：

借：在建工程　　301 800
　　应交税费——应交增值税（进项税额）　　51 000
　贷：银行存款　　352 800

Ⅱ. 支付安装费用时：

借：在建工程　　40 000
　　应交税费——应交增值税（进项税额）　　6 800
　贷：银行存款　　46 800

Ⅲ. 领用原材料、支付安装工人薪酬等费用时：

借：在建工程　　37 200
　贷：原材料　　32 000
　　　应付职工薪酬　　5 200

Ⅳ. 设备安装完毕达到预计可使用状态时，确定的固定资产成本＝301 800＋40 000＋37 200＝379 000 元

借：固定资产　　379 000
　贷：在建工程　　379 000

（3）企业作为一般纳税人，自 2016 年 5 月 1 日后取得并按固定资产核算的不动产或者 2016 年 5 月 1 日后取得的不动产在建工程，取得增值税专用发票并通过税务机关认证时，应按增值税专用发票上注明的价款作为固定资产成本，借记“固定资产”“在建工程”科目，其进项税额按现行增值税进项税额的 60%作为当期可抵扣的进项税额，借记“应交税费——应交增值税（进项

税额)”科目,按增值税专用发票上注明的增值税进项税额的40%作为自本月起第13个月可抵扣的进项税额,借记“应交税费——待抵扣进项税额”科目;按应付或实际支付的金额,贷记“应付账款”“银行存款”等科目。上述待抵扣的进项税额在下年度同月允许抵扣时,按允许抵扣的金额,借记“应交税费——应交增值税(进项税额)”科目,贷记“应交税费——待抵扣进项税额”科目。

◇**知识拓展5.5**

根据《不动产进项税额分期抵扣暂行办法》规定,2016年5月1日后取得并在会计制度上按固定资产核算的不动产,以及2016年5月1日后发生的不动产在建工程,其进项税额应分2年从销项税额中抵扣,第一年抵扣比例为60%(自取得之日起),第二年抵扣比例为40%(第13个月)。

房地产开发企业自行开发的房地产项目,融资租入的不动产,以及在施工现场修建的临时建筑物、构筑物,其进项税额不适用上述分2年抵扣的规定。

纳税人2016年5月1日后购进货物和设计服务、建筑服务,用于新建不动产,或者用于改建、扩建、修缮、装饰不动产并增加不动产原值超过50%的,其进项税额依照本办法有关规定分2年从销项税额中抵扣。

【例5-3】2018年1月1日,江南公司购入一栋商业大楼作为生产车间并交付使用,取得的增值税专用发票上注明的价款为200 000 000元,增值税税额为34 000 000元,款项以银行存款支付。江南公司为增值税一般纳税人,进项税额分两年从销项税额中抵扣,当年可抵扣60%,下一年抵扣40%。江南公司账务处理如下:

Ⅰ.2018年1月1日,购入固定资产时:

借:在建工程	200 000 000	
应交税费——应交增值税(进项税额)	20 400 000	
——待抵扣进项税额	13 600 000	
贷:银行存款		234 000 000

Ⅱ.2019年1月1日,进项税额可抵扣时:

借:应交税费——应交增值税(进项税额)	234 000 000	
贷:应交税费——待抵扣进项税额		234 000 000

(4)企业基于产品价格等因素的考虑,可能以一笔款项购入多项没有单独标价的固定资产。如果这些资产符合固定资产的定义,并满足固定资产的确认条件,则应将各项资产单独确认为固定资产,并按各项固定资产公允价值的比例对总成本进行分配,分别确定各项固定资产的成本。

【例5-4】华夏公司向中南公司一次购进了三台不同型号且具有不同生产能力的设备A、B、C,共支付款项8 000万元,增值税税额1 360万元,包装费60万元,款项已通过银行存款转账支付。假定设备A、B、C均满足固定资产的定义及确认条件,公允价值分别为3 600万元、3 080万元、1 320万元。华夏公司属于增值税一般纳税人,假定不考虑其他相关税费。华夏公司账务处理如下:

Ⅰ.确定应计入固定资产成本的金额,包括购买价款、包装费:

8 000 万元+60 万元=8 060 万元

Ⅱ.确定设备 A、B、C 的价值分配比例：

A 设备应分配的固定资产价值比例=3 600 万元÷(3 600+3 080+1 320)万元×100%=45%

B 设备应分配的固定资产价值比例=3 080 万元÷(3 600+3 080+1 320)万元×100%=38.5%

C 设备应分配的固定资产价值比例=1 320 万元÷(3 600+3 080+1 320)万元×100%=16.5%

Ⅲ.确定设备 A、B、C 各自的成本

A 设备的成本=8 060 万元×45%=3 627 万元

B 设备的成本=8 060 万元×38.5%=3 103.1 万元

C 设备的成本=8 060 万元×16.5%=1 329.9 万元

Ⅳ.编制会计分录：

借：固定资产——A 设备	36 270 000	
——B 设备	31 031 000	
——C 设备	13 299 000	
应交税费——应交增值税(进项税额)	13 600 000	
贷：银行存款		94 200 000

2. 企业为小规模纳税人

企业作为小规模纳税人，购入固定资产发生的增值税进项税额应计入固定资产成本，借记“固定资产”或“在建工程”科目，不通过“应交税费——应交增值税”科目核算。

【例 5-5】2018 年 1 月 1 日，讯达公司用银行存款购入一台需要安装的设备，增值税专用发票上注明的价款为 200 000 元，增值税税额为 34 000 元，支付安装费 40 000 元，增值税税额为 6 800元。假设迅达公司为小规模纳税人，进项税额不得从销项税额中抵扣，应计入固定资产成本核算。讯达公司账务处理如下：

Ⅰ.购入设备进行安装时：

借：在建工程	234 000	
贷：银行存款		234 000

Ⅱ.支付安装费时：

借：在建工程	46 800	
贷：银行存款		46 800

Ⅲ.设备安装完毕达到预计可使用状态时：

借：固定资产	280 800	
贷：在建工程		280 800

（二）自行建造固定资产

企业自行建造固定资产，应将建造该资产达到预定可使用状态前所发生的必要支出，作为固定资产的成本，包括工程用物资、人工成本、缴纳的相关税费、应予以资本化的借款费用以及应分摊的间接费用等。企业为建造固定资产通过出让土地取得土地使用权而支付的土地出让金不计入在建工程成本，应确认为无形资产(土地使用权)。

自建固定资产应先通过“在建工程”科目核算，工程达到预定可使用状态时，再从“在建工程”科目转入“固定资产”科目。

企业自建固定资产，按照实施的方式可分为自营工程和出包工程。由于采用的建设方式不同，其会计处理也不同。

1. 自营工程

自营工程，是指企业自行组织工程物资采购、自行组织施工人员施工的建筑工程和安装工程。

企业通过自营方式建造固定资产，其入账价值应当按照建造该项固定资产达到预定可使用状态前发生的必要支出确定，包括直接材料、直接人工、直接机械施工费等。企业为在建工程准备的各种物资，应当按照实际支付的买价、运输费、保险费以及不能抵扣的增值税税额等相关税费作为实际成本，并按照各种专项物资的种类进行明细核算。工程完工后，剩余的工程物资转为本企业存货的，按期实际成本或计划成本进行结转。建设期间发生的工程物资盘亏、报废及毁损，减去残料价值以及保险公司、过失人等赔偿后的净损失，计入所建工程项目的成本；盘盈的工程物资或处置净收益，冲减所建工程项目的成本。工程完工后发生的工程物资盘盈、盘亏、报废、毁损，计入当期营业外收支。

建造固定资产领用工程物资、原材料或库存商品，应按其实际成本转入所建工程成本。自营方式建造固定资产应负担的职工薪酬、辅助生产部门为之提供的水、电、修理、运输等劳务，以及其他必要支出等，也应计入所建工程项目的成本。

符合资本化条件，计入所建造固定资产成本的借款费用按照《企业会计准则第 17 号——借款费用》的有关规定处理。

购入工程物资时，按已认证的增值税专用发票上注明的价款，借记“工程物资”科目；按增值税专用发票上注明的增值税进项税额的 60%（当期可抵扣的进项税额），借记“应交税费——应交增值税（进项税额）”科目，按增值税专用发票上注明的增值税进项税额的 40%（本月起第 13 个月可抵扣的进项税额），借记“应交税费——待抵扣进项税额”科目；按实际支付或应付的金额，贷记“银行存款”等科目。

领用工程物资时，借记“在建工程”科目，贷记“工程物资”科目。在建工程领用本企业原材料时，借记“在建工程”科目，贷记“原材料”等科目。在建工程领用本企业库存商品时，借记“在建工程”科目，贷记“库存商品”科目。涉及增值税、消费税等相关税费的，还应进行相应的会计处理。自营工程发生的其他费用（如分配工程人员工资等），借记“在建工程”科目，贷记“银行存款”“应付职工薪酬”等科目。

自营工程达到预定可使用状态时，将该项工程完工达预定可使用状态前所发生的必要支出结转，作为固定资产的入账价值，借记“固定资产”科目，贷记“在建工程”科目。

【例 5-6】某企业为增值税一般纳税人，2018 年 8 月开始自行建造生产线一条，购入为工程准备的各种物资 80 000 元，支付的增值税税额为 13 600 元，全部用于工程建设。另外，还领用了企业外购生产用的原材料一批，实际成本为 10 000 元；工程人员应计工资 30 000 元，企业辅助生产车间为工程提供有关劳务支出 20 000 元；工程于 2018 年 10 月 15 日完工并达到预定可使用状态。该企业账务处理如下：

Ⅰ. 购入工程物资时：

借：工程物资	80 000	
应交税费——应交增值税（进项税额）	13 600	
贷：银行存款		93 600

Ⅱ. 工程领用工程物资时：

借：在建工程　　80 000
　贷：工程物资　　80 000

Ⅲ.工程领用生产用原材料时：

借：在建工程　　10 000
　贷：原材料　　10 000

Ⅳ.分配工程人员工资时：

借：在建工程　　30 000
　贷：应付职工薪酬　　30 000

Ⅴ.辅助生产车间为工程提供劳务支出时：

借：在建工程　　20 000
　贷：生产成本——辅助生产成本　　20 000

工程完工转入固定资产的成本＝80 000＋10 000＋30 000＋20 000＝140 000 元

借：固定资产　　140 000
　贷：在建工程　　140 000

沿用【例 5-6】资料，若该企业建造的是办公楼或厂房，其他条件不变。

Ⅰ.购入工程物资时：

借：工程物资　　80 000
　　应交税费——应交增值税（进项税额）　　8 160
　　　　　——待抵扣进项税额　　5 440
　贷：银行存款　　93 600

Ⅱ.工程领用工程物资时：

借：在建工程　　80 000
　贷：工程物资　　80 000

Ⅲ.工程领用生产用原材料时：

借：在建工程　　10 000
　　应交税费——待抵扣进项税额　　680
　贷：原材料　　10 000
　　　应交税费——应交增值税（进项税额转出）　　680

Ⅳ.分配工程人员工资时：

借：在建工程　　30 000
　贷：应付职工薪酬　　30 000

Ⅴ.辅助生产车间为工程提供劳务支出时：

借：在建工程　　20 000
　贷：生产成本——辅助生产成本　　20 000

工程完工转入固定资产的成本＝80 000＋10 000＋30 000＋20 000＝140 000 元

借：固定资产　　140 000
　贷：在建工程　　140 000

2. 出包工程

出包工程，是指企业通过招标方式将工程项目发包给建筑承包商，由建筑承包商组织施工的建筑工程和安装工程。

采用出包方式建造固定资产，企业要与建造承包商签订建造合同，企业是建造合同的甲方，负责筹集资金和组织管理工程建设，通常称为建设单位；建造承包商是建造合同的乙方，负责建筑安装工程施工任务。企业以出包方式建造固定资产，其成本由建造该固定资产达到预定可使用状态前所发生的必要支出构成。

企业采用出包方式进行的固定资产工程，其工程的具体支出主要由建造承包商核算，在这种方式下，"在建工程"科目主要反映企业与建造承包商办理工程价款结算的情况，企业支付给建造承包商的工程价款作为工程成本，通过"在建工程"科目核算。

企业按合理估计的发包工程进度和合同规定向建造承包商结算的进度款，并由对方开具增值税专用发票，按增值税专用发票上注明的价款，借记"在建工程"科目；按增值税专用发票上注明的增值税进项税额的60%（当期可抵扣的进项税额），借记"应交税费——应交增值税（进项税额）"科目；按增值税专用发票上注明的增值税进项税额的40%（本月起第13个月可抵扣的进项税额），借记"应交税费——待抵扣进项税额"科目；按实际支付的金额，贷记"银行存款""预付账款"等科目；工程完成时，按合同规定补付的工程款，借记"在建工程"科目，贷记"银行存款"等科目；工程达到预定可使用状态时，按其成本，借记"固定资产"科目，贷记"在建工程"科目。

【例5-7】江南公司为增值税一般纳税人，2018年1月1日将一幢厂房的建造工程出包给达明公司承建，按合理估计的发包工程进度和合同规定向大明公司结算进度款600 000元，并取得增值税专用发票，发票注明工程价款为600 000元，税率11%，增值税税额为66 000元。2019年1月1日，工程完工后，收到达明公司有关工程结算单据及增值税专用发票，补付工程款并取得丙公司开具的增值税专用发票，注明工程价款为400 000元，税率11%，增值税税额为44 000元。工程完工并达到预定可使用状态。江南公司账务处理如下：

Ⅰ.按合理估计的发包工程进度和合同规定向达明公司结算进度款时：

借：在建工程　600 000
　应交税费——应交增值税（进项税额）　39 600
　　　　——待抵扣进项税额　26 400
　贷：银行存款　666 000

Ⅱ.补付工程款时：

借：在建工程　400 000
　应交税费——应交增值税（进项税额）　26 400
　　　　——待抵扣进项税额　17 600
　贷：银行存款　444 000

Ⅲ.工程完工并达到预定可使用状态时：

借：固定资产　1 000 000
　贷：在建工程　1 000 000

◇知识拓展 5.6

固定资产的取得除了外购、自行建造方式，还可以有其他方式。

1. 投资者投入的固定资产

投资者投入固定资产时，应按照公允的投资合同或协议约定的价值，借记“固定资产”科目；按专用发票上注明的增值税税额（准予抵扣的进项税额），借记“应交税费——应交增值税（进项税额）”科目；按确认的投入资本数额，贷记“实收资本”或“股本”科目；按增值税和固定资产价值的合计数与投入资本数额的差额，借记或贷记“资本公积”等科目。

2. 接受捐赠的固定资产

接受捐赠的固定资产，按以下规定确定其入账价值：

(1) 捐赠方提供了有关凭据的，按凭据上标明的金额加上应当支付的相关税费，作为入账价值。

(2) 捐赠方没有提供有关凭据的，按以下顺序确定其入账价值：Ⅰ. 同类或类似固定资产存在活跃市场的，按同类或类似固定资产的市场价格估计的金额，加上应当支付的相关税费，作为入账价值；Ⅱ. 同类或类似固定资产不存在活跃市场的，按接受捐赠的固定资产的预计未来现金流量现值，作为入账价值。

(3) 如接受捐赠的是旧的固定资产，按依据上述方法确定的新固定资产价值，减去按该项资产的新旧程度估计的价值损耗后的余额，作为入账价值。

企业在接受捐赠时，应按照前述规则确定的固定资产价值入账，借记“固定资产”科目；按企业因接受捐赠固定资产实际支付或应付的相关税费金额，贷记“银行存款”“应交税费”等科目；最后，按照借贷方的差额，贷记“营业外收入”科目。

3. 租入的固定资产

企业在生产经营过程中，由于生产经营的临时性或季节性需要，或出于融资等方面的考虑，对于生产经营所需的固定资产可以采用租赁的方式取得。

租赁，是指在约定的期间内，出租人将资产使用权让与承租人，以获取租金的协议。租赁的主要特征是转移资产的使用权，而不是转移资产的所有权，并且这种转移是有偿的，取得使用权要以支付租金为代价。

租赁按照与租赁资产所有权有关的全部风险和报酬归属于出租人或承租人的程度为标准，可分为经营租赁和融资租赁两大类。

4. 通过非货币性资产交换、债务重组、企业合并等方式取得的固定资产

企业通过非货币性资产交换、债务重组、企业合并等方式取得的固定资产，其成本初始计量与核算应当分别参照《企业会计准则第 7 号——非货币性资产交换》《企业会计准则第 12 号——债务重组》《企业会计准则第 20 号——企业合并》的相关规定。但是，该项固定资产后续计量和披露应当执行《企业会计准则第 4 号——固定资产》的规定。

任务5.3 固定资产折旧核算

一、固定资产折旧定义

固定资产折旧，是指在固定资产使用寿命内，按照确定的方法对应计折旧额进行系统分摊。其中，使用寿命，是指企业使用固定资产的预计期间，或者该固定资产所能生产产品或提供劳务的数量；应计折旧额，是指应当计提折旧的固定资产的原价扣除其预计净残值后的金额，已计提减值准备的固定资产，还应当扣除已计提的固定资产减值准备累计金额；预计净残值，是指假定固定资产预计使用寿命已满并处于使用寿命终了时的预期状态，企业目前从该项固定资产处置中获得的扣除预计处置费用后的金额。

企业应当在固定资产的使用寿命内，按照确定的方法对应计折旧额进行系统分摊。在确定固定资产的使用寿命时，主要应当考虑下列因素：①预计生产能力或实物产量；②预计有形损耗或无形损耗；③法律或类似规定对资产使用的限制。

企业应根据固定资产的性质和使用情况，合理确定固定资产的使用寿命和预计净残值。固定资产的使用寿命、预计净残值一经确定，不得随意变更，但是符合《企业会计准则第 4 号——固定资产》第十九条规定的除外。上述事项在报经股东大会或董事会、经理（厂长）会议或类似机构批准后，作为计提折旧的依据，并按照法律、行政法规等的规定报送有关各方备案。

二、固定资产折旧范围

除以下情况外，企业应对所有固定资产计提折旧：

(1) 已提足折旧仍继续使用的固定资产；

(2) 单独计价入账的土地；

(3) 持有待售的固定资产（企业已签订 1 年内转让的不可撤销协议）。

在确定计提折旧的范围时，还应注意以下几点：

(1) 固定资产应当按月计提折旧，当月增加的固定资产，当月不计提折旧，从下月起计提折旧；当月减少的固定资产，当月仍计提折旧，从下月起不计提折旧。

(2) 固定资产提足折旧后，不论能否继续使用，均不再计提折旧；提前报废的固定资产，也不再补提折旧。所谓提足折旧，是指已经提足该项固定资产的应计折旧额。

(3) 处于更新改造过程停止使用的固定资产，应将其账面价值转入在建工程，不再计提折旧。更新改造达到预定可使用状态转为固定资产后，再按照重新确定的折旧方法和该项固定资产尚可使用寿命计提折旧。

(4) 因进行大修理而停用的固定资产，应当计提折旧，计提的折旧额应计入相关资产成本或当期损益。

(5) 已达到预定可使用状态但尚未办理竣工决算的固定资产，应当按照估计价值确定其成本，并计提折旧；待办理竣工决算后，再按实际成本调整原来的暂估价值，但不需要调整原已计提的折旧额。

企业至少应当于每年年度终了，对固定资产的使用寿命、预计净残值和折旧方法进行复核。使用寿命预计数与原先估计数有差异的，应当调整固定资产使用寿命。预计净残值预计数与原先估计数有差异的，应当调整预计净残值。与固定资产有关的经济利益预期实现方式有重大改变的，应当改变固定资产折旧方法。固定资产使用寿命、预计净残值和折旧方法的改变应当作为会计估计变更。

三、固定资产折旧方法

企业应当根据与固定资产有关的经济利益的预期实现方式，合理选择固定资产折旧方法。可选用的折旧方法包括年限平均法、工作量法、双倍余额递减法和年数总和法。

1. 年限平均法

年限平均法又称直线法，是将固定资产的折旧均衡地分摊到固定资产预计使用寿命内的一种方法。采用这种方法计算的每期折旧额是相等的。

采用这种方法计算的每期折旧额均是等额的，其计算公式如下：

年折旧率＝(1－预计净残值率)÷预计使用寿命(年)

月折旧率＝年折旧率÷12

月折旧额＝固定资产原价×月折旧率

【例 5-8】江南公司有一幢厂房，原价为 5 000 000 元，预计可使用 20 年，预计报废时的净残值率为 2%。该厂房的折旧率和折旧额的计算如下：

年折旧率＝(1－2%)÷20＝4.9%

月折旧率＝4.9%÷12＝0.41%

月折旧额＝5 000 000×0.41%＝20 500 元

2. 工作量法

工作量法是根据实际工作量计算每期应提折旧额的一种方法。其计算公式如下：

单位工作量折旧额＝固定资产原价×(1－预计净残值率)÷预计总工作量

某项固定资产月折旧额＝该项固定资产当月工作量×单位工作量折旧额

【例 5-9】中华公司的一辆运货卡车的原价为 600 000 元，预计总行驶里程为 500 000 千米，预计报废时的净残值率为 5%，本月行驶 4 000 千米。该辆汽车的月折旧额计算如下：

单位里程折旧额＝600 000 元×(1－5%)÷500 000 千米＝1.14 元/千米

本月折旧额＝4 000×1.14＝4 560 元

3. 双倍余额递减法

双倍余额递减法是在不考虑固定资产残值的情况下，根据每期期初固定资产原价减去累计折旧后的余额和双倍的直线折旧率计算固定资产折旧的一种方法。其计算公式如下：

年折旧率＝2÷预计使用寿命(年)×100%

月折旧率＝年折旧率÷12

月折旧额＝每月月初固定资产账面净值×月折旧率

采用双倍余额递减法计提固定资产折旧，一般应在固定资产使用寿命到期前两年内，将固定资产账面净值扣除预计净残值后的净值平均摊销。

【例 5-10】江南公司一项固定资产的原价为 1 000 000 元，预计使用年限为 5 年，预计净残值

为 4 000 元。按双倍余额递减法计提折旧,每年的折旧额计算如下:

年折旧率=2÷5×100%=40%

第 1 年应提的折旧额=1 000 000×40%=400 000 元

第 2 年应提的折旧额=(1 000 000-400 000)×40%=240 000 元

第 3 年应提的折旧额=(600 000-240 000)×40%=144 000 元

从第 4 年起改用年限平均法(直线法)计提折旧:

第 4 年、第 5 年的年折旧额=[(360 000-144 000)-4 000]÷2=106 000 元

每年各月折旧根据年折旧额除以 12 来计算。

4. 年数总和法

年数总和法又称年限合计法,是将固定资产的原价减去预计净残值后的余额,乘以一个逐年递减的分数计算每年的折旧额的一种方法,这个分数的分子代表固定资产尚可使用的年数,分母代表使用年数的逐年数字总和。其计算公式如下:

年折旧率=(折旧年限-已使用年限)÷[预计使用寿命×(预计使用寿命+1)÷2]×100%

或

年折旧率=尚可使用年限÷预计使用寿命的年数总和×100%

年折旧额=(固定资产原价-预计净残值)×年折旧率

【例 5-11】承例 5-10,若采用年数总和法,计算的各年折旧额如表 5-1 所示。

表 5-1 固定资产折旧计算表

金额单位:元

年份	尚可使用年限	原价-净残值	变动折旧率	年折旧额	累计折旧
1	5	996 000	5÷15	332 000	332 000
2	4	996 000	4÷15	265 600	597 600
3	3	996 000	3÷15	199 200	796 800
4	2	996 000	2÷15	132 800	929 600
5	1	996 000	1÷15	66 400	996 000

四、固定资产折旧账务处理

企业进行固定资产折旧核算,需要设置"累计折旧"科目。该科目属于固定资产科目的备抵科目,用于核算企业对固定资产计提的累计折旧。该科目贷方登记计提的固定资产折旧;借方登记因减少固定资产而相应转销的已提折旧;期末余额在贷方,表示期末企业现有固定资产已累计提取的折旧额。该科目可按固定资产的类别或项目进行明细分类核算。将"固定资产"科目的借方余额减去"累计折旧"科目的贷方余额,反映企业固定资产的净值。

固定资产计提折旧时,应以月初应计提折旧的固定资产的账面原价为基础,各月计算提取折旧时,可以在上月计提折旧的基础上,对上月固定资产的增减情况进行调整后计算当月应计提的折旧额。其计算公式如下:

当月固定资产应计提的折旧额=上月固定资产计提的折旧额+上月增加固定资产应计提的折旧额-上月减少固定资产应计提的折旧额

企业计提的固定资产折旧,应当根据固定资产的用途,分别计入相关资产的成本或当期损益。企业自行建造固定资产过程中使用的固定资产,其计提的折旧应计入在建工程成本;基本

生产车间使用的固定资产，其计提的折旧应计入制造费用，并最终计入生产产品成本；管理部门所使用的固定资产，其计提的折旧应计入管理费用；销售部门所使用的固定资产，其计提的折旧应计入销售费用；经营租出的固定资产，其计提的折旧额应计入其他业务成本。

企业按月计提固定资产折旧时，借记“制造费用”“销售费用”“管理费用”等科目，贷记“累计折旧”科目。

【例 5-12】根据表 5-2“固定资产折旧汇总表”相关数据进行账务处理。

表 5-2 固定资产折旧汇总表

2018 年 9 月　　金额单位：元

项目	铸造车间	机加工车间	装配车间	管理部门	销售部门	合计
房屋及建筑物						790
机器设备						950
电子设备						392
运输工具						240
其他设备						154
合计	650	600	580	235	461	2 526

根据折旧汇总表做如下会计分录：

借：制造费用——铸造车间　650

　　　　　　——机加工车间　600

　　　　　　——装配车间　580

　　管理费用——折旧费　235

　　销售费用——折旧费　461

　贷：累计折旧　2 526

任务 5.4　固定资产后续支出核算

一、固定资产后续支出的含义

固定资产的后续支出，是指固定资产在使用过程中发生的更新改造支出、修理费用等。企业的固定资产投入使用后，由于各个组成部分耐用程度不同或者使用条件不同，因而往往发生固定资产的局部损坏。为了保持固定资产的正常运转和使用，充分发挥其使用效能，就必须对其进行必要的后续支出。

后续支出的处理原则为：与固定资产有关的更新改造等后续支出，满足固定资产确认条件的，应当计入固定资产成本，如有被替换的部分，应同时将被替换部分的账面价值从该固定资产原账面价值中扣除；不满足固定资产确认条件的固定资产修理费用等，应当在发生时计入当期损益。

二、资本化后续支出核算

固定资产改扩建，发生可资本化的后续支出时，企业应将计入固定资产的原价、已计提的累计折旧和减值准备转销，将固定资产的账面价值转入在建工程，并停止计提折旧。固定资产发生的可资本化的后续支出，通过“在建工程”科目核算。在固定资产发生的后续支出完工并达到预定可使用状态时，从“在建工程”科目转入“固定资产”科目，并按重新确定的使用寿命、预计净残值和折旧方法计提折旧。

发生的可资本化的后续支出，借记“在建工程”科目，发生后续支出取得增值税专用发票时，应按前述规定区分动产和不动产分别进行计算，如为动产，按增值税专用发票上注明的增值税进项税额，借记“应交税费——应交增值税(进项税额)”科目，如为不动产，增值税进项税额分别按照60%、40%的比例分两年抵扣，借记“应交税费——应交增值税(进项税额)”“应交税费——待抵扣进项税额”科目，按实际支付的金额，贷记“银行存款”等科目。在固定资产发生的后续支出完工并达到预定可使用状态时，借记“固定资产”科目，贷记“在建工程”科目。

企业发生的一些固定资产后续支出可能涉及替换原固定资产的某组成部分，当发生的后续支出符合固定资产确认条件时，应将其计入固定资产成本，同时将被替换部分的账面价值扣除。这样可以避免将替换部分的成本和被替换部分的成本同时计入固定资产成本，导致固定资产成本重复计算。

【例5-13】某航空公司为增值税一般纳税人，2009年12月，购入一架飞机总计80 000 000元(含发动机)，发动机当时的购价为5 000 000元。该航空公司未将发动机单独作为一项固定资产进行核算。2018年初，该航空公司开辟新航线，航程增加。为延长飞机的空中飞行时间，公司决定更换一部性能更先进的发动机。新发动机的成本为7 000 000元，增值税专用发票上注明的增值税税额为1 190 000元；另支付安装费并取得增值税专用发票，注明安装费100 000元，税率17%，增值税税额17 000元。假定飞机的年折旧率为3%，不考虑预计净残值额影响，替换下的发动机报废且无残值收入。该航空公司账务处理如下：

Ⅰ.2018年初将固定资产转入在建工程：

2018年初飞机的累计折旧金额＝80 000 000×3%×8＝19 200 000元

借：在建工程	60 800 000	
累计折旧	19 200 000	
贷：固定资产		80 000 000

Ⅱ.安装新发动机：

借：在建工程	7 000 000	
应交税费——应交增值税(进项税额)	1 190 000	
贷：工程物资		8 190 000

Ⅲ.支付安装费用：

借：在建工程	100 000	
应交税费——应交增值税(进项税额)	17 000	
贷：银行存款		117 000

Ⅳ.2018年初，终止确认老发动机的账面价值：

老发动机的账面价值＝5 000 000－5 000 000×3%×8＝3 800 000元

借:营业外支出——非流动资产处置损失 3 800 000

贷:在建工程 3 800 000

Ⅴ.安装新发动机,达到预定可使用状态:

新发动机的入账价值=60 800 000+7 000 000+100 000−3 800 000=64 100 000 元

借:固定资产 64 100 000

贷:在建工程 64 100 000

【例 5-14】2015 年 12 月,某公司采用出包方式建造的营业厅,达到预定可使用状态并投入使用,固定资产成本为 600 000 元。采用年限平均法计提折旧;预计净残值率为固定资产原价的 3%,预计使用年限为 6 年。该营业厅在 2017 年末发生减值 30 000 元。

2017 年末,为满足市场需求,公司决定对现有营业厅进行改扩建,以提高其营业能力。

至 2018 年 2 月末,营业厅改扩建工程完工,达到预定可使用状态。改扩建过程中发生以下支出:用银行存款购买工程物资一批,增值税专用发票上注明的价款为 210 000 元,增值税税额为 35 700 元,已全部用于改扩建工程;发生有关人员薪酬 114 000 元。该公司账务处理如下:

Ⅰ.2016 年、2017 年营业厅计提折旧:

改扩建前,应计折旧额=600 000×(1−3%)=582 000 元

年折旧额=582 000÷6=97 000 元

借:销售费用 97 000

贷:累计折旧 97 000

Ⅱ.2017 年末计提减值准备:

借:资产减值损失 30 000

贷:固定资产减值准备 30 000

Ⅲ.2017 年末将固定资产转入在建工程:

借:在建工程——营业厅 376 000

累计折旧 194 000

固定资产减值准备 30 000

贷:固定资产——营业厅 600 000

Ⅳ.发生改扩建支出:

借:工程物资 210 000

应交税费——应交增值税(进项税额) 21 420

——待抵扣进项税额 14 280

贷:银行存款 245 700

借:在建工程——营业厅 324 000

贷:工程物资 210 000

应付职工薪酬 114 000

Ⅴ.2018 年 3 月工程完工,达到预定可使用状态:

借:固定资产——营业厅 700 000

贷:在建工程——营业厅 700 000

三、费用化后续支出核算

固定资产的日常维护支出只是确保固定资产的正常工作状态，通常不满足固定资产的确认条件，应在发生时计入管理费用或销售费用。

企业生产车间（部门）和行政管理部门等发生的不可资本化的后续支出，如固定资产日常修理费用及其可抵扣的增值税进项税额等，借记“管理费用”“应交税费——应交增值税（进项税额）”科目，贷记“银行存款”等科目；企业专设销售机构发生的不可资本化的后续支出，如发生的固定资产日常修理费用及其可抵扣的增值税进项税额等，借记“销售费用”“应交税费——应交增值税（进项税额）”科目，贷记“银行存款”等科目。企业固定资产更新改造支出不满足固定资产的确认条件，在发生时也应直接计入当期损益。

企业对固定资产进行定期检查发生的大修理费用，有确凿证据表明符合固定资产确认条件的部分，可以计入固定资产成本；不符合固定资产确认条件的，应当费用化，计入当期损益。固定资产在定期大修理间隔期间，照提折旧。

【例 5-15】2018 年 5 月 23 日，江南公司对其生产部门使用的设备进行日常修理。修理过程中领用原材料一批，价值为 12 000 元；发生修理费并取得增值税专用发票，注明修理费 5 000 元，税率 17%，增值税税额 850 元。江南公司账务处理如下：

借：管理费用	17 000	
应交税费——应交增值税（进项税额）	850	
贷：原材料		12 000
银行存款		5 850

◇**知识拓展 5.7**

固定资产（非租入）的装修费用，如果满足固定资产确认条件，则后续支出应计入固定资产账面价值，并在“固定资产”科目下设“固定资产修理”明细科目核算，并在两次装修期间与其尚可使用年限中较短期间内单独计提折旧。如果在下次装修时该明细科目仍有余额，应将余额一次全部转入当期营业外支出。

融资租入的固定资产发生的装修费用，符合有关规定可予以资本化的，应在两次装修期间、剩余租赁期与尚可使用年限三者中较短期间内单独计提折旧。

经营租入的固定资产发生的改良支出，应通过“长期待摊费用”科目核算，并在剩余租赁期与租赁资产尚可使用年限两者中较短期间内单独进行摊销。

【例 5-16】2017 年 8 月 20 日，某公司对采用经营租赁方式租入的一条生产线进行改良，发生如下有关支出：领用生产用原材料 60 000 元；发生有关人员薪酬为 25 360 元。2017 年末生产线改良工程完工，达到预定可使用状态并交付使用。假定该生产线预计可使用年限为 6 年，剩余租赁期为 5 年；采用直线法进行摊销；不考虑其他因素。

（1）改良工程领用原材料：

借：在建工程	60 000	
贷：原材料		60 000

（2）发生工程人员薪酬：

借：在建工程	25 360	
贷：应付职工薪酬		25 360

(3) 改良工程达到预定可使用状态并交付使用:

借:长期待摊费用　　85 360

　贷:在建工程　　85 360

(4) 2018 年度进行摊销(为简化,按年摊销)。

生产线预计尚可使用年限大于剩余租赁期,按剩余租赁期进行摊销。

每年摊销金额=85 360÷5=17 072 元

借:制造费用　　17 072

　贷:长期待摊费用　　17 072

任务 5.5　固定资产减值核算

一、固定资产减值的含义

固定资产的初始入账价值是历史成本,由于固定资产使用年限较长,市场条件和经营环境的变化、科学技术的进步以及企业经营管理不善等原因,都可能导致固定资产创造未来经济利益的能力大大下降。因此,固定资产的真实价值有可能低于账面价值。

企业固定资产的可收回金额低于其账面价值,即表明固定资产发生了减值,企业期末应当对固定资产减值损失进行确认,并把固定资产的账面价值减记至可收回金额。

二、固定资产减值核算

固定资产期末计提减值准备的步骤,具体如下:

1. 判断是否存在减值的迹象

企业在资产负债表日应当判断是否存在可能发生减值的迹象,根据《企业会计准则第 8 号——资产减值》的规定,出现以下迹象就表明资产可能发生了减值。

(1) 固定资产的市价当期大幅度下跌,其跌幅明显高于因时间的推移或者正常使用而预计的下跌。

(2) 企业经营所处的经济、技术或法律等环境以及固定资产所处的市场在当期或将在近期发生重大变化,从而对企业产生不利影响。

(3) 市场利率或者其他市场投资报酬率在当期已经提高,从而影响企业计算固定资产预计未来现金流量现值的折现率,导致固定资产可收回金额大幅度降低。

(4) 有证据表明固定资产已经陈旧过时或其实体已经损坏。

(5) 固定资产已经或者将被闲置、终止使用或者计划提前处置。

(6) 企业内部报告的证据表明固定资产的经济绩效已经低于或者将低于预期,如固定资产所创造的净现金流量或者实现的营业利润(或者亏损)远远低于(或者高于)预计金额等。

(7) 其他表明固定资产可能已经发生减值的迹象。

2. 估计其可收回金额

可回收金额应当根据固定资产的公允价值减去处置费用后的净额以及固定资产预计未来现金流量的现值两者之间较高者确定。

(1) 资产的公允价值减去处置费用后的净额,应当根据公平交易中有法律约束力的销售协议价格减去直接归属于该资产处置费用的金额确定,资产的市场价格通常应当根据资产的买方出价确定。在既没有法律约束力的销售协议又不存在活跃市场的情况下,应当以可获取的最佳信息为基础,估计资产的公允价值减去处置费用后的净额,同行业类似资产的最近交易价格或者结果可以作为估计资产公允价值减去处置费用后的净额的参考。

处置费用可以直接归属于资产处置的增量成本,包括与资产处置相关的法律费用、相关税费、搬运费以及为使资产达到可销售状态所发生的直接费用等,间接费用不包含在内,财务费用和所得税费用也不包括在内。

(2) 资产未来现金流量的现值,应当根据资产在持续使用过程中和最终处置时所产生的预计未来现金流量,选择恰当的折现率对其进行折现后的金额加以确定。预计资产未来现金流量的现值,应当综合考虑资产的预计未来现金流量、使用寿命和折现率等因素。

3. 确定是否发生了减值

比较固定资产的可收回金额和其账面价值,如果前者高于后者,则表明资产没有发生减值;反之,则表明发生了减值,应当将该固定资产的账面价值减记至可收回金额。

减记的金额确定为减值损失,计入当期损益,同时计提相应的资产减值准备,借记"资产减值损失——计提的固定资产减值准备"科目,贷记"固定资产减值准备"科目。

固定资产减值损失一经确认,在以后会计期间不得转回。

【例 5-17】中华公司于 2017 年 12 月 31 日发现,有迹象表明其拥有的一台设备可能会发生减值。该设备于 2016 年 8 月购入,原价 124 000 元,预计净残值为 4 000 元,预计可使用年限为 10 年,采用年限平均法计提折旧。中华公司确定该设备当前的公允价值为 105 000 元,处置费用为 4 000 元,预计设备的未来现金流量的现值为 100 000 元。假设以前年度未对该设备计提过减值准备。中华公司账务处理如下:

Ⅰ.确定该设备的账面价值:

该设备从 2016 年 9 月至 2017 年 12 月计提折旧,累计折旧为:

(124 000－4 000)÷10÷12×16＝16 000 元

2017 年 12 月 31 日,该设备的账面价值为:124 000－16 000＝108 000 元

Ⅱ.确定可收回金额:

资产的公允价值减去处置费用后的净额为 105 000－4 000＝101 000 元。

资产预计未来现金流量的现值为 100 000 元,因此,资产的公允价值减去处置费用后的净额大于资产预计未来现金流量的现值,可收回金额为 101 000 元。

Ⅲ.确定是否发生减值:

因为设备的账面价值 108 000 元大于可收回金额 101 000 元,说明它发生了减值,应将设备的账面价值减记至固定资产的可收回金额,并计提相应的减值准备。期初固定资产减值准备的余额为 0,所以本期应计提的减值准备为 108 000－101 000＝7 000 元。

借:资产减值损失——计提的固定资产减值准备　　　　7 000

　贷:固定资产减值准备　　　　　　　　　　　　　　　　7 000

任务 5.6　固定资产清查核算

一、固定资产清查含义

固定资产清查，是指从实物管理的角度对单位实际拥有的固定资产进行实物清查，并与固定资产进行账务核对，确定盘盈、毁损、报废及盘亏资产。

企业应定期或者至少于每年年末对固定资产进行清查盘点，以保证固定资产核算的真实性，充分挖掘企业现有固定资产的潜力。

固定资产的清查采用实地盘点方式。

在固定资产清查过程中，如果发现盘盈、盘亏的固定资产，应填制“固定资产盘盈盘亏报告表”。清查固定资产的损溢，应及时查明原因，并按照规定程序报批处理。

二、固定资产盘盈核算

企业在财产清查中盘盈的固定资产，作为前期差错处理。盘盈的固定资产，在按管理权限报经批准处理前应先通过“以前年度损益调整”科目核算。

具体来说，盘盈的固定资产，按重置成本确定其入账价值，借记“固定资产”科目，贷记“以前年度损益调整”；计算应交所得税时，借记“以前年度损益调整”科目，贷记“应交税费——应交所得税”科目；最后将“以前年度损益调整”科目余额结转至“利润分配——未分配利润”科目。

【例 5-18】2018 年 1 月 20 日中华公司在财产清查过程中，发现 2017 年 12 月购入的一台设备尚未入账，重置成本为 30 000 元(假定与其计税基础不存在差异)。根据《企业会计准则第 28 号——会计政策、会计估计变更和差错更正》规定，该盘盈固定资产作为前期差错进行处理。假定中华公司按净利润的 10%计提法定盈余公积，不考虑相关税费及其他因素的影响。中华公司账务处理如下：

Ⅰ. 盘盈固定资产时：

	借方	贷方
借：固定资产	30 000	
贷：以前年度损益调整		30 000

Ⅱ. 结转为留存收益时：

	借方	贷方
借：以前年度损益调整	30 000	
贷：盈余公积——法定盈余公积		3 000
利润分配——未分配利润		27 000

三、固定资产盘亏核算

固定资产盘亏造成的损失，应当计入当期损益。企业在财产清查中盘亏的固定资产，按盘亏固定资产的账面价值，借记“待处理财产损溢”科目，按已计提的累计折旧，借记“累计折旧”科目，按已计提的减值准备，借记“固定资产减值准备”科目，按固定资产的原价，贷记“固定资产”科目。按管理权限报经批准后处理时，按可收回的保险赔偿或过失人赔偿，借记“其他应收款”

科目，按应计入营业外支出的金额，借记“营业外支出——盘亏损失”科目，贷记“待处理财产损溢”科目。

【例 5-19】中华公司进行财产清查时发现短缺一台笔记本电脑，原价为 10 000 元，已计提折旧 7 000 元。中华公司账务处理如下：

Ⅰ.盘亏固定资产时：

借：待处理财产损溢　　3 000
　　累计折旧　　7 000
　贷：固定资产　　10 000

Ⅱ.报经批准转销时：

借：营业外支出——盘亏损失　　3 000
　贷：待处理财产损溢　　3 000

任务 5.7　固定资产处置核算

一、固定资产处置含义

企业在生产经营过程中，可能将不适用或不需用的固定资产对外出售转让，或因磨损、技术进步等原因对固定资产进行报废，或因遭受自然灾害而对毁损的固定资产进行处理。对于上述事项在进行会计核算时，应按规定程序办理有关手续，结转固定资产的账面价值，计算有关的清理收入、清理费用及残料价值等。

固定资产处置，包括固定资产的出售、报废、毁损、对外投资、非货币性资产交换、债务重组等。

根据《企业会计准则第 4 号——固定资产》规定，固定资产满足下列条件之一的，应当予以终止确认。

（1）该固定资产处于处置状态。固定资产处于处置状态是指该固定资产不再用于生产商品、提供劳务、出租或经营管理，已不再符合固定资产的定义，应予终止确认。

（2）该固定资产预期通过使用或处置不能产生经济利益。如果一项固定资产预期通过使用或处置不能再产生经济利益，就不能符合固定资产的定义和确认条件，应予终止确认。

◇知识拓展 5.8

企业持有待售的固定资产，应当对其预计净残值进行调整。持有待售的固定资产，是指在当前状况下仅根据出售同类固定资产的惯例就可以直接出售及可能出售的，如已经与买主签订了不可撤销的销售协议等。企业对于持有待售的固定资产，应当调整该项固定资产的预计净残值，使该项固定资产的预计净残值能够反映其公允价值减去处置费用后的金额，但不能超过符合持有待售条件时该项固定资产的原账面价值，原账面价值高于预计净残值的差额，应作为资产减值损失计入当期损益。持有待售的固定资产从划归为持有待售之日起停止计提折旧和减值测试。

二、固定资产处置的核算方法

企业出售、转让、报废固定资产或发生固定资产毁损，应当将处置收入扣除账面价值和相关税费后的金额计入当期损益。固定资产的账面价值是固定资产成本扣减累计折旧和累计减值准备后的金额。

处置固定资产应通过“固定资产清理”科目核算。该科目借方反映被清理固定资产账面价值、清理过程中发生的费用及其相关税费；贷方反映取得出售固定资产的价款、残料价值和变价收入、保险公司或过失人赔偿的损失以及结转预计弃置费用等；期末余额若是贷方，表示固定资产处置净收益，转入“营业外收入”科目；期末余额若是借方，表示固定资产处置净损失，转入“营业外支出”科目。

处置固定资产的会计处理一般包括以下几个环节：

1）固定资产转入清理

企业因出售、报废、毁损、对外投资、非货币性资产交换、债务重组等转出的固定资产，按该项固定资产的账面价值，借记“固定资产清理”科目；按已计提的累计折旧，借记“累计折旧”科目；按已计提的减值准备，借记“固定资产减值准备”；按其账面原价，贷记“固定资产”科目。

2）发生清理费用

固定资产清理过程中，应支付的清理费用及其可抵扣的增值税进项税额，借记“固定资产清理”“应交税费——应交增值税(进项税额)”科目，贷记“银行存款”等科目。

3）出售收入和残料的处理

收回出售固定资产的价款和税款，借记“银行存款”科目；按增值税专用发票上注明的价款，贷记“固定资产清理”科目；按增值税专用发票上注明的增值税销项税额，贷记“应交税费——应交增值税(销项税额)”科目。残料入库，按残料价值，借记“原材料”等科目，贷记“固定资产清理”科目。

4）保险赔偿的处理

应由保险公司或过失人赔偿的损失，借记“其他应收款”等科目，贷记“固定资产清理”科目。

5）清理净损益的处理

固定资产清理完成后，属于生产经营期间正常的处理损失，借记“营业外支出——处置非流动资产损失”科目，贷记“固定资产清理”科目；属于自然灾害等非正常原因造成的损失，借记“营业外支出——非常损失”科目，贷记“固定资产清理”科目。如固定资产清理完成后为贷方余额，即形成净收益，借记“固定资产清理”科目，贷记“营业外收入——处置非流动资产利得”科目。

三、固定资产出售核算

企业对多余、闲置或不再需要的固定资产，可以出售给需要的企业，以收回资金，避免资源的浪费。

【例 5-20】江南公司为增值税一般纳税人。2017 年末出售一座建筑物，原价为 2 000 000 元，已计提折旧 1 000 000 元，未计提减值准备。开出增值税专用发票显示价款为 1 200 000 元，增值税税率为 11%，增值税税额为 132 000 元，款项已通过银行收回。不考虑增值税以外的相关税费。江南公司账务处理如下：

Ⅰ. 固定资产转入清理：

借:固定资产清理 1 000 000
　　累计折旧 1 000 000
　贷:固定资产 2 000 000

Ⅱ.收回出售价款:

借:银行存款 1 332 000
　贷:固定资产清理 1 200 000
　　　应交税费——应交增值税(销项税额) 132 000

Ⅲ.结转固定资产净损益:

借:固定资产清理 200 000
　贷:营业外收入——处置非流动资产利得 200 000

四、固定资产报废核算

固定资产报废有到期正常报废、提前报废和超龄使用后报废三种情况。无论是何种情况,其会计核算内容是一样的。

【例5-21】华西公司为增值税一般纳税人。现有一台设备,因使用期满经批准报废。该设备原价为186 700元,累计已计提折旧177 080元,已计提减值准备2 500元。在清理过程中,以银行存款支付清理费用5 000元;残料变卖收入为6 500元,增值税税额为1 105元。华西公司账务处理如下:

Ⅰ.固定资产转入清理:

借:固定资产清理 7 120
　　累计折旧 177 080
　　固定资产减值准备 2 500
　贷:固定资产 186 700

Ⅱ.发生清理费用:

借:固定资产清理 5 000
　贷:银行存款 5 000

Ⅲ.收到残料变价收入:

借:银行存款 7 605
　贷:固定资产清理 6 500
　　　应交税费——应交增值税(销项税额) 1 105

Ⅳ.结转固定资产净损益:

借:营业外支出——处置非流动资产损失 5 620
　贷:固定资产清理 5 620

五、固定资产毁损核算

固定资产毁损的原因可能是自然灾害等不可抗力因素,也可能是责任事故等人为因素。不论什么原因,固定资产发生毁损对企业都是不利的。因此,企业应加强对固定资产的管理,减少企业的意外损失。

【例5-22】江南公司为增值税一般纳税人。2018年7月因遭受水灾,毁损一座仓库。该仓库原价为 4 000 000 元，已计提折旧 1 000 000 元，未计提减值准备。其残料估价为 50 000 元，残料已办理入库。发生的清理费用为 20 000 元，以银行存款支付。经保险公司核定应赔偿损失 1 500 000元，尚未收到赔款。江南公司账务处理如下：

Ⅰ.毁损的仓库转入清理：

借：固定资产清理	3 000 000	
累计折旧	1 000 000	
贷：固定资产		4 000 000

Ⅱ.材料入库：

借：原材料	50 000	
贷：固定资产清理		50 000

Ⅲ.支付清理费用：

借：固定资产清理	20 000	
贷：银行存款		20 000

Ⅳ.确认保险公司赔偿损失：

借：其他应收款——保险公司	1 500 000	
贷：固定资产清理		1 500 000

Ⅴ.结转固定资产净损益：

借：营业外支出——非常损失	1 470 000	
贷：固定资产清理		1 470 000

项目6

无形资产核算

【学习目标要求】

明确无形资产的性质、分类、确认和计价等基本知识;熟悉无形资产会计核算岗位职责;掌握无形资产取得、摊销、处置核算的账户设置及主要业务处理。

【典型工作任务】

1. 无形资产认知
2. 无形资产取得核算
3. 无形资产摊销核算
4. 无形资产减值核算
5. 无形资产处置核算

本项目知识结构

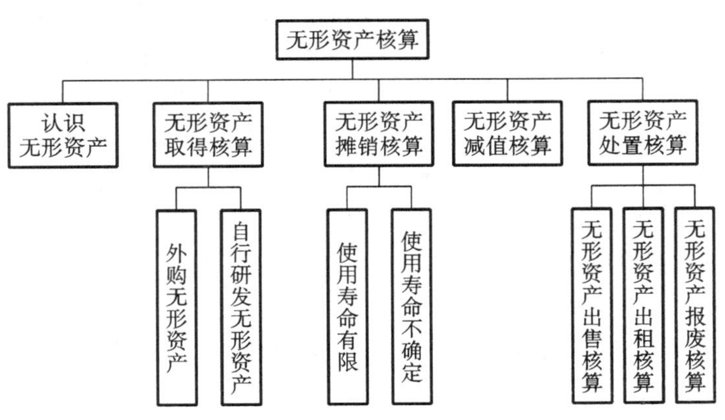

任务 6.1 认识无形资产

一、无形资产的特征

无形资产是指企业拥有或者控制的没有实物形态的可辨认的非货币性资产，具有三个主要特征：

(1) 不具有实物形态。无形资产是不具有实物形态的非货币性资产。

(2) 具有可辨认性。资产满足下列条件之一的，符合无形资产定义中的可辨认性标准：①能够从企业中分离或者划分出来，并能单独或者与相关合同、资产或负债一起，用于出售、转让、授予许可、租赁或者交换。②源于合同性权利或其他法定权利，无论这些权利是否可以从企业或其他权利和义务中转移或者分离。商誉的存在无法与企业自身分离，不具有可辨认性。

(3) 属于非货币性长期资产。无形资产属于非货币性资产且能够在多个会计期间为企业带来经济利益。无形资产的使用年限在一年以上，其价值将在多个受益期间逐渐摊销。

二、无形资产的内容

无形资产主要包括专利权、非专利技术、商标权、著作权、土地使用权和特许权等。

1. 专利权

专利权是指国家专利主管机关依法授予发明创造专利申请人对其发明创造在法定期限内所享有的专有权利，包括发明专利权、实用新型专利权和外观设计专利权。它给予持有者独家使用或控制某项发明的特殊权利。自申请日起计算，发明专利权的期限为 20 年，实用新型及外观设计专利权的期限为 10 年。发明者在取得专利权后，在有效期限内将享有专利的独占权。

专利权是允许其持有者独家使用或控制的特权，但它并不保证一定能给持有者带来经济利益。因而，企业不应将其拥有的所有专利权都予以资本化，作为无形资产管理和核算。一般而言，只有从外单位购入的专利或者自行开发并按法律程序申请取得的专利，才能作为无形资产管理和核算。这种专利可以降低成本，或者提高产品质量，或者将其转让出去能获得转让收入。企业从外单位购入的专利权，应按实际支付的价款作为专利权的成本。企业自行开发并按法律程序申请取得的专利权，应按照无形资产准则确定的金额作为成本。

2. 非专利技术

非专利技术即专有技术、技术秘密、技术诀窍，是指先进的、未公开的、未申请专利、可以带来经济效益的技术及诀窍。

非专利技术并不是专利法的保护对象，因而没有法律上的有效年限，只有经济上的有效年限。专有技术所有人依靠自我保密的方式来维持其独占权，可以用于转让和投资。

主要内容包括：

(1) 工业专有技术，即在生产上已经采用，仅限于少数人已经知道，不享有专利权或发明权的生产、装配、修理、工艺或加工方法的技术知识。

(2) 商业(贸易)专有技术,即具有保密性质的市场情报、原材料价格情报以及用户、竞争对象的情况和有关知识。

(3) 管理专有技术,即生产组织的经营方式、管理方式、培训职工方法等保密知识。

企业的非专利技术,如果是自己开发研究的,应将符合《企业会计准则第 6 号——无形资产》规定的开发支出资本化条件的,确认为无形资产;如果是从外部购入的,应将实际发生的支出予以资本化,作为无形资产入账。

3. 商标权

商标是用来辨认特定商品和劳务的标记。商标权是商标专用权的简称,是指商标主管机关依法授予商标所有人对其注册商标受国家法律保护的专有权。商标注册人依法支配其注册商标并禁止他人侵害的权利,包括商标注册人对其注册商标的排他使用权、收益权、处分权、续展权和禁止他人侵害的权利。商标是用以区别商品和服务不同来源的商业性标志,由文字、图形、字母、数字、三维标志、颜色组合或者上述要素的组合构成,代表着企业的一种信誉,从而具有相应的经济价值。

根据《中华人民共和国商标法》规定,商标权有效期 10 年,自核准注册之日起计算,期满前 6 个月内申请续展,在此期间内未能申请的,可再给予 6 个月的宽展期。续展可无限重复进行,每次续展期 10 年。

企业自创的商标并将其注册登记,所花费用一般不大,是否将其资本化并不重要。虽然商标往往是通过广告宣传等手段树立起来的,但广告费一般不作为商标权的成本,而是在发生时直接计入当期损益。

商标权是一种无形资产,具有经济价值,可以用于抵债,依法转让。根据我国《中华人民共和国商标法》的规定,商标可以转让,转让注册商标时转让人和受让人应当签订转让协议,并共同向商标局提出申请。如果企业购买他人的商标,一次性支出费用较大的,可以将其资本化,作为无形资产管理,其成本包括购入商标的价款、支付的手续费及其他有关费用。

4. 著作权

著作权又称版权,是指作者对其创作的文学、科学和艺术作品依法享有的某些特殊权利。

著作权包括两方面的权利,即精神权利(人身权利)和经济权利(财产权利)。前者指作品署名、发表作品、确认作者身份、保护作品的完整性、修改已经发表的作品等权利,包括发表权、署名权、修改权和保护作品完整权;后者指以出版、表演、广播、展览、录制唱片、摄制影片等方式使用作品以及因授权他人使用作品而获得经济利益的权利。著作权自作品创作完成之日起产生,在中国实行自愿登记原则。

5. 土地使用权

土地使用权是某一企业按照法律规定所取得的在一定时期对国有土地进行开发、利用和经营的权利。

根据《中华人民共和国土地管理法》的规定,我国实行土地的社会主义公有制,即全民所有制和劳动群众集体所有制。全民所有是指由国务院代表国家行使国家所有土地的所有权。任何单位和个人不得侵占、买卖或者以其他形式非法转让土地。企业取得土地使用权,应将取得时发生的支出资本化,作为土地使用权的成本,计入“无形资产”科目核算。

6. 特许权

特许权又称特许经营权、专营权,是指企业在某一地区经营或销售某种特定商品的权利或是一家企业接受另一家企业使用其商标、商号、秘密技术等的权利。特许权包括专卖权和专买权。前者一般是指政府机关授权、准许企业使用或在一定地区享有经营某种业务的特权，如水、电、邮电通信等专营权，烟草专卖权等；后者是指企业间依照签订的合同，有限期或无限期使用另一家企业的某些权利，如连锁店分店使用总店的名称等。

三、无形资产的确认

确认一项无形资产首先应当符合无形资产的定义，在此基础上，应当同时满足下列条件才能予以确认：

（1）与该无形资产有关的经济利益很可能流入企业；

（2）该无形资产的成本能够可靠计量。

企业应能够控制无形资产所产生的经济利益，即企业拥有无形资产的法定所有权，或企业与他人签订了协议，使得企业的相关权利受到法律的保护。

企业在判断无形资产产生的经济利益是否可能流入企业时，应当对无形资产在预计使用寿命内可能存在的各种经济因素做出合理估计，并且应当有明确证据支持。

企业自创商誉以及内部产生的品牌、报刊名等，不应确认为无形资产。

◇知识拓展 6.1

无形资产的计量分为初始计量和后续计量。

无形资产应当按照成本进行初始计量。应按照取得无形资产的不同来源分别计量，确定入账价值。

(1) 外购无形资产的成本，包括购买价款、相关税费，以及直接归属于使该项资产达到预定用途所发生的其他支出。

(2) 自行开发的无形资产，其成本包括自某项无形资产满足无形资产确认条件，以及在其开发阶段支出满足确认为无形资产的条件后至达到预定用途前所发生的支出总额，但是对于以前期间按已经费用化的支出不再调整。

(3) 投资者投入无形资产的成本，应当按照投资合同或协议约定的价值确定，但合同或协议约定价值不公允的除外。

(4) 非货币性资产交换取得的无形资产的成本，应当按照《企业会计准则第 7 号——非货币性资产交换》的规定加以确定。

(5) 债务重组取得的无形资产的成本，应当按照《企业会计准则第 12 号——债务重组》的规定加以确定。

(6) 接受政府补助取得的无形资产的成本，应当按照《企业会计准则第 16 号——政府补助》的规定加以确定。

(7) 企业合并取得的无形资产的成本，应当按照《企业会计准则第 20 号——企业合并》的规定加以确定。

无形资产的后续计量是指对无形资产的使用寿命、各期摊销额以及减值的确定。

企业应当于取得无形资产时分析判断其使用寿命。无形资产的使用寿命为有限的，应当估计该使用寿命的年限或者构成使用寿命的产量等类似计量单位数量；无法预见无形资产为企业带来经济利益期限的，应当视为使用寿命不确定的无形资产。

使用寿命有限的无形资产，其应摊销金额应当在使用寿命内系统合理摊销，摊销金额一般应当计入当期损益；使用寿命不确定的无形资产不应摊销。无形资产发生减值应按《企业会计准则第8号——资产减值》相关规定处理。

企业至少应当于每年年度终了，对使用寿命有限的无形资产的使用寿命及摊销方法进行复核。无形资产的使用寿命及摊销方法与以前估计不同的，应当改变摊销期限和摊销方法。在每个会计期间对使用寿命不确定的无形资产的使用寿命进行复核。如果有证据表明无形资产的使用寿命是有限的，应当按照《企业会计准则第28号——会计政策、会计估计变更和差错更正》进行处理，并按使用寿命有限的无形资产进行处理。

任务6.2 无形资产取得核算

一、无形资产取得核算会计科目设置

无形资产通常是按实际成本计量的，即以取得无形资产并使之达到预定用途而发生的全部支出作为无形资产的成本。对于不同来源取得的无形资产，其成本构成不尽相同。

企业应设置“无形资产”科目，核算企业持有的无形资产成本，借方登记无形资产的成本，贷方登记出售无形资产转出的无形资产账面余额，期末借方余额，反映企业无形资产的成本。本科目应按无形资产项目设置明细账，进行明细核算。

二、无形资产取得核算

企业取得无形资产的主要方式有外购、自行研究开发等。

1. 外购无形资产

外购无形资产的成本包括购买价款、相关税费以及直接归属于使该项资产达到预定用途所发生的其他支出。其中，直接归属于使该项资产达到预定用途所发生的其他支出包括使无形资产达到预定用途所发生的专业服务费用、测试无形资产是否能够正常发挥作用的费用等，但不包括为导入新产品进行宣传发生的广告费、管理费用及其他间接费用，也不包括在无形资产已经达到预定用途以后发生的费用。

企业外购的无形资产，按应计入无形资产成本的金额，借记“无形资产”科目，贷记“银行存款”等科目。如果取得无形资产涉及可抵扣增值税进项税额的，还应借记“应交税费——应交增值税（进项税额）”科目。取得增值税普通发票的，按照注明的价税合计金额作为无形资产的成本，其进项税额不可抵扣。

◇**知识拓展 6.2**

购买无形资产的价款超过正常信用条件延期支付(如付款期在 3 年以上),实际上是具有融资性质的,因此,所支付的货款必须考虑货币的时间价值,根据《企业会计准则第 6 号——无形资产》的规定,要采用现值计价的模式,无形资产的成本为购买价款的现值。

购入无形资产超过正常信用条件延期支付价款,实质上具有融资性质的,应按所购无形资产购买价款的现值,借记"无形资产"科目,按应支付的金额,贷记"长期应付款"科目,按其差额,借记"未确认融资费用"科目。

【例 6-1】2018 年 1 月 1 日,江南公司支付价款 3 000 000 元从中华公司购入一项专利权。此外,支付增值税税款 180 000 元,款项已通过银行转账支付。如果使用了该项专利权,江南公司预计其生产能力将比原先提高 20%,销售利润率将增长 15%。假设不涉及其他相关税费。江南公司的账务处理如下:

借:无形资产——专利权　　3 000 000
　应交税费——应交增值税(进项税额)　　180 000
　贷:银行存款　　3 180 000

2. 自行研究开发无形资产

自行研究开发形成的无形资产的成本,由可直接归属于该项资产的创造、生产并使该资产能够以管理层预定的方式运作的所有必要支出组成。可直接归属成本包括开发该无形资产时耗费的材料、劳务成本、注册费、在开发该无形资产过程中使用的其他专利权和特许权的摊销,以及按照借款费用的处理原则可以资本化的利息支出。在开发无形资产过程中发生的,除上述可直接归属于无形资产开发活动之外的其他销售费用、管理费用等间接费用,无形资产达到预定用途前发生的可辨认的无效和初始运作损失,为运行该无形资产发生的培训支出等不构成无形资产的开发成本。

需要说明的是,自行研究开发无形资产的成本仅包括在满足资本化条件的时点至无形资产达到预定用途前发生的支出总和,对于同一项无形资产在开发过程中达到资本化条件之前已经费用化计入当期损益的支出不再进行调整。

◇**知识拓展 6.3**

对于企业自行进行的研究开发项目,应当区分研究阶段与开发阶段分别进行核算。

1. 研究阶段

研究,是指为获取并理解新的科学或技术知识而进行的独创性的有计划调查。研究阶段是探索性的,是为进一步的开发活动进行资料及相关方面的准备,已进行的研究活动将来是否会转入开发、开发后是否会形成无形资产等均具有较大的不确定性。在这一阶段不会形成阶段性成果,因此研究阶段的有关支出,在发生时应当费用化计入当期损益。

2. 开发阶段

开发，是指在进行商业性生产或使用前，将研究成果或其他知识应用于某项计划或设计，以生产出新的或具有实质性改进的材料、装置、产品等。相对于研究阶段而言，开发阶段应当是已完成研究阶段的工作，在很大程度上具备了形成一项新产品或新技术的基本条件。此时，如果企业能够证明开发支出符合无形资产的定义及相关确认条件，则可将其确认为无形资产。

在开发阶段，可将有关支出资本化计入无形资产的成本，但必须同时满足以下条件：

(1) 从技术上讲，完成该无形资产以使其能够使用或出售具有可行性。

企业在判断无形资产的开发在技术上是否具有可行性，应当以目前阶段的成果为基础，并提供相关证据和材料，证明企业进行开发所必需的技术条件等已经具备，不存在技术上的障碍或其他不确定性。例如，企业已经完成了全部计划、设计和测试活动，这些活动是使资产能够达到设计规划书中的功能、特征和技术所必需的活动，或经过专家鉴定等。

(2) 具有完成该无形资产并使用或出售的意图。

企业研发项目形成成果以后，是对外出售，还是使用并从使用中获得经济利益，应当根据管理当局的意图而定。企业的管理当局应当能够说明其开发无形资产的目的，并具有完成该项无形资产开发使其能够使用或出售的可能性。

(3) 无形资产产生经济利益的方式，包括能够证明运用该无形资产生产的产品存在市场或无形资产自身存在市场，无形资产将在内部使用的，应当证明其有用性。

(4) 有足够的技术、财务和其他资源支持，以完成该无形资产的开发，并有能力使用或出售该无形资产。

(5) 归属于该无形资产开发阶段的支出能够可靠地计量。

无法区分研究阶段和开发阶段的支出，应当在发生时作为管理费用，全部计入当期损益。

《企业会计准则第6号——无形资产》规定，企业研究阶段的支出全部费用化，计入当期损益(管理费用)；开发阶段的支出符合条件的才能资本化，不符合资本化条件的计入当期损益(管理费用)。

企业自行开发无形资产发生的研发支出，不满足资本化条件的，借记“研发支出——费用化支出”科目，满足资本化条件的，借记“研发支出——资本化支出”科目，贷记“原材料”“银行存款”“应付职工薪酬”等科目。自行研发无形资产发生的支出取得增值税专用发票可抵扣的进项税额，借记“应交税费——应交增值税(进项税额)”科目。

研究开发项目达到预定用途形成无形资产的，应按“研发支出——资本化支出”科目的余额，借记“无形资产”科目，贷记“研发支出——资本化支出”科目。

期末，应将“研发支出——费用化支出”科目归集的金额转入“管理费用”科目，借记“管理费用”科目，贷记“研发支出——费用化支出”科目。

如果无法可靠区分研究阶段的支出和开发阶段的支出，应将其所发生的研发支出全部费用化，计入当期损益，计入“管理费用”科目的借方。

【例 6-2】江南公司自行研究、开发一项技术，截至 2017 年 12 月 31 日，发生研发支出合计 2 000 000元，经测试，该项研发活动完成了研究阶段，从 2018 年 1 月 1 日开始进入开发阶段。2018 年发生开发支出 300 000 元，假定符合《企业会计准则第 6 号——无形资产》规定的开发支出资本化的条件。2018 年 5 月 30 日，该项研发活动结束，最终开发出一项非专利技术。江南公司的账务处理如下：

Ⅰ.2017 年发生的研发支出：

借：研发支出——费用化支出　　2 000 000

　贷：银行存款等　　2 000 000

Ⅱ.2017 年 12 月 31 日，发生的研发支出全部属于研究阶段的支出：

借：管理费用　　2 000 000

　贷：研发支出——费用化支出　　2 000 000

Ⅲ.2018 年，发生开发支出并满足资本化确认条件：

借：研发支出——资本化支出　　300 000

　贷：银行存款等　　300 000

Ⅳ.2018 年 5 月 30 日，该技术研发完成并形成无形资产：

借：无形资产　　300 000

　贷：研发支出——资本化支出　　300 000

◇知识拓展 6.4

企业取得的土地使用权，通常应当按照取得时所支付的价款及相关税费确认为无形资产。土地使用权用于自行开发建造厂房等地上建筑物时，土地使用权的账面价值不与地上建筑物合并计算其成本，而仍作为无形资产进行核算。但是，如果房地产开发企业取得的土地使用权用于建造对外出售的房屋建筑物的，其相关的土地使用权的价值应当计入所建造的房屋建筑物成本。

企业外购房屋建筑物所支付的价款中包括土地使用权以及建筑物的价值的，则应当对实际支付的价款按照合理的方法(如公允价值相对比例)在土地使用权和地上建筑物之间进行分配；如果确实无法在土地使用权和地上建筑物之间进行合理分配的，应当全部作为固定资产，按照固定资产确认和计量的原则进行处理。

企业改变土地使用权的用途，停止自用土地使用权而用于专区租金或资本增值时，应将其账面价值转为投资性房地产。

任务 6.3　无形资产摊销核算

一、无形资产摊销的含义

无形资产摊销属于无形资产的后续计量。

无形资产属于企业的长期资产，能在较长时间内给企业带来经济利益。但无形资产通常也有一定的有效期限，因此，企业应将入账的无形资产价值在一定年限内进行摊销。

企业应当于取得无形资产时分析判断其使用寿命。无形资产的使用寿命如有限，应当估计该使用寿命的年限或者构成使用寿命的产量等类似计量单位的数量。无法预见无形资产为企业带来未来经济利益期限的，应当视为使用寿命不确定的无形资产。使用寿命有限的无形资产应进行摊销。使用寿命不确定的无形资产不应摊销。

无形资产的使用寿命包括法定寿命和经济寿命两个方面。有些无形资产的使用寿命受法律、规章或合同的限制，称为法定寿命。如我国法律规定发明专利权的有效期为20年，商标权的有效期为10年。有些无形资产如永久性特许经营权、非专利技术等的寿命则不受法律或合同的限制。经济寿命是指无形资产可以为企业带来经济利益的年限。由于受技术进步、市场竞争等因素的影响，无形资产的经济寿命往往短于法定寿命，因此，在估计无形资产的使用寿命时，应当综合考虑各方面相关因素的影响，合理确定无形资产的使用寿命。

企业应当于每年年度终了时，对无形资产的使用寿命及摊销方法进行复核，如果有证据表明无形资产的使用寿命及摊销方法不同于以前的估计，则对于使用寿命有限的无形资产，应改变其摊销年限及摊销方法，并按照会计估计变更进行处理。

对于使用寿命不确定的无形资产，如果有证据表明其使用寿命是有限的，则应视为会计估计变更，应当估计其使用寿命并按照使用寿命有限的无形资产的处理原则进行处理。

二、使用寿命有限的无形资产摊销

使用寿命确定的无形资产，应在其预计的使用寿命内采用系统合理的方法对应摊销金额进行摊销。应摊销金额，是指无形资产的成本扣除残值后的金额。已计提减值准备的无形资产，还应扣除已计提的无形资产减值准备累计金额。

使用寿命有限的无形资产，其残值一般应当视为零，但下列情况除外：一是有第三方承诺在无形资产使用寿命结束时购买该无形资产；二是可以根据活跃市场得到预计残值信息，并且市场在无形资产使用寿命结束时可能存在。

无形资产的摊销期自其可供使用（即其达到预定用途）时起至终止确认时至。在无形资产的使用寿命内系统地分摊其应摊销金额，存在多种方法。这些方法包括直线法、生产总量法等。企业选择的无形资产摊销方法，应当能够反映与该项无形资产有关的经济利益的预期实现方式，并一致地运用于不同会计期间。例如，受技术陈旧因素影响较大的专利权和专有技术等无形资产，可采用类似固定资产加速折旧的方法进行摊销；有特定产量限制的特许经营权或专利权，应采用产量法进行摊销。无法可靠确定其预期实现方式的，应当采用直线法进行摊销。

对于使用寿命有限的无形资产应当自可供使用（即其达到预定用途）当月起开始摊销，处置当月不再摊销。无形资产的摊销额一般应当计入当期损益。企业自用的无形资产，其摊销金额计入管理费用，借记“管理费用”，贷记“累计摊销”。出租的无形资产，其摊销金额计入其他业务成本，借记“其他业务成本”，贷记“累计摊销”。某项无形资产包含的经济利益通过所生产的产品或其他资产实现的，其摊销金额应当计入相关资产成本。

“累计摊销”科目是“无形资产”科目的调整科目，核算企业对使用寿命有限的无形资产计提的累计摊销，贷方登记企业计提的无形资产摊销，借方登记无形资产转出的累计摊销，期末贷方余额反映企业无形资产的累计摊销额。本科目可按无形资产项目进行明细核算。

【例 6-3】华夏公司从外单位购得一项商标权，支付价款 30 000 000 元、税款 1 800 000 元，款项已支付，该商标权的使用寿命为 10 年，不考虑残值的因素，以直线法摊销预期实现经济利益的方式。华夏公司的账务处理如下：

借：无形资产——商标权　　30 000 000
　　应交税费——应交增值税（进项税额）　　1 800 000
　贷：银行存款　　31 800 000

借：管理费用　　3 000 000
　贷：累计摊销　　3 000 000

三、使用寿命不确定的无形资产核算

根据可获得的相关信息判断，如果无法合理估计某项无形资产的使用寿命的，应将其作为使用寿命不确定的无形资产进行核算。对于使用寿命不确定的无形资产，在持有期间内不需要进行摊销，但应当在每个会计期间进行减值测试。

任务 6.4　无形资产减值核算

一、无形资产减值判断

无形资产由于技术进步或其他经济原因导致可收回金额低于其账面摊余价值，这种情况称为无形资产的减值。

企业应定期对无形资产的账面价值进行检查，至少每年年末检查一次。如果发现无形资产存在减值情况，应对无形资产的可收回金额进行估计，并将该无形资产的账面价值超过可收回金额的部分（减值）确认为资产减值损失，并计入当期损益。

检查无形资产，发现存在以下一种或几种情况的，可以确定为无形资产有减值：

(1) 该项无形资产已被其他新技术等所替代，使其为企业创造经济利益的能力受到重大不利影响；

(2) 该项无形资产的市价在当期大幅度下跌，在剩余年限内预期不会恢复；

(3) 该项无形资产已超过法律保护期限，但仍然具有部分实用价值；

(4) 其他足以表明该无形资产的账面价值已超过可收回金额的情形。

二、无形资产减值核算

无形资产在资产负债表日存在可能发生减值的迹象时，其可收回金额低于账面价值的，企业应当将该无形资产的账面价值减记至可收回金额，减记的金额确认为减值损失，计入当期损益，同时计提相应的资产减值准备，按应减记的金额，借记“资产减值损失——计提的无形资产减值准备”科目，贷记“无形资产减值准备”科目。

无形资产减值损失一经确认，在以后会计期间不得转回。

【例 6-4】2017 年 12 月 31 日，市场上某项新技术生产的产品销售势头较好，已对江南公司产品的销售产生重大不利影响。江南公司外购的类似专利技术的账面价值为 800 000 元，剩余摊销年限为 4 年，经减值测试，该专利技术的可收回金额为 750 000 元。

分析：江南公司专利技术在资产负债表日的账面价值为 800 000 元，可收回金额为 750 000 元，可收回金额低于其账面价值，差额为 800 000－750 000＝50 000 元。因此，应按其差额 50 000元计提减值准备。江南公司的账务处理如下：

借：资产减值损失——计提的无形资产减值准备　　50 000

　贷：无形资产减值准备　　50 000

◇知识拓展 6.5

《小企业会计准则》规定，无形资产不计提减值准备，应在实际发生损失时，计入营业外支出。

任务 6.5　无形资产处置核算

一、无形资产处置的含义

无形资产的处置，主要是指无形资产出售、对外出租、对外捐赠，或者是无法为企业带来未来经济效益时，应予转销并终止确认。

二、无形资产出售核算

《企业会计准则第 6 号——无形资产》规定，企业出售无形资产时，应将所取得的价款扣除该无形资产账面价值以及出售相关税费后的差额作为营业外收入或营业外支出进行会计处理。

出售无形资产时，应按实际收到或应收的金额，借记“银行存款”“其他应收款”等科目；按已摊销的累计摊销额，借记“累计摊销”科目；原已计提减值准备的，借记“无形资产减值准备”科目；按实际支付的相关费用可抵扣的进项税额，借记“应交税费——应交增值税（进项税额）”科目；按实际支付的相关费用，贷记“银行存款”等科目；按无形资产账面余额，贷记“无形资产”科目；按开具的增值税专用发票上注明的增值税销项税额，贷记“应交税费——应交增值税（销项税额）”科目；按其差额，贷记“营业外收入——处置非流动资产利得”科目或借记“营业外支出——处置非流动资产损失”科目。

【例 6-5】江南公司拥有的一项非专利技术出售，取得收入 8 000 000 元。该项非专利技术的账面余额为 7 000 000 元，累计摊销额为 3 500 000 元，已计提的减值准备为 2 000 000 元。江南公司的账务处理如下：

借：银行存款　　8 000 000

　　累计摊销　　3 500 000

无形资产减值准备　　　　2 000 000
　贷：无形资产　　　　7 000 000
　　应交税费——应交增值税（销项税额）　　　　400 000
　　营业外收入——处置非流动资产利得　　　　6 100 000

◇知识拓展 6.6

根据《财政部、国家税务总局关于在全国开展交通运输业和部分现代服务业营业税改征增值税试点税收政策的通知》，自 2013 年 8 月 1 号起，一般纳税人企业提供现代服务业服务（包括转让无形资产中的商标权、著作权、专利权、非专利技术），按 6%税率增收增值税。

根据国家税务总局《交通运输业和部分现代服务业营业税改征增值税试点过渡政策的规定》，试点纳税人提供技术转让（指转让者将其拥有的专利和非专利技术的所有权或者使用权有偿转让他人的行为）、技术开发和与之相关的技术咨询、技术服务免征增值税。

三、无形资产出租核算

企业将所拥有的无形资产的使用权让渡给他人，并收取租金，在满足收入准则规定的确认标准的情况下，应确认相关的收入及成本。

出租无形资产时，取得的租金收入，借记“银行存款”等科目，贷记“其他业务收入”等科目，根据应交增值税贷记“应交税费——应交增值税（销项税额）”等科目；摊销出租无形资产的成本并发生与转让有关的各种费用支出时，借记“其他业务成本”科目，贷记“无形资产”科目。

【例 6-6】江南公司将一项专利技术出租给另外一个企业使用，该专利技术账面余额为 500 000元，摊销期限为 10 年，出租合同规定，承租方每销售一件该专利生产的产品，必须付给出租方 10 元专利技术使用费。假定承租方当年销售该产品 10 万件。假定不考虑其他相关税费。江南公司的账务处理如下：

借：银行存款　　　　1 060 000
　贷：其他业务收入　　　　1 000 000
　　应交税费——应交增值税（销项税额）　　　　60 000
借：其他业务成本　　　　500 000
　贷：累计摊销　　　　500 000

四、无形资产报废核算

如果无形资产预期不能为企业带来未来经济利益，不再符合无形资产的定义，应将其报废并予以转销。转销时，应按累计摊销额，借记“累计摊销”科目；原已计提减值准备的，借记“无形资产减值准备”科目；按其账面余额，贷记“无形资产”科目；按其差额，借记“营业外支出”科目。

【例 6-7】江南公司的某项专利技术，其账面价值为 6 000 000 元，摊销期限为 10 年，采用直线法进行摊销，已摊销了 5 年，假定该项专利权的残值为 0，计提的减值准备为 1 600 000 元，今年因其生产的产品没有市场，应予转销。假定不考虑其他相关因素。江南公司的账务处理如下：

借：累计摊销　　　　　　　　　　　　　　　　3 000 000
　　无形资产减值准备　　　　　　　　　　　　1 600 000
　　营业外支出——处置无形资产损失　　　　　　1 400 000
　贷：无形资产——专利权　　　　　　　　　　　　　　6 000 000

◇知识拓展 6.7

企业应当按照无形资产的类别在附注中披露与无形资产有关的下列信息：

(1) 无形资产的期初和期末账面余额、累计摊销额及减值准备累计金额；

(2) 使用寿命有限的无形资产，其使用寿命的估计情况；使用寿命不确定的无形资产，其使用寿命不确定的判断依据；

(3) 无形资产的摊销方法；

(4) 用于担保的无形资产账面价值、当期摊销额等情况；

(5) 计入当期损益和确认为无形资产的研究开发支出金额。

项目7

金融资产核算

【学习目标要求】

明确金融资产的分类；理解交易性金融资产、持有至到期投资和可供出售金融资产管理的有关要求；熟悉资金管理岗位职责；掌握交易性金融资产、持有至到期投资和可供出售金融资产核算的账户设置及主要业务处理。

【典型工作任务】

1. 认识金融资产
2. 交易性金融资产核算
3. 持有至到期投资核算
4. 可供出售金融资产核算

本项目知识结构

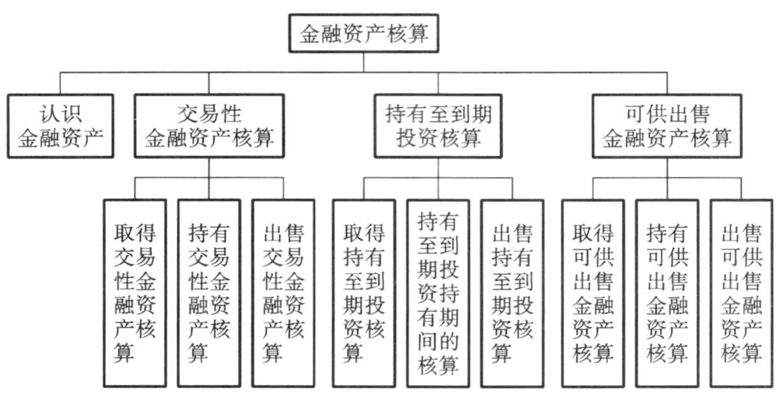

任务7.1 认识金融资产

一、金融资产的内容

金融资产属于企业资产的重要组成部分，是与实物资产对应而言的，有广义和狭义之分。广义的金融资产，是指资产负债表中除了实物资产和无形资产之外的资产，主要包括库存现金、银行存款、应收账款、应收票据、应收利息、应收股利、其他应收款、贷款、垫款、债权投资、股权投资、基金投资、衍生金融资产等。

狭义的金融资产，是指《企业会计准则第22号——金融工具确认和计量》中所规范的金融资产，是指企业持有的现金、其他方的权益工具以及符合下列条件之一的资产：①从其他方收取现金或其他金融资产的合同权利；②在潜在有利条件下，与其他方交换金融资产或金融负债的合同权利；③将来须用或可用企业自身权益工具进行结算的非衍生工具合同，且企业根据该合同将收到可变数量的自身权益工具；④将来须用或可用企业自身权益工具进行结算的衍生工具合同，但以固定数量的自身权益工具交换固定金额的现金或其他金融资产的衍生工具合同除外。其中，企业自身权益工具不包括应当按照《企业会计准则第37号——金融工具列报》分类为权益工具的可回售工具或发行方仅在清算时才有义务向另一方按比例交付其净资产的金融工具，也不包括本身就要求在未来收取或交付企业自身权益工具的合同。

◇注意

2017年我国对《企业会计准则第22号——金融工具确认和计量》进行了修订。要求在境内外同时上市的企业以及在境外上市并采用国际财务报告准则或企业会计准则编制财务报告的企业，自2018年1月1日起施行；其他境内上市企业自2019年1月1日起施行；执行企业会计准则的非上市企业自2021年1月1日起施行。

虽然2017年我国财政部发布了《企业会计准则第22号——金融工具确认和计量》等金融工具系列准则，但考虑到这些准则自2019年1月1日在境内上市企业执行，非上市企业自2021年1月1日起执行，本项目仍以现行准则为依据。

二、金融资产及其分类

企业应当结合自身业务特点、投资策略和风险管理要求，将取得的金融资产在初始确认时划分为以下几类：①以公允价值计量且其变动计入当期损益的金融资产，除了交易性金融资产（持有准备近期出售赚取差价的）和直接指定为以公允价值计量且其变动计入当期损益的金融资产外，还包括金融资产中的衍生工具；②持有至到期投资；③贷款和应收款项（在活跃市场中没有报价、回收金额固定或可确定的非衍生金融资产）；④可供出售金融资产。

◇知识拓展 7.1

金融资产分类是金融资产确认和计量的基础。不同类别的金融资产，其初始计量和后续计量采用的基础也不完全相同。因此，上述分类一经确定，不应随意变更，但在符合规定和相关限制的情况下，可以重新分类。其中，划分为第一类的金融资产不可重分类为其他3类，其他3类也不可重分类为第一类，只有第二类和第四类在特定条件下可重分类。除遇到一些特殊无法控制的情况外，如果企业将持有至到期投资在到期前处置或重分类的，则应将剩余持有至到期投资全部重分类为可供出售金融资产，并在2年内不得再将金融资产分类为持有至到期投资。

◇知识拓展 7.2

根据《企业会计准则第22号——金融工具确认和计量》(财会〔2017〕7号)第十六条，企业应当根据其管理金融资产的业务模式和金融资产的合同现金流量特征，将金融资产划分为以下三类：(一)以摊余成本计量的金融资产。(二)以公允价值计量且其变动计入其他综合收益的金融资产。(三)以公允价值计量且其变动计入当期损益的金融资产。

三、金融资产的计量

企业初始确认金融资产时，应当按照公允价值计量。对于以公允价值计量且其变动计入当期损益的金融资产，相关交易费用应当直接计入当期损益；对于其他类别的金融资产，相关交易费用应当计入初始确认费用。

金融资产的后续计量与金融资产的分类密切相关，企业应当按照以下原则对金融资产进行后续计量：

(1) 以公允价值计量且其变动计入当期损益的金融资产，应当按照公允价值计量，且不扣除将来处置该金融资产时发生的交易费用；

(2) 持有至到期投资，应当采用实际利率法，按摊余成本计量；

(3) 贷款和应收款项，应当采用实际利率法，按摊余成本计量；

(4) 可供出售金融资产，应当按照公允价值计量，且不扣除将来处置该金融资产时可能发生的交易费用。

任务 7.2　交易性金融资产核算

一、认识交易性金融资产

1. 交易性金融资产的确认

交易性金融资产，主要是指企业为了近期内出售而持有的金融资产，如企业以赚取差价为目的从二级市场购入的股票、债券、基金等。

金融资产满足下列条件之一的，应当划分为交易性金融资产：

（1）取得该金融资产的目的，主要是近期内出售或回购。

（2）属于进行集中管理的可辨认金融工具组合的一部分，且有客观证据表明企业近期采用短期获利方式对该组合进行管理。在这种情况下，即使组合中有某个组成项目持有的期限稍长也不受影响。

（3）属于金融衍生工具，比如国债期货、远期合同、股指期货等，其公允价值变动大于零时，应将其相关变动金额确认为交易性金融资产。

2. 交易性金融资产的计量

交易性金融资产由于在活跃的市场上有报价且持有时间较短，取得和持有期间均应当按照公允价值计量，公允价值变动计入当期损益。而发生的交易费用（包括可直接归属于购买、发行或处置金融工具新增的外部费用，支付给代理机构、咨询公司、券商等的手续费和佣金及其他必要支出）则直接计入当期损益。

二、交易性金融资产核算会计科目设置

为了核算和监督交易性金融资产的取得、现金股利或利息的收取、处置等业务，企业应当设置“交易性金融资产”“公允价值变动损益”“投资收益”等科目。

（1）“交易性金融资产”科目。该科目属于资产类，核算企业为交易目的所持有的债券投资、股票投资、基金投资等交易性金融资产的公允价值。企业持有的直接指定为以公允价值计量且其变动计入当期损益的金融资产也在“交易性金融资产”账户核算。其借方登记交易性金融资产的取得成本、资产负债表日其公允价值高于账面余额的差额，以及出售交易性金融资产时结转公允价值低于账面余额的变动金额等；贷方登记资产负债表日其公允价值低于账面余额的差额，以及企业出售交易性金融资产时结转的成本和公允价值高于账面余额的变动金额。该账户可按交易性金融资产的类别和品种，分别设置“成本”“公允价值变动”等明细科目进行核算。

（2）“公允价值变动损益”科目。该科目属于损益类，核算企业交易性金融资产等公允价值变动而形成的应计入当期损益的利得或损失。其借方登记资产负债表日企业持有的交易性金融资产等的公允价值低于账面余额的差额；贷方登记资产负债表日企业持有的交易性金融资产等的公允价值高于账面余额的差额。期末，应将该科目余额转入“本年利润”科目，结转后该科目无余额。

（3）“投资收益”科目。该科目属于损益类，核算企业对外投资所发生的损益。其借方登记企业在持有交易性金融资产等投资资产期间发生的投资损失，以及企业在对外投资活动中发生的交易费用等；贷方登记在持有交易性金融资产等投资资产期间取得的投资收益，以及处置交易性金融资产等投资资产实现的投资收益。期末，应将该科目余额转入“本年利润”科目，结转后该科目无余额。

三、交易性金融资产核算

1. 取得交易性金融资产

企业取得交易性金融资产时，应当按照该金融资产取得时的公允价值作为其初始入账金额。公允价值，是指市场参与者在计量日发生的有序交易中，出售一项资产所能收到或者转移

一项负债所需支付的价格。在公平交易中，熟悉情况的交易双方自愿进行资产交换或债务清偿的金额。金融资产的公允价值，应当以市场交易价格为基础加以确定。

企业取得交易性金融资产实际支付的价款中包含的已宣告但尚未发放的现金股利或已到付息期但尚未领取的债券利息的，应单独确认为应收项目。

企业取得交易性金融资产所发生的相关交易费用应当在发生时计入当期损益，作为投资收益进行会计处理，发生交易费用取得增值税专用发票的，进项税额经认证后可从当月销项税额中扣除。交易费用，是指可直接归属于购买、发行或处置金融工具的增量费用。增量费用，指企业没有发生购买、发行或处置相关金融工具的情形就不会发生的费用，包括支付给代理机构、咨询公司、券商、证券交易所、政府有关部门等的手续费和佣金及其他必要支出，但不包括债券溢价、折价、融资费用、内部管理成本及其他与交易不直接相关的费用。企业为发行金融工具所发生的差旅费等，不属于此处所讲的交易费用。具体会计处理如下：

企业取得交易性金融资产时，按其公允价值，借记“交易性金融资产——成本”科目；按发生的交易费用，借记“投资收益”科目；发生交易费用取得增值税专用发票的，按其注明的增值税进项税额，借记“应交税费——应交增值税(进项税额)”科目；按已宣告但尚未发放的现金股利或已到付息期但尚未领取的债券利息，借记“应收股利”或“应收利息”科目；按企业实际支付的金额，贷记“其他货币资金——存出投资款”等科目。

【例 7-1】2017 年 3 月 20 日，江南公司从上海证券交易所购入 A 公司股票 6 000 股，并准备随时变现，每股价格 12.4 元(含已宣告但尚未发放的现金股利 0.4 元/股)，另支付相关交易费用 5 600 元，取得的增值税专用发票上注明的增值税税额为 336 元。江南公司将持有的 A 公司股票划分为交易性金融资产。江南公司的账务处理如下：

Ⅰ.购入 A 公司股票：

借：交易性金融资产——A 公司股票——成本	72 000	
应收股利——A 公司股票	2 400	
贷：其他货币资金——存出投资款		74 400

Ⅱ.支付相关交易费用：

借：投资收益——A 公司股票	5 600	
应交税费——应交增值税(进项税额)	336	
贷：其他货币资金——存出投资款		5 936

【例 7-2】2017 年 1 月 1 日，江南公司从深圳证券交易所支付 20 500 元(含已到付息期但尚未领取的利息 500 元)购入 B 公司发行的债券，另发生交易费用 8 000 元，取得的增值税专用发票上注明的增值税税额为 480 元。该债券面值 20 000 元，剩余期限 1 年，票面利率 5%，每半年付息一次。江南公司将其划分为交易性金融资产。江南公司的账务处理如下：

Ⅰ.购入 B 公司债券：

借：交易性金融资产——B 公司债券——成本	20 000	
应收利息——B 公司债券	500	
贷：其他货币资金——存出投资款		20 500

Ⅱ.支付相关交易费用：

借：投资收益——B 公司债券	8 000	
应交税费——应交增值税(进项税额)	480	

贷:其他货币资金——存出投资款　　8 480

◇知识拓展 7.3

根据《企业会计准则第 22 号——金融工具确认和计量》(财会〔2017〕7 号),企业取得交易性金融资产所支付的价款中包含了已宣告但尚未发放的现金股利或已到付息期但尚未领取的债券利息的,不应单独确认为应收项目,而应当构成交易性金融资产的初始入账金额。

以【例 7-1】为例,假设江南公司 2018 年 3 月 20 日购入 A 公司股票,其他条件不变,则江南公司的账务处理为:

Ⅰ.购入 A 公司股票:

借:交易性金融资产——A 公司股票——成本　　74 400
　贷:其他货币资金——存出投资款　　74 400

Ⅱ.支付相关交易费用:

借:投资收益——A 公司股票　　5 600
　应交税费——应交增值税(进项税额)　　336
　贷:其他货币资金——存出投资款　　5 936

以【例 7-2】为例,假设江南公司 2018 年 1 月 1 日购入 B 公司债券,其他条件不变,则江南公司的账务处理为:

Ⅰ.购入 B 公司债券:

借:交易性金融资产——B 公司债券——成本　　20 500
　贷:其他货币资金——存出投资款　　20 500

Ⅱ.支付相关交易费用:

借:投资收益——B 公司债券　　8 000
　应交税费——应交增值税(进项税额)　　480
　贷:其他货币资金——存出投资款　　8 480

2. 交易性金融资产持有期间

1)被投资方宣告发放现金股利或债券利息

企业在持有交易性金融资产期间,按被投资单位宣告发放的现金股利,或企业在资产负债表日按分期付息、一次还本债券投资的票面利率计算的利息收入,确认应收项目,借记“应收股利”“应收利息”科目,贷记“投资收益”科目。

收到股利或利息(包括投资时确认的应收股利或应收利息)时,借记“其他货币资金——存出投资款”科目,贷记“应收股利”“应收利息”科目。

【例 7-3】承接【例 7-1】,2017 年 3 月 31 日,收到购买价款中 A 公司已宣告但尚未发放的现金股利 2 400 元。2017 年 8 月 20 日,A 公司宣告上半年股利分配方案为每股支付现金 0.4 元,股利于 8 月 31 日支付。假定不考虑相关税费。江南公司的账务处理如下:

Ⅰ.3 月 31 日,收到购买价款中 A 公司已宣告但尚未发放的现金股利:

借:其他货币资金——存出投资款　　2 400
　贷:应收股利——A 公司股票　　2 400

Ⅱ. 8 月 20 日，A 公司宣告分派股利：

借：应收股利——A 公司　　2 400

　贷：投资收益——A 公司股票　　2 400

Ⅲ. 8 月 31 日，收到现金股利：

借：其他货币资金——存出投资款　　2 400

　贷：应收股利——A 公司　　2 400

【例 7-4】承接【例 7-2】，2017 年 1 月 20 日，收到债券利息 500 元；2017 年 7 月 24 日收到 B 公司派发的 2017 年上半年的债券利息。假定不考虑相关税费。江南公司的账务处理如下：

Ⅰ. 1 月 20 日，收到购买价款中包含的已到付息期但尚未领取的债券利息：

借：其他货币资金——存出投资款　　500

　贷：应收利息——B 公司债券　　500

Ⅱ. 6 月 30 日，确认应收取 B 公司上半年的债券利息收入：

借：应收利息——B 公司　　500

　贷：投资收益——B 公司债券　　500

Ⅲ. 7 月 24 日，收到债券利息：

借：其他货币资金——存出投资款　　500

　贷：应收利息——B 公司　　500

◇知识拓展 7.4

根据《企业会计准则第 22 号——金融工具确认和计量》(财会〔2017〕7 号)，企业持有交易性金融资产期间，收到取得价款中包含的已宣告但尚未发放的现金股利或已到付息期但尚未领取的债券利息，借记"其他货币资金——存出投资款"科目，贷记"投资收益"科目。

以【例 7-3】为例，假设江南公司 2018 年 3 月 20 日购入 A 公司股票，其他条件不变，2018 年 3 月 31 日，收到购买价款中 A 公司已宣告但尚未发放的现金股利 2 400 元，则江南公司的账务处理为：

Ⅰ. 3 月 31 日，收到 A 公司发放股利：

借：其他货币资金——存出投资款　　2 400

　贷：投资收益——A 公司股票　　2 400

Ⅱ. A 公司 8 月 20 日宣告分派股利：

借：应收股利——A 公司　　2 400

　贷：投资收益——A 公司股票　　2 400

Ⅲ. 8 月 31 日收到现金股利时：

借：其他货币资金——存出投资款　　2 400

　贷：应收股利——A 公司　　2 400

以【例 7-4】为例，假设江南公司 2018 年 1 月 1 日购入 B 公司债券，其他条件不变，2018 年 1 月 20 日，收到债券利息 500 元，则江南公司的账务处理为：

Ⅰ. 1 月 20 日，收到购买价款中包含的已到付息期但尚未领取的债券利息：

借:其他货币资金——存出投资款　　500
　贷:投资收益——B公司债券　　500
Ⅱ.6月30日,确认应收取B公司上半年的债券利息收入:
借:应收利息——B公司　　500
　贷:投资收益——B公司债券　　500
Ⅲ.7月24日,实际收到时:
借:其他货币资金——存出投资款　　500
　贷:应收利息——B公司　　500

2）交易性金融资产的期末计量

资产负债表日,交易性金融资产应当按照公允价值计量,公允价值与账面余额之间的差额计入当期损益。企业应当在资产负债表日,按照交易性金融资产公允价值高于其账面余额的差额,借记“交易性金融资产——公允价值变动”科目,贷记“公允价值变动损益”科目;若资产负债表日公允价值低于账面余额,则做相反的会计分录。

【例7-5】承接【例7-1】,江南公司持有的A公司股票12月末每股市价15元。江南公司的账务处理如下:

Ⅰ.确认该股票的公允价值变动损益:
借:交易性金融资产——A公司股票——公允价值变动　　15 600
　贷:公允价值变动损益——A公司股票　　15 600
Ⅱ.期末将公允价值变动损益转入当期损益:
借:公允价值变动损益——A公司股票　　15 600
　贷:本年利润　　15 600

【例7-6】承接【例7-2】,12月末,江南公司持有的B公司债券的市价为19 400元。江南公司的账务处理如下:

Ⅰ.确认该债券的公允价值变动损失:
借:公允价值变动损益——B公司债券　　1 100
　贷:交易性金融资产——B公司债券——公允价值变动　　1 100
Ⅱ.期末将公允价值变动损失转入当期损益:
借:本年利润　　1 100
　贷:公允价值变动损益——B公司债券　　1 100

3. 出售交易性金融资产

企业出售交易性金融资产时,应当将该金融资产出售时的公允价值与其初始入账金额之间的差额确认为投资收益,同时,将原计入公允价值变动损益的该金融资产的公允价值变动转出,由公允价值变动损益转为投资收益。

企业出售交易性金融资产,应按实际收到的金额,借记“其他货币资金——存出投资款”等科目;按该金融资产的账面余额的成本部分,贷记“交易性金融资产——成本”科目;按该金融资产的账面余额的公允价值部分,贷记或借记“交易性金融资产——公允价值变动”科目;按其差额,贷记或借记“投资收益”科目。同时,将原计入该金融资产的公允价值变动转出,借记或贷记

“公允价值变动损益”科目，贷记或借记“投资收益”科目。

【例 7-7】江南公司 2017 年 1 月 1 日从上海证券交易所购入 C 公司股票 30 000 股，每股市价 6 元，发生的交易费用 1 200 元；3 月 31 日，市价为每股 8 元；6 月 30 日，市价为每股 7.5 元；7 月 20 日将手中持有的 C 公司股票全部出售，售价为每股 9 元，扣除交易费用，实际收到款项 256 400元。江南公司的账务处理如下：

Ⅰ.2017 年 1 月 1 日购入：

借：交易性金融资产——C 公司股票——成本　　180 000

　投资收益　　1 200

　贷：其他货币资金——存出投资款　　181 200

Ⅱ.2017 年 3 月 31 日期末计量：

借：交易性金融资产——C 公司股票——公允价值变动　　60 000

　贷：公允价值变动损益——C 公司股票　　60 000

Ⅲ.2017 年 6 月 30 日期末计量：

借：公允价值变动损益——C 公司股票　　15 000

　贷：交易性金融资产——C 公司股票——公允价值变动　　15 000

Ⅳ.2017 年 7 月 20 日出售：

借：其他货币资金——存出投资款　　256 400

　贷：交易性金融资产——C 公司股票——成本　　180 000

　　　　　　　　　——C 公司股票——公允价值变动　　45 000

　　投资收益——C 公司股票　　31 400

借：公允价值变动损益——C 公司股票　　45 000

　贷：投资收益　　45 000

【例 7-8】2017 年 1 月 1 日，江南公司从二级市场支付价款 3 075 000 元购入 D 公司发行的债券，另发生交易费用 50 000 元。该债券面值 3 000 000 元，剩余期限 2 年，票面年利率为 5%，每半年付息一次，江南公司将其划分为交易性金融资产。

其他资料如下：2017 年 6 月 30 日，该债券的公允价值为 3 200 000 元（不含利息）；2017 年 7 月 10 日，收到该债券半年利息；2017 年 12 月 31 日，该债券的公允价值 3 100 000 元（不含利息）；2018 年 1 月 10 日，收到该债券 2017 年下半年利息；2018 年 3 月 31 日，将该债券出售，取得价款 3 260 000 元（含 1 季度利息 37 500 元）。江南公司的账务处理如下：

Ⅰ.2017 年 1 月 1 日，购入债券：

借：交易性金融资产——D 公司债券——成本　　3 075 000

　投资收益　　50 000

　贷：其他货币资金——存出投资款　　3 125 000

Ⅱ.2017 年 6 月 30 日，确认债券公允价值变动和投资收益：

借：交易性金融资产——D 公司债券——公允价值变动　　125 000

　贷：公允价值变动损益——D 公司债券　　125 000

借：应收利息——D 公司　　75 000

贷:投资收益——D公司债券 75 000

Ⅲ.2017年7月10日,收到债券利息:

借:其他货币资金——存出投资款 75 000
　贷:应收利息——D公司 75 000

Ⅳ.2017年12月31日,确认债券公允价值变动和投资收益:

借:公允价值变动损益——D公司债券 100 000
　贷:交易性金融资产——D公司债券——公允价值变动 100 000

借:应收利息——D公司 75 000
　贷:投资收益——D公司债券 75 000

Ⅴ.2018年1月10日,收到债券利息:

借:其他货币资金——存出投资款 75 000
　贷:应收利息——D公司 75 000

Ⅵ.2018年3月31日,出售债券:

借:其他货币资金——存出投资款 3 260 000
　贷:交易性金融资产——D公司债券——成本 3 075 000
　　　　　　　　——D公司债券——公允价值变动 25 000
　　投资收益——D公司债券 160 000

借:公允价值变动损益——D公司债券 25 000
　贷:投资收益 25 000

◇**知识拓展7.5**

根据《企业会计准则第22号——金融工具确认和计量》(财会〔2017〕7号),金融商品转让按照卖出价扣除买入价(不需要扣除已宣告未发放现金股利和已到付息期未领取的利息)后的余额作为销售额计算增值税,即转让金融商品按盈亏相抵后的余额为销售额。若相抵后出现负差,可结转下一纳税期与下期转让金融商品销售额互抵,但年末时仍出现负差的,不得转入下一会计年度。

转让金融资产当月月末,如产生转让收益,则按应纳税额,借记“投资收益”等科目,贷记“应交税费——转让金融商品应交增值税”科目;如产生转让损失,则按可结转下月抵扣税额,借记“应交税费——转让金融商品应交增值税”科目,贷记“投资收益”等科目。

年末,如果“应交税费——转让金融商品应交增值税”科目有借方余额,说明本年度的金融商品转让损失无法弥补,且本年度的金融资产转让损失不可转入下年度继续抵减转让金融资产的收益,因此,应借记“投资收益”科目,贷记“应交税费——转让金融商品应交增值税”科目,将“应交税费——转让金融商品应交增值税”科目的借方余额转出。

任务 7.3　持有至到期投资核算

一、认识持有至到期投资

1. 持有至到期投资的确认

持有至到期投资，是指到期日固定、回收金额固定或可确定，且企业有明确意图和能力持有至到期的非衍生金融资产。通常情况下，持有至到期投资包括企业持有的、在活跃市场上有公开报价的国债、企业债券、金融债券等。持有至到期投资通常具有长期性质，但期限较短(1 年以内)的债券投资，符合持有至到期投资条件的，也可将其划分为持有至到期投资。

持有至到期投资的资产必须同时满足下列三个条件的非衍生金融资产：

(1) 到期日固定、回收金额固定或可确定，是指相关合同明确了投资者在确定的期间内获得或应收取现金流量(如投资利息和本金等)的金额和时间。因此，权益工具投资不能划分为持有至到期投资。

(2) 企业有明确意图持有至到期，是指投资者在取得投资时意图是明确的，除非遇到一些企业所不能控制、预期不会重复发生且难以合理预计的独立事件，否则将持有至到期。

(3) 企业有能力持有至到期，是指企业有足够的财力资源，并不受外部因素影响将投资持有至到期。

企业应当于每个资产负债表日对持有至到期投资的意图和能力进行评价。发生变化的，如企业将持有至到期投资在到期前处置或重分类，通常表明其违背了将投资持有至到期的最初意图。影响金额较大的则应当将其重分类为可供出售金融资产进行处理。

2. 持有至到期投资的计量

企业取得持有至到期投资时，应当以历史成本即取得时的公允价值(含相关交易费用)进行初始计量，而在持有期间则应当采用实际利率法，按摊余成本进行后续计量。

(1) 实际利率法。实际利率法，是指按照金融资产(含一组金融资产，下同)的实际利率计算其摊余成本及各期利息收入的方法。

其中，实际利率是指将金融资产在预期存续期间或适用的更短期间内的未来现金流量，折现为该金融资产当前账面价值所使用的利率。

例如，江南公司 2017 年 1 月 1 日，支付价款 1 000 万元(含交易费用)从活跃市场上购入 A 公司 5 年期债券，面值 1 500 万元，票面利率 4%，按年支付利息(即每年利息 60 万元)，本金最后一次支付。

计算实际利率 i：

$60\times(1+i)^{-1}+60\times(1+i)^{-2}+60\times(1+i)^{-3}+60\times(1+i)^{-4}+(60+1\,500)\times(1+i)^{-5}=1\,000$ 万元，由此得出 $i=13.67\%$。

(2) 企业在初始确认以摊余成本计量的金融资产时，就应当计算确定实际利率，并在相关金融资产预期存续期间或适用的更短期间内保持不变。

金融资产的摊余成本，是指该金融资产的初始确认金额经下列调整后的结果：①扣除已偿还的本金；②加上或减去采用实际利率将该初始确认金额与到期金额之间的差额进行摊销形成的累计摊销额；③扣除已发生的减值损失。

◇**知识拓展 7.6**

实际利率法在《企业会计准则第 4 号——固定资产》《企业会计准则第 6 号——无形资产》《企业会计准则第 13 号——或有事项》《企业会计准则第 14 号——收入》《企业会计准则第 17 号——借款费用》《企业会计准则第 21 号——租赁》和《企业会计准则第22 号——金融工具确认和计量》等众多企业会计准则中广泛运用。企业会计准则规定，企业的金融资产或金融负债只要存在信用会计期间，且具有递延融资性质，往往都要采用实际利率法对金融资产或金融负债进行折现。其主要目的是更加客观地反映金融资产或金融负债的账面价值，切实提高会计信息的可靠性和相关性。

二、持有至到期投资核算会计科目设置

为了核算和监督持有至到期投资的取得、收取利息、减值以及处置等业务，企业应设置“持有至到期投资”“投资收益”“持有至到期投资减值准备”等科目。

（1）“持有至到期投资”科目。该科目属于资产类，用于核算企业持有至到期投资的摊余成本；其借方登记持有至到期投资的取得成本、应计利息与相关的利息调整；贷方登记出售持有至到期投资时结转的成本及转让可供出售金融资产的投资等；期末借方余额，反映企业持有至到期投资的摊余成本。该科目可按持有至到期投资的类别和品种，分别设置“成本”“利息调整”“应计利息”等明细科目进行明细核算。

（2）“持有至到期投资减值准备”科目。该科目是“持有至到期投资”的备抵账户，用于核算企业持有至到期投资的减值准备；其借方登记已计提减值准备的持有至到期投资价值以后又得以恢复，在原已计提的减值准备金额内恢复增加的金额；贷方登记资产负债表日计提的持有至到期投资减值准备；期末贷方余额，反映企业已计提但尚未转销的持有至到期投资减值准备。该科目可按持有至到期投资的类别和品种设置明细科目进行明细核算。

三、持有至到期投资核算

1. 取得持有至到期投资

企业为购入债券而付出的买价可能等于债券的面值，也可能高于或低于债券的面值。债券购入价格等于债券的面值，称为按面值购入；债券购入价格高于债券的面值，称为按溢价购入；债券购入价格低于债券的面值，称为按折价购入。

◇**知识拓展 7.7**

债券购入价格很大程度上取决于债券的票面利率和市场利率。若债券面值利率与市场利率相同，债券通常按面值购入；若债券的票面利率高于市场利率，债券通常按溢价购入，溢价既是对债券发行企业以后多付利息的事先补偿，也是债券购入企业为以后多得利息而预先付出的代价；当债券的票面利率低于市场利率时，债券可折价购入，折价既是发行债券企业以后少付利息而预先付出的代价，也是债券购入企业以后少得利息收入的预先补偿。

企业取得持有至到期投资时，应当按照取得时的公允价值和相关交易费用之和作为初始入账金额。实际支付的价款中包含的已到付息期但尚未领取的债券利息，应单独确认为应收项目，不构成持有至到期投资的初始入账金额。

企业取得持有至到期投资时，应当按照该债券的面值，借记“持有至到期投资——成本”科目；按支付的价款中包含的已到付息期但尚未领取的债券利息，借记“应收利息”科目；按实际支付的金额，贷记“银行存款”等科目；按其差额，借记或贷记“持有至到期投资——利息调整”科目。

【例 7-9】2013 年 1 月 5 日，江南公司购买 A 公司债券 2 000 张，债券期限为 5 年，债券面值为每张 100 元，票面利率为 5%，被划分为持有至到期投资。债券买价（公允价值）为每张 118 元，其中 12 元为已到付息期但尚未收取的利息，交易费用为 4 500 元，全部款项以银行存款支付。该债券每年年初付息一次，在第 5 年年末兑付本金（不能提前兑付）。不考虑所得税、减值损失等因素。江南公司的账务处理如下：

Ⅰ.取得持有至到期投资时：

借：持有至到期投资——成本　　200 000

　　　　　　　　　——利息调整　　16 500

　　应收利息　　24 000

　贷：银行存款　　240 500

Ⅱ.收到债券利息时：

借：银行存款　　24 000

　贷：应收利息　　24 000

2. 持有至到期投资持有期间

1）确认债券利息收入

持有至到期投资为分期付息、一次还本债券投资的，企业应当在资产负债表日按照持有至到期投资的面值和票面利率计算确定的应收未收利息，借记“应收利息”科目；按照持有至到期投资的摊余成本和实际利率计算确定的利息收入，贷记“投资收益”科目；按其差额，借记或贷记“持有至到期投资——利息调整”科目。

持有至到期投资为一次还本付息债券投资的，企业应当在资产负债表日按照持有至到期投资的面值和票面利率计算确定的应收未收利息，借记“持有至到期投资——应计利息”科目；按照持有至到期投资的摊余成本和实际利率计算确定的利息收入，贷记“投资收益”科目；按其差额，借记或贷记“持有至到期投资——利息调整”科目。

【例 7-10】承接【例 7-9】，江南公司根据上述资料，采用实际利率法确定每年持有至到期投资的投资收益。江南公司的账务处理如下：

计算实际利率 i：

$2\ 000\times100\times5\%\times(1+i)^{-1}+2\ 000\times100\times5\%\times(1+i)^{-2}+2\ 000\times100\times5\%\times(1+i)^{-3}+2\ 000\times100\times5\%\times(1+i)^{-4}+(2\ 000\times100\times5\%+2\ 000\times100)\times(1+i)^{-5}=216\ 500$ 元，由此得出 $i=3\%$。表 7-1 为采用实际利率和摊余成本计算确定的利息收入。

表 7-1　采用实际利率和摊余成本计算确定利息收入表　　单位:元

年份	期初摊余成本（①）	实际利息（②按 3%计算）	应收利息（③）	利息调整摊销（④=②-③）	期末摊余成本（⑤=①+④）
2013	216 500	6 495	10 000	-3 505	212 995
2014	212 995	6 389.85	10 000	-3 610.15	209 384.85
2015	209 384.85	6 281.55	10 000	-3 718.45	205 666.40
2016	205 666.40	6 169.99	10 000	-3 830.01	201 836.39
2017	201 836.39	8 163.61	10 000	-1 836.39	200 000

Ⅰ.2013 年 12 月 31 日,确认实际利息收入、收到债券利息:

借:应收利息　　10 000
　贷:持有至到期投资——利息调整　　3 505
　　投资收益　　6 495
借:银行存款　　10 000
　贷:应收利息　　10 000

Ⅱ.2014 年 12 月 31 日,确认实际利息收入、收到债券利息:

借:应收利息　　10 000
　贷:持有至到期投资——利息调整　　3 610.15
　　投资收益　　6 389.85
借:银行存款　　10 000
　贷:应收利息　　10 000

Ⅲ.2015 年 12 月 31 日,确认实际利息收入、收到债券利息:

借:应收利息　　10 000
　贷:持有至到期投资——利息调整　　3 718.45
　　投资收益　　6 281.55
借:银行存款　　10 000
　贷:应收利息　　10 000

Ⅳ.2016 年 12 月 31 日,确认实际利息收入、收到债券利息:

借:应收利息　　10 000
　贷:持有至到期投资——利息调整　　3 830.01
　　投资收益　　6 169.99
借:银行存款　　10 000
　贷:应收利息　　10 000

Ⅴ.2017 年 12 月 31 日,确认实际利息收入、收到债券利息:

借:应收利息　　10 000
　贷:持有至到期投资——利息调整　　1 836.39
　　投资收益　　8 163.61
借:银行存款　　10 000
　贷:应收利息　　10 000

借：银行存款　　200 000

　贷：持有至到期投资——成本　　200 000

2）持有至到期投资减值

根据《企业会计准则第 22 号——金融工具确认和计量》的规定，企业应当在资产负债表日对以公允价值计量且其变动计入当期损益的金融资产以外的金融资产（含单项金融资产或一组金融资产，下同）的账面价值进行检查，有客观证据表明该金融资产发生减值的，应当计提减值准备。因此，企业对于持有至到期投资应于资产负债表日进行减值测试。

企业对单项金额重大的金融资产应当单独进行减值测试，如有客观证据表明该金融资产已发生减值，应当确认减值损失，计入当期损益。对单项金额不重大的金融资产，可以单独进行减值测试，或包括在具有类似信用风险调整的金融资产组合中进行减值测试。

持有至到期投资以摊余成本后续计量，其发生减值时，应当将该金融资产的账面价值减记至预计未来现金流量（不包括尚未发生的未来信用损失）价值，减记的金额确认为资产减值损失，计入当期损益。持有至到期投资确认减值损失后，如有客观证据表明该金融资产价值已恢复，且客观上与确认该损失后发生的事项有关（如债务人的信用评级已提高等），原确认的减值损失应当予以转回，转回的金额计入当期损益。但是，该转回后的账面价值不应当超过假定不计提减值准备情况下该金融资产在转回日的摊余成本。

为了核算和监督企业计提的持有至到期投资减值准备，企业应当设置“持有至到期投资减值准备”科目；其借方登记实际发生的持有至到期投资减值损失金额和转回的持有至到期投资减值准备金额；贷方登记计提的持有至到期投资减值准备金额；期末余额一般在贷方，表示企业已计提但尚未转销的持有至到期投资减值准备。

资产负债表日，当持有至到期投资的账面价值高于预计未来现金流量现值，企业应当按照持有至到期投资账面价值高于预计未来现金流量现值的差额，借记“资产减值损失——计提的持有至到期投资减值准备”科目，贷记“持有至到期投资减值准备”科目。已计提减值准备的持有至到期投资价值以后又得以恢复的，应当在原已计提的减值准备金额范围内，按照已恢复的金额，借记“持有至到期投资减值准备”等科目，贷记“资产减值损失——计提的持有至到期投资减值准备”科目。

【例 7-11】承接**【例 7-9】**，2014 年 12 月 31 日，有客观证据表明 A 公司发生了严重财务困难，假定江南公司对债券投资确定的减值损失为 22 000 元；2016 年 12 月 31 日，有客观证据表明 A 公司债券价值已恢复，且客观上与确认该损失后发生的事项有关的，假定江南公司确定的应恢复的金额为 18 000 元。江南公司的账务处理如下：

Ⅰ. 2014 年 12 月 31 日，确认 A 公司债券投资的减值损失：

借：资产减值损失——计提的持有至到期投资减值准备　　22 000

　贷：持有至到期投资减值准备　　22 000

Ⅱ. 2016 年 12 月 31 日，确认 A 公司债券投资减值损失转回：

借：持有至到期投资减值准备　　18 000

　贷：资产减值损失——计提的持有至到期投资减值准备　　18 000

3. 出售持有至到期投资

企业出售持有至到期投资时，应当将取得的价款与账面价值之间的差额作为投资损益进行会计处理。如果对持有至到期投资计提了减值准备，还应同时结转减值准备。

企业出售持有至到期投资，应按实际收到的金额，借记“银行存款”等科目；按持有至到期投资的账面余额，贷记“持有至到期投资——成本”“持有至到期投资——利息调整”“持有至到期投资——应计利息”科目；按其差额，贷记或借记“投资收益”科目。如已计提减值准备的，还应同时结转减值准备，借记“持有至到期投资减值准备”科目。

【例 7-12】承接【例 7-9】，2016 年 5 月 22 日，江南公司将持有至到期投资（A 公司债券）全部出售，取得价款 210 000 元。江南公司的账务处理如下：

借：银行存款	210 000	
贷：持有至到期投资——成本		200 000
——利息调整		5 666.40
投资收益		4 333.60

◇**知识拓展 7.8**

企业因持有意图或能力发生改变，使某项投资不再适合划分为持有至到期投资，企业应当将其重分类为可供出售金融资产。此外，企业将持有至到期投资部分出售，出售部分所占的金额较大（通常指出售部分达到或超过企业持有至到期投资总额 5% 的情形），且不属于企业会计准则所允许的例外情况，使该投资的剩余部分不再适合划分为持有至到期投资的，企业应当将投资的剩余部分重分类为可供出售金融资产。

在重分类日，企业应按该金融资产的公允价值，借记“可供出售金融资产”账户；按其账面余额，贷记“持有至到期投资”账户；按其差额，贷记或借记“其他综合收益”账户；以后当该可供出售金融资产发生减值或终止确认时，将上述差额，由“其他综合收益”账户转入“资产减值损失”或“投资收益”账户。

任务 7.4　可供出售金融资产核算

一、认识可供出售金融资产

可供出售金融资产，是指初始确认时即被指定为可供出售的非衍生金融资产，以及没有划分为贷款和应收款项、持有至到期投资、以公允价值计量且其变动计入当期损益的金融资产。通常情况下，可供出售金融资产包括企业从二级市场购入的债券投资、股票投资、基金投资等，但这些金融资产没有被划分为交易性金融资产、持有至到期投资等金融资产。

◇**知识拓展 7.9**

企业取得一项债券投资，如果管理层的持有目的是只要获利，随时可出售，则作为交易性金融资产核算；如果管理层明确表示将持有至到期，且有能力持有至到期，则一般应作为持有至到期投资核算；如果管理层持有意图尚未明确，持有时间不确定，则可以将其划分为可供出售金融资产。如企业购入的在活跃市场上有报价的股票、债券和基金等，没有划分为交易性金融资产、持有至到期投资等金融资产的，可确认为可供出售金融资产。可供出售金融资产在符合一定条件的情况下可以转为持有至到期投资。

二、可供出售金融资产核算会计科目设置

为了核算和监督可供出售金融资产的取得、现金股利或利息的收取、处置等业务，企业应设置“可供出售金融资产”“其他综合收益”“投资收益”等科目。

（1）“可供出售金融资产”科目。该科目属于资产类，用于核算企业持有的可供出售金融资产的公允价值，包括划分为可供出售的股票投资、债券投资等金融资产；其借方登记可供出售金融资产的取得成本、资产负债表日其公允价值高于账面余额的差额、可供出售金融资产转回的减值损失等；贷方登记资产负债表日其公允价值低于账面余额的差额、可供出售金融资产发生的减值损失、出售可供出售金融资产时结转的成本和公允价值变动；期末余额在借方，表示企业可供出售金融资产的公允价值。该科目可按可供出售金融资产的类别和品种，分别设置“成本”“利息调整”“应计利息”“公允价值变动”等明细科目进行明细核算。

（2）“其他综合收益”科目。该科目属于所有者权益类，用于核算企业可供出售金融资产公允价值变动而形成的应计入所有者权益的利得或损失等；其借方登记资产负债表日企业持有的可供出售金融资产的公允价值低于账面余额的差额等；贷方登记资产负债表日企业持有的可供出售金融资产的公允价值高于账面余额的差额等。

可供出售金融资产发生减值的，也可以单独设置“可供出售金融资产减值准备”科目。

三、可供出售金融资产核算

1. 取得可供出售金融资产

企业取得的可供出售金融资产应当按照公允价值计量，取得可供出售金融资产所发生的相关交易费用应当计入可供出售金融资产的初始入账金额。

企业取得可供出售金融资产支付的价款中包含的已宣告但尚未发放的现金股利或已到付息期但尚未领取的债券利息，应当单独确认为应收项目，不构成可供出售金融资产的初始入账金额。

（1）企业取得的可供出售金融资产为股票投资的，应按该金融资产取得时的公允价值（不含已宣告但尚未发放的现金股利）和支付的相关交易费用的金额之和，借记“可供出售金融资产——成本”科目；按已宣告但尚未发放的现金股利金额，借记“应收股利”科目；按企业实际支付的金额，贷记“银行存款”等科目。

（2）企业取得的可供出售金融资产为债券投资的，应按该债券的面值，借记“可供出售金融资产——成本”科目；按支付的价款中包含的已到付息期但尚未领取的利息，借记“应收利息”科目；按实际支付的金额，贷记“银行存款”等科目；按其差额，借记或贷记“可供出售金融资产——利息调整”科目。

【例 7-13】2016 年 1 月 1 日，江南公司购入 A 公司当日发行的 5 年期、分期付息、一次还本的公司债券，面值为 800 000 元，票面年利率为 6%，实际利率为 5%。江南公司将其划分为可供出售金融资产，支付价款为 840 000 元，另支付交易费用 10 000 元。江南公司的账务处理如下：

借：可供出售金融资产——成本　　800 000
　　　　　　　　　　——利息调整　　50 000
　贷：银行存款　　850 000

【例 7-14】2016 年 1 月 10 日，江南公司从二级市场购入 B 公司股票 300 000 股，每股价格 12

元，另支付相关交易费用金额为 36 000 元。江南公司将其划分为可供出售金融资产。

借：可供出售金融资产——成本　　3 636 000

　贷：其他货币资金——存出投资款　　3 636 000

2. 可供出售金融资产持有期间

1）取得现金股利、债券利息

可供出售金融资产持有期间取得的现金股利和利息，应当计入投资收益。

（1）可供出售金融资产为股票投资的，被投资单位宣告发放现金股利时，按相应金额，借记“应收股利”科目，贷记“投资收益”科目。

（2）可供出售金融资产为债券投资的，企业应当在可供出售金融资产持有期间，采用实际利率法，按照摊余成本和实际利率计算确认利息收入，计入投资收益。实际利率应当在取得持有至到期投资时确定，实际利率与票面利率差别较小的，也可以按票面利率计算利息收入。

企业在资产负债表日，如可供出售金融资产为分期付息、一次还本债券投资的，应按可供出售金融资产的面值和票面利率计算确定的应收未收利息，借记“应收利息”科目；按可供出售金融资产的摊余成本和实际利率计算确定的利息收入，贷记“投资收益”科目；按其差额，借记或贷记“可供出售金融资产——利息调整”科目。可供出售金融资产为一次还本付息债券投资的，应按可供出售金融资产的面值和票面利率计算确定的应收未收利息，借记“可供出售金融资产——应计利息”科目；按可供出售金融资产摊余成本和实际利率计算确定的利息收入，贷记“投资收益”科目；按其差额，借记或贷记“可供出售金融资产——利息调整”科目。

【例 7-15】承接【例 7-13】，2016 年 12 月 31 日，江南公司确认债券利息收入。江南公司的账务处理如下：

应收利息＝800 000×6%＝48 000 元

利息收入＝850 000×5%＝42 500 元

借：应收利息　　48 000

　贷：投资收益　　42 500

　　可供出售金融资产——利息调整　　5 500

【例 7-16】承接【例 7-14】，2016 年 8 月 20 日，B 公司宣告发放半年度现金股利 0.2 元/股。江南公司的账务处理如下：

借：应收股利　　60 000

　贷：投资收益　　60 000

2）可供出售金融资产的期末计量

在资产负债表日，可供出售金融资产应当按照公允价值计量，且公允价值变动应当作为其他综合收益，计入所有者权益，不构成当期利润。

资产负债表日，当可供出售金融资产公允价值高于账面余额，企业应当按其差额，借记“可供出售金融资产——公允价值变动”科目，贷记“其他综合收益”科目；当可供出售金融资产公允价值低于账面余额，企业应当按其差额，做相反的会计处理。

【例 7-17】承接【例 7-13】，2016 年 12 月 31 日，该债券公允价值为 860 000 元。江南公司的账务处理如下：

期末摊余成本＝850 000－5 500＝844 500 元

公允价值变动＝860 000－844 500＝15 500 元

借:可供出售金融资产——公允价值变动　　15 500
　贷:其他综合收益　　15 500

【例 7-18】承接【例 7-14】,2016 年 12 月 31 日,B 公司股票的市场价格为每股 10 元。江南公司预计该股票的价格下跌是暂时的。江南公司的账务处理如下:

借:其他综合收益　　636 000
　贷:可供出售金融资产——公允价值变动　　636 000

3) 可供出售金融资产的减值

资产负债表日,企业应当对可供出售金融资产的账面价值进行检查,有客观证据表明该金融资产发生减值的,应当确认减值损失,同时直接冲减可供出售金融资产或计提相应的资产减值准备。企业确定可供出售金融资产发生减值的,按应减记的金额,借记"资产减值损失"科目;按应从原计入其他综合收益的累计损失金额,贷记"其他综合收益"科目;按其差额,贷记"可供出售金融资产——公允价值变动"科目或"可供出售金融资产减值准备"科目。

◇**知识拓展 7.10**

资产减值损失包括两个方面:第一是前期确认的累计损失,即计入"其他综合收益"账户的金额;第二是本期的公允价值下跌,即计入"可供出售金融资产——公允价值变动"账户或"可供出售金融资产减值准备"账户的金额。

对于已确认减值损失的可供出售金融资产,在随后的会计期间内公允价值已上升且客观上与确认原减值损失事项有关的,应当在原已确认的减值损失范围内转回,同时调整资产减值损失或所有者权益。按已恢复的金额,借记"可供出售金融资产——公允价值变动"科目或"可供出售金融资产减值准备"科目;贷记"资产减值损失"科目。但可供出售金融资产为股票等权益工具投资的(不含在活跃市场上没有报价、公允价值不能可靠计量的权益工具投资),借记"可供出售金融资产——公允价值变动"科目或"可供出售金融资产减值准备"科目,贷记"其他综合收益"科目。

【例 7-19】承接【例 7-18】,2017 年 12 月 31 日,B 公司股票价格继续下跌,每股为 9 元,且下降趋势为非暂时性的。江南公司的账务处理如下:

借:资产减值损失　　936 000
　贷:其他综合收益　　636 000
　　可供出售金融资产——公允价值变动　　300 000

3. 出售可供出售金融资产

企业出售可供出售金融资产时,应将取得的价款与账面余额之间的差额,计入投资损益;同时,将原有直接计入所有者权益的公允价值变动累计额对应处置部分的金额转出,由其他综合收益转为投资损益。如果对可供出售金融资产计提了减值准备,还应当同时结转减值准备。

企业出售可供出售金融资产,应当按照实际收到的金额,借记"银行存款"等科目;按该可供出售金融资产的账面余额,贷记"可供出售金融资产——成本、公允价值变动、利息调整、应计利息"科目;按其差额,贷记或借记"投资收益"科目。同时,按应从所有者权益中转出的公允价值累计变动额,借记或贷记"其他综合收益"科目,贷记或借记"投资收益"科目。

【例 7-20】江南公司将所持有 C 公司股票划分为可供出售金融资产,该股票初始入账金额为

180 000 元，累计公允价值变动为 40 000 元(借方)。2017 年 10 月 5 日，公司将该股票全部售出，取得价款 200 000 元。江南公司的账务处理如下：

借：银行存款　　200 000
　投资收益　　20 000
　贷：可供出售金融资产——成本　　180 000
　　　　　　　　　——公允价值变动　　40 000

借：其他综合收益　　40 000
　贷：投资收益　　40 000

项目8

流动负债核算

【学习目标要求】

明确流动负债的概念和分类；熟悉往来结算、工资核算、税务会计等岗位职责；掌握短期借款、应付票据、应付账款、应付职工薪酬、应交税费和其他流动负债核算的账户设置及主要业务处理。

【典型工作任务】

1. 短期借款核算
2. 应付票据、应付账款及预收账款核算
3. 应付职工薪酬核算
4. 应交税费核算
5. 其他流动负债核算

本项目知识结构

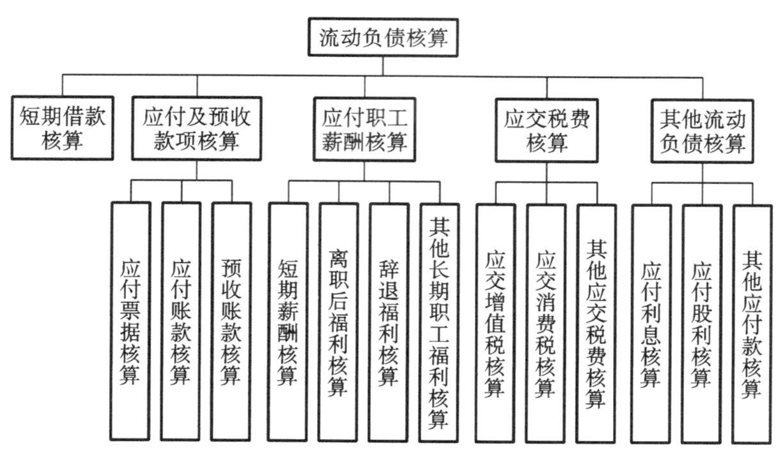

任务8.1 短期借款核算

一、短期借款核算会计科目设置

短期借款，是指企业向银行或其他金融机构等借入的、偿还期限在一年以内(含一年)的各种款项。企业借入短期借款，一般是为了维持企业正常生产经营所需的资金或者是为了抵偿某项债务。

为了核算和监督企业短期借款的取得及偿还等情况，企业应设置“短期借款”科目。该科目属于负债类，其借方登记偿还短期借款的本金数额；贷方登记取得短期借款的本金数额；期末余额在贷方，表示尚未偿还的短期借款本金数额。该科目可按借款种类、贷款人和币种设置明细科目进行明细核算。

◇**知识拓展8.1**

金融机构，是指专门从事货币信用活动的中介组织。我国的金融机构，按地位和功能可分为四大类：第一类，中央银行，即中国人民银行；第二类，银行，包括政策性银行、商业银行、村镇银行；第三类，非银行金融机构，主要包括国有及股份制的保险公司、城市信用合作社、证券公司(投资银行)、财务公司等；第四类，在境内开办的外资、侨资、中外合资金融机构。以上各种金融机构相互补充，构成了一个完整的金融机构体系。

二、短期借款核算

短期借款核算的主要内容如下：

1. 借入短期借款

银行是经营货币资金的金融企业，有严格的操作规范，企业在按规定程序向银行或其他金融机构提出申请取得借款后，借记“银行存款”科目，贷记“短期借款”科目。

2. 短期借款利息处理

企业因短期借款而发生的利息属于筹资费用，应作为当期损益计入“财务费用”科目，并区分不同的情况做出不同的账务处理。

(1) 如果企业的短期借款利息是按期支付的(如按季度、按半年等支付利息)，或者利息是在借款到期时连同本金一起偿还，并且数额较大的，企业应采用月末预提方式进行短期借款利息的核算。在资产负债表日，企业应当按照计算确定的短期借款利息费用，借记“财务费用”科目，贷记“应付利息”科目；实际支付利息时，按照已经预提的利息金额，借记“应付利息”科目，按照实际支付的利息金额与已经预提的利息金额之间的差额(应计利息部分)，借记“财务费用”科目，按照实际支付的利息金额，贷记“银行存款”科目。

(2) 如果企业的短期借款利息是按月支付的，或者利息是在短期借款到期时连同本金一起偿还，但数额不大的，可以采用简化核算的方法，在实际支付或收到银行的计息通知时，直接计入当期损益，借记“财务费用”科目，贷记“银行存款”或“库存现金”科目。

3. 偿还短期借款

企业在短期借款到期偿还本金时，应借记“短期借款”科目，贷记“银行存款”科目。

如果利息是在借款到期时连同本金一起归还的，企业应将归还的利息通过“应付利息”或“财务费用”科目核算。

【例 8-1】江南公司于 2018 年 1 月 1 日向中国工商银行借入一笔生产经营用短期借款，共计 1500 000 元，期限为 6 个月，年利率为 4%。根据与银行签署的借款协议，该项借款的本金到期后一次偿还；利息分月预提，按季度支付。江南公司的账务处理如下：

Ⅰ. 2018 年 1 月 1 日，取得短期借款：

借：银行存款　　1 500 000

　贷：短期借款　　1 500 000

Ⅱ. 2018 年 1 月 31 日，计提向中国工商银行借款的本月利息：

本月应计提的利息金额 = 1 500 000×4%÷12 = 5 000 元

借：财务费用　　5 000

　贷：应付利息　　5 000

2018 年 2 月 28 日计提 2 月份利息费用的处理与 1 月份相同。

Ⅲ. 2018 年 3 月 31 日，支付第一季度银行借款利息：

借：财务费用　　5 000

　　应付利息　　10 000

　贷：银行存款　　15 000

第二季度的会计处理同上。

Ⅳ. 2018 年 7 月 1 日，到期偿还中国工商银行借款本金：

借：短期借款　　1 500 000

　贷：银行存款　　1 500 000

任务 8.2　应付及预收款项核算

一、应付票据

(一) 应付票据核算会计科目设置

应付票据，是指企业购买材料、商品或接受劳务供应而开出、承兑的商业汇票，包括商业承兑汇票和银行承兑汇票。在银行开立存款科目的法人以及其他组织之间必须具有真实的交易关系或者债权债务关系，才能使用商业汇票。如果开出的是商业承兑汇票，必须经付款方(购买单位)承兑；如果开出的是银行承兑汇票，必须由银行承兑。应付票据按是否带息分为带息票据和不带息票据两种。

一般情况下，我国商业汇票的付款期限不超过6个月，因此，在会计实务中，企业应将应付票据作为流动负债进行管理和核算；同时，由于应付票据的偿付时间较短，企业一般均按照开出、承兑的应付票据的面值入账。

为了核算和监督企业应付票据的发生、偿付等情况，企业应设置"应付票据"科目。该科目属于负债类，其借方登记票据到期时支付的金额或转出的金额；贷方登记开出并承兑的商业汇票面值；期末余额在贷方，表示企业尚未到期的商业汇票的票面金额。该科目可按债权人进行明细核算。

为了加强对应付票据的管理，企业还应设置"应付票据备查簿"，并指定专人负责，详细登记每一应付票据的种类、号数、签发日期、到期日、票面金额、合同交易号、收款人姓名、付款日期和金额等资料；应付票据到期结清时，应在备查簿内逐笔注销。

（二）应付票据核算

1. 开出、承兑应付票据

企业因购买材料、商品或接受劳务供应而开出、承兑商业汇票时，应按其票面金额作为应付票据的入账金额，借记"材料采购""原材料""库存商品""应交税费——应交增值税（进项税额）"等科目，贷记"应付票据"科目。

如果销货单位要求开具银行承兑汇票的，购货单位应向银行申请签发银行承兑汇票，银行在按规定审查后同意承兑的，购货单位还须按面值的0.5‰向银行支付承兑手续费，并作为财务费用处理，借记"财务费用"科目，贷记"银行存款"或"库存现金"科目。

【例8-2】江南公司为增值税一般纳税人，增值税税率为17%，原材料按实际成本核算。2018年3月1日，购入原材料一批，增值税专用发票上注明价款为80 000元，增值税税额为13 600元，材料已验收入库。公司开出并经开户银行承兑的商业汇票一张，面值为93 600元，期限为5个月。银行承兑手续费按票面金额的1‰计算。江南公司的账务处理如下：

Ⅰ.2018年3月1日，开出并承兑汇票购入材料：

借：原材料	80 000	
应交税费——应交增值税（进项税额）	13 600	
贷：应付票据		93 600

Ⅱ.支付商业汇票承兑手续费：

借：财务费用	93.60	
贷：银行存款		93.60

2. 应付票据到期偿付

企业签发的商业汇票到期时，应无条件支付票据款项。应付票据到期前，企业应将票据款项足额交存其开户银行，便于银行在收到商业汇票付款通知时，无条件将款项划转给收款人、被背书人或贴现所在银行。应付票据到期时，按实际支付的票据面值，借记"应付票据"科目，贷记"银行存款"科目。

【例8-3】承接【例8-2】，2018年8月1日，上述商业汇票到期，江南公司通知其开户银行以转账支票支付票款。江南公司的账务处理如下：

借：应付票据	93 600	
贷：银行存款		93 600

3. 应付票据到期转销

当企业无力支付票据款项时，如应付商业承兑汇票到期，应将应付票据按账面余额转作应付账款，借记“应付票据”科目，贷记“应付账款”科目；如应付银行承兑汇票到期，应将应付票据按账面余额转作短期借款，借记“应付票据”科目，贷记“短期借款”科目；并按每日 0.5‰计收利息，利息支出计入“财务费用”科目。

【例 8-4】承接【例 8-2】，假设 2018 年 8 月 1 日上述商业汇票到期时江南公司无力支付票款。江南公司的账务处理如下：

	借方	贷方
借：应付票据	93 600	
贷：短期借款		93 600

◇知识拓展 8.2

应付票据如为带息票据，其票据的面值就是票据的现值。由于我国商业汇票期限较短，因此，一般在期末，企业对尚未支付的票据按其存续时间和票面利率计算应付利息，同时增加应付票据的账面价值，借记“财务费用”科目，贷记“应付票据”科目。如果票据到期支付票款时，尚未计提的应付利息部分直接计入当期财务费用，借记“应付票据”“财务费用”科目，贷记“银行存款”科目。如果带息商业承兑票据到期而企业无力支付票款时，按应付票据的账面价值和尚未计提的应付利息部分，借记“应付票据”“财务费用”科目，贷记“应付账款”科目；如果带息银行承兑汇票到期而企业无力支付票款时，转入“短期借款”科目。

二、应付账款

（一）应付账款核算会计科目设置

应付账款，是指企业因购买材料、商品或接受劳务供应等经营活动而应支付给供应商的款项。应付账款一般应在与所购买物资所有权相关的主要风险和报酬已经转移，或者所购买的劳务已经接受时确认。实务中，为了使所购入物资的金额、品种、数量和质量等与合同规定的条款相符，避免因验收时发现所购物资的数量或质量存在问题而对入账的物资或应付账款金额进行改动，通常区分以下两种情况进行处理：

（1）物资与发票账单同时到达的情况下，应付账款一般在所购物资验收入库后，按发票账单登记入账。

（2）物资和发票账单不能同时到达的情况下，如果月末发票账单仍未到达，为如实反映企业的负债情况，应按暂估价入账，待下月初做方向相反的分录，将上月末暂估入账的应付账款予以冲销。

应付账款的付款期限不长，一般为 30～60 天。因此，应付账款通常按发票账单上注明的应付金额（包括价、税）入账，而不按到期应付金额的现值入账。发生商业折扣时，应付账款应按扣除商业折扣后发票载明的金额入账；发生现金折扣时，一般采用总价法核算，按发票账单上的应付金额的总值入账，实际支付时发生的现金折扣作为一项理财收益，直接冲减财务费用。

为了核算和监督企业应付账款的发生、偿付等情况，企业应设置“应付账款”科目。该科目属于负债类，其借方登记偿还的应付账款金额，或开出商业汇票抵付应付账款的款项，或已冲销无法支付的应付账款金额；贷方登记企业因购买材料、商品或接受劳务供应等而发生的应付账款金额以及商业汇票到期无法支付时转入的应付票据款项；期末余额在贷方，表示企业尚未支付的应付账款金额。该科目可按供应商单位名称设置明细账进行明细分类核算。

◇知识拓展 8.3

不单独设置“预付账款”科目的企业，预付的账款也在“应付账款”科目核算。

（二）应付账款核算

1. 发生应付账款

企业因购买材料、商品或接受劳务供应等而发生的应付账款金额，应按应付金额入账。购入材料、商品等验收入库，但货款尚未支付时，应根据有关凭证（发票账单、随货同行发票上记载的实际价款或暂估价值），借记“材料采购”“原材料”等科目，按可抵扣的增值税进项税额，借记“应交税费——应交增值税（进项税额）”科目，按应付的金额，贷记“应付账款”科目。

企业接受劳务供应而发生的应付未付款项，应根据供应单位的发票账单，借记“生产成本”“管理费用”等科目，贷记“应付账款”科目。

应付账款附有商业折扣的，应按扣除商业折扣后的应付账款金额，借记有关科目，贷记“应付账款”科目。

应付账款附有现金折扣的，应按扣除现金折扣前的应付账款总值，借记有关科目，贷记“应付账款”科目。待实际发生现金折扣时，借记“应付账款”科目，贷记“银行存款”“财务费用”科目。

【例 8-5】江南公司 2018 年 3 月发生如下经济业务：

(1) 1 日，从 A 公司购入一批材料，货款 60 000 元，增值税 10 200 元，对方代垫运杂费 5000 元。材料已验收入库（该公司材料按实际成本计价核算），款项尚未支付。

借：原材料	65 000	
应交税费——应交增值税（进项税额）	10 200	
贷：应付账款		75 200

(2) 5 日，从 B 公司购入一批产品并验收入库。增值税专用发票上注明的该批材料的价款为 200 000 元，增值税为 34 000 元。按照购货协议的规定，江南公司如在 15 天内付清货款，将获得 1%的现金折扣（假设计算现金折扣时需考虑增值税）。

借：库存商品	200 000	
应交税费——应交增值税（进项税额）	34 000	
贷：应付账款		234 000

(3) 21 日，收到银行转来的供电部门收费单据，支付电费 45 000 元。

借：应付账款	45 000	
贷：银行存款		45 000

(4) 月末，经计算，本月应支付电费 56 500 元，其中生产车间电费 35 200 元，行政管理部门电费 21 300 元，款项尚未支付。

借：制造费用	35 200	
管理费用	21 300	

贷：应付账款　　56 500

2. 偿还应付账款

企业偿还应付账款或开出商业汇票抵付应付账款时，应借记“应付账款”科目，贷记“银行存款”“应付票据”等科目。

【例 8-6】江南公司 2018 年 3 月发生如下经济业务：

(1) 承接【例 8-5】，10 日，以银行存款支付所欠 A 公司材料相关款项 75 200 元。

借：应付账款　　75 200

　贷：银行存款　　75 200

(2) 承接【例 8-5】，18 日，用银行存款付清了上述所欠 B 公司货款。

借：应付账款　　234 000

　贷：银行存款　　231 660

　　财务费用　　2 340

3. 转销应付账款

企业转销因债权单位撤销或其他原因而产生的无法支付的应付账款时，应按其账面余额计入营业外收入，借记“应付账款”科目，贷记“营业外收入”科目。

【例 8-7】2018 年 3 月 31 日，江南公司确定一笔应付账款 584 000 元为无法支付的款项，应予转销。江南公司的账务处理如下：

借：应付账款　　584 000

　贷：营业外收入　　584 000

三、预收账款

（一）预收账款核算会计科目设置

预收账款，是指企业按照合同规定向购货单位预先收取的款项。预收账款是买卖双方协议商定，销货单位向购货单位预先收取一定的货款，待向购货单位发货后再收取剩余的货款。销货单位在发货前收取的货款表明企业承担了一定的偿债义务，从而形成一项负债。与应付账款不同的是，预收账款所形成的负债不是以货币偿付，而是以货物偿付。

为了核算和监督企业预收货款的收入、补收或退回多余货款等情况，企业应设置“预收账款”科目。该科目属于负债类，其借方登记企业向购货单位发货后冲销的预收账款金额和退回购货单位多付账款的金额；贷方登记企业发生的预收账款金额和购货单位补付账款的金额；期末如为贷方余额，表示企业向购货单位预收的款项；如为借方余额，表示企业尚未转销的款项。该科目一般应按购货单位设置明细账进行明细分类核算。

◇知识拓展 8.4

预收账款业务经常发生的企业可以单独设置“预收账款”科目，这样可以比较完整地反映企业该项负债的发生及偿付情况，且便于填列会计报表；预收账款业务不多的企业，为了简化会计核算，可以不设置“预收账款”科目，其所发生的预收货款，直接计入“应收账款”科目进行核算。在这种情况下，期末编制会计报表时，需要根据“应收账款”科目的明细记录才能区分真正意义的预收账款和应收账款，并分别填列在资产负债表的负债与资产项目内。

（二）预收账款核算

企业向购货单位预收款项时，借记“银行存款”科目，贷记“预收账款”科目；销售实现时，按实现的收入和应交的增值税销项税额，借记“预收账款”科目，按实现的营业收入，贷记“主营业务收入”科目，按增值税专用发票上注明的增值税税额，贷记“应交税费——应交增值税（销项税额）”等科目；企业收到购货单位补付的款项时，借记“银行存款”科目，贷记“预收账款”科目；向购货单位退回其多付的款项时，借记“预收账款”科目，贷记“银行存款”科目。

【例 8-8】江南公司为增值税一般纳税人，增值税税率为17%。2018年2月1日，与C公司签订合同，向C公司销售一批商品，货款金额为300 000元，增值税51 000元。根据购销合同的规定，C公司应在购货合同签订后1周内，向江南公司预付货款200 000元，剩余货款在交货后付清。2018年2月7日，江南公司收到C公司预付货款200 000元存入银行，2月15日江南公司将货物发运到C公司并开具增值税专用发票，C公司验收货物后付清了剩余货款。江南公司的账务处理如下：

Ⅰ.2018年2月7日，收到C公司预付的货款：

	借方	贷方
借：银行存款	200 000	
贷：预收账款		200 000

Ⅱ.向C公司发出货物：

	借方	贷方
借：预收账款	351 000	
贷：主营业务收入		300 000
应交税费——应交增值税（销项税额）		51 000

Ⅲ.2018年2月15日，收到C公司补付的货款：

	借方	贷方
借：银行存款	151 000	
贷：预收账款		151 000

【例 8-9】承接【例 8-8】，假设江南公司不设置“预收账款”科目，其预收的款项通过“应收账款”科目核算。江南公司的账务处理如下：

Ⅰ.2018年2月7日，收到C公司预付的货款：

	借方	贷方
借：银行存款	200 000	
贷：应收账款		200 000

Ⅱ.向C公司发出货物：

	借方	贷方
借：应收账款	351 000	
贷：主营业务收入		300 000
应交税费——应交增值税（销项税额）		51 000

Ⅲ.2018年2月15日，收到C公司补付的货款：

	借方	贷方
借：银行存款	151 000	
贷：应收账款		151 000

任务 8.3　应付职工薪酬核算

一、认识职工薪酬

《企业会计准则第 9 号——职工薪酬》(财会〔2014〕8 号)明确规定:职工薪酬是指企业为获得职工提供的服务或解除劳动关系而给予的各种形式的报酬或补偿。从广义上讲,职工薪酬是企业必须付出的人力成本,是吸引和激励职工的重要手段,即职工薪酬既是职工对企业投入劳动获得的报酬,也是企业的成本费用。职工薪酬包括短期薪酬、离职后福利、辞退福利和其他长期职工福利。企业提供给职工配偶、子女、受赡养人、已故员工遗属及其他受益人等的福利,也属于职工薪酬。

◇知识拓展 8.5

从薪酬的涵盖时间和支付形式来看,职工薪酬包括职工在职期间和离职期间提供给职工的全部货币性薪酬和非货币性薪酬;从薪酬的支付对象来看,职工薪酬既包括提供给职工本人的薪酬,也包括提供给职工配偶、子女、受赡养人、已故员工遗属及其他受益人等的福利。职工薪酬由企业根据职工的劳动及相关规定定期结算并支付,实务中一般职工薪酬的结算在前,实际支付在后,两者存在一定的时间差,由此产生的应付未付职工薪酬,构成企业的一项流动负债。

职工薪酬中所指的"职工",涵盖的范围非常广泛,主要包括三类人员:一是与企业订立劳动合同的所有人员,含全职、兼职和临时职工;二是虽未与企业订立劳动合同,但由企业正式任命的人员,如公司的董事会成员、监事会成员等;三是在企业的计划和控制下,虽未与企业订立劳动合同或未由其正式任命,但向企业所提供服务与职工所提供服务类似的人员,如劳动用工合同人员。

职工薪酬主要包括以下内容:

1. 短期薪酬

短期薪酬,是指企业在职工提供相关服务的年度报告期间结束后 12 个月内需要全部予以支付的职工薪酬,因解除与职工的劳动关系给予的补偿除外。短期薪酬具体包括:

1) 职工工资、奖金、津贴和补贴

职工工资、奖金、津贴和补贴,是指按照国家统计局规定的构成工资总额的计时工资、计件工资、支付给职工的超额劳动报酬和增收节支的劳动报酬、为了补偿职工特殊或额外的劳动消耗和因特殊原因支付给职工的津贴,以及为了保证职工工资水平不受物价影响支付给职工的物价补贴等。其中,企业按照短期奖金计划向职工发放的奖金属于短期薪酬,按照长期奖金计划向职工发放的奖金属于其他长期职工福利。

2）职工福利费

职工福利费，是指企业向职工提供的生活困难补助、丧葬补助费、抚恤补助费、职工异地安家费、防暑降温费等职工福利支出。

3）医疗保险费、工伤保险费和生育保险费等社会保险费

医疗保险费、工伤保险费和生育保险费等社会保险费，是指企业按照国家规定的基准和比例计算，向社会保险经办机构缴纳的医疗保险费、工伤保险费和生育保险费。

4）住房公积金

住房公积金，是指企业按照国家相关规定的基准和比例计算，向住房公积金管理机构缴存的住房公积金。

5）工会经费和职工教育经费

工会经费和职工教育经费，是指企业为了改善职工文化生活、为方便职工学习先进技术和提高文化和业务素质，用于开展工会活动和职工教育及职业技能培训等相关支出。

6）短期带薪缺勤

短期带薪缺勤，是指企业职工虽然缺勤但企业仍向其支付报酬的安排，包括年休假、病假、短期伤残、婚假、产假、丧假、探亲假等。长期带薪缺勤属于其他长期职工福利。

7）短期利润分享计划

短期利润分享计划，是指因职工提供服务而与职工达成的基于利润或其他经营成果提供薪酬的协议。长期利润分享计划属于其他长期职工福利。

8）非货币性福利

非货币性福利，是指企业以自己的产品或其他有形资产发放给职工作为福利，以无偿使用的方式向职工提供自己拥有的资产（如提供给企业高级管理人员的汽车、住房等），企业为职工无偿提供商品或类似医疗保健的服务等。

9）其他短期薪酬

其他短期薪酬，是指除上述薪酬以外的其他为获得职工提供的服务而给予的短期薪酬。

◇知识拓展 8.6

对于国务院有关部门、省、自治区、直辖市人民政府或经批准的企业年金计划规定了计提基础和计提比例的职工薪酬项目，企业应当按照规定的计提标准，计算确定应付职工薪酬的金额。具体包括应向社会保险经办机构缴纳的根据工资薪金总额的一定比例计提的医疗保险费、工伤保险费、生育保险费等社会保险费以及养老保险费、失业保险费等设定提存计划；应向住房公积金管理中心缴存的根据工资薪金总额的一定比例计提的住房公积金；以及应向工会部门缴纳的分别按照职工工资薪金总额的2%和1.5%计提的工会经费和职工教育经费（对于从业人员技术要求高、培训任务重、经济效益好的企业，可根据国家相关规定，按照职工工资薪金总额的2.5%计提应计入成本费用的职工教育经费）。

2. 离职后福利

离职后福利，是指企业为获得职工提供的服务而在职工退休或与企业解除劳动关系后，提供的各种形式的报酬和福利，短期薪酬和辞退福利除外。

3. 辞退福利

辞退福利，是指企业在与职工劳动合同到期之前解除与职工的劳动关系，或者为鼓励职工自愿接受裁减而给予职工的补偿。

4. 其他长期职工福利

其他长期职工福利，是指除短期薪酬、离职后福利、辞退福利之外所有的职工薪酬，包括长期带薪缺勤、长期残疾福利、长期利润分享计划等。

二、应付职工薪酬核算会计科目设置

为了核算和监督企业应付职工薪酬的计提、结算和使用等情况，企业应当设置"应付职工薪酬"科目。该科目属于负债类，其借方登记实际发放的职工薪酬金额；贷方登记已分配计入有关成本费用项目的职工薪酬金额；期末余额在贷方，表示企业应付未付的职工薪酬金额。

"应付职工薪酬"科目应当按照"工资、奖金、津贴和补贴""职工福利费""非货币性福利""社会保险费""住房公积金""工会经费和职工教育经费""带薪缺勤""利润分享计划""设定提存计划""设定受益计划""辞退福利"等职工薪酬项目设置明细科目进行明细分类核算。

三、短期薪酬核算

企业应当在职工为其提供服务的会计期间，将实际发生的短期薪酬确认为负债，并计入当期收益，其他会计准则要求或允许计入资产成本的除外。

（一）货币性职工薪酬核算

1. 职工工资、奖金、津贴和补贴

对于职工工资、奖金、津贴和补贴等货币性职工薪酬，企业应当在职工为其提供服务的会计期间，将实际发生的职工工资、奖金、津贴和补贴等，根据职工提供服务的受益对象，将应确认的职工薪酬，借记"生产成本""制造费用"等科目，贷记"应付职工薪酬——工资、奖金、津贴和补贴"科目。

◇知识拓展 8.7

按照劳动工资制度的规定，企业应由劳动工资部门每月按车间（或部门）根据考勤记录、工时记录、产量记录、工资标准、工资等级等编制"工资结算单"，单内应分职工类别和每一职工分行填写应付职工薪酬。工资结算单一般一式三份：一份按职工姓名裁成"工资条"，连同实发工资一起发给职工，以便职工查对；一份作为劳动工资部门进行劳动工资统计的依据；一份经过职工签收后作为工资结算和付款的原始凭证。企业再根据各车间（或部门）"工资结算单"，进行工资结算汇总，编制"工资结算汇总表"，确认企业应付和实发职工薪酬的总括情况，并据以进行工资结算总分类核算。

【例 8-10】江南公司 2018 年 3 月工资结算汇总资料如下：应付职工薪酬总额 765 000 元。其中，生产车间直接生产工人工资 420 000 元，车间管理人员工资为 150 000 元，行政管理人员工资 112 000 元，专设销售机构人员工资 83 000 元。江南公司的账务处理如下：

借：生产成本——基本生产成本　　　　420 000

　　制造费用　　　　150 000

管理费用　　112 000
销售费用　　83 000
贷:应付职工薪酬——工资、奖金、津贴和补贴　　765 000

实务中,企业一般在每月实际发放工资前,根据"工资结算汇总表"中的"实发金额"栏的合计数,从开户银行提取现金再向职工发放或将会计主管盖章的"工资结算单"交由银行转账支付。

企业从银行提取现金时,借记"库存现金"科目,贷记"银行存款"科目。企业按照有关规定向职工支付工资、奖金、津贴和补贴等时,借记"应付职工薪酬——工资、奖金、津贴和补贴"科目,贷记"银行存款""库存现金"等科目。企业从应付职工薪酬中扣还的各种款项,借记"应付职工薪酬——工资、奖金、津贴和补贴"科目,贷记"银行存款""库存现金""其他应收款"(各种代垫款)、"其他应付款"(各种代付款)、"应交税费——应交个人所得税"等科目。

【例 8-11】承接【例 8-10】,江南公司根据"工资结算汇总表"结算本月应付职工薪酬总额765 000元。其中公司代扣职工房租 10 000 元,代垫职工家属医药费 6 000 元,代扣代缴的个人所得税 8 000 元,以现金实发工资 741 000 元。江南公司的账务处理如下:

Ⅰ.从银行提取现金:
借:库存现金　　741 000
　贷:银行存款　　741 000

Ⅱ.用现金发放工资:
借:应付职工薪酬——工资、奖金、津贴和补贴　　741 000
　贷:库存现金　　741 000

Ⅲ.代扣款项:
借:应付职工薪酬——工资、奖金、津贴和补贴　　24 000
　贷:其他应付款——职工房租　　10 000
　　其他应收款——代垫医药费　　6 000
　　应交税费——应交个人所得税　　8 000

2. 职工福利费

对于职工福利费,企业应当在实际发生时根据实际发生额计入相关资产成本或当期损益,借记"生产成本""制造费用""管理费用""销售费用"等科目,贷记"应付职工薪酬——职工福利费"科目。

【例 8-12】江南公司下设一所职工食堂,每月根据在岗职工数量及岗位分布情况、相关历史经验数据等计算需要补贴食堂的金额,从而确定企业每期因补贴职工食堂需要承担的福利费金额。2018 年 3 月,企业在岗职工共计 300 人,其中生产工人 180 人,行政管理部门 50 人,专设销售机构 70 人,企业的历史经验数据表明,每个职工每月需补贴食堂 280 元。江南公司的账务处理如下:

应计入生产成本的金额=180×280=50 400 元
应计入管理费用的金额=50×280=14 000 元
应计入销售费用的金额=70×280=19 600 元

借:生产成本　　50 400
　管理费用　　14 000

销售费用　　19 600

贷：应付职工薪酬——职工福利费　　84 000

【例 8-13】承接【例 8-12】，2018 年 5 月，江南公司支付 84 000 元补贴给食堂。

借：应付职工薪酬——职工福利费　　84 000

贷：银行存款　　84 000

3. 医疗保险费、工伤保险费和生育保险费等社会保险费

对于国家规定了计提基础和计提比例的医疗保险费、工伤保险费和生育保险费等社会保险费，企业应当在职工为其提供服务的会计期间，根据规定的计提基础和计提比例计算确定相应的职工薪酬金额，并确认相关负债，按照受益对象计入相关资产成本或当期损益，借记"生产成本""制造费用""管理费用"等科目，贷记"应付职工薪酬——社会保险费（医疗保险费）""应付职工薪酬——社会保险费（工伤保险费）""应付职工薪酬——社会保险费（生育保险费）"等科目。

对于设定提存计划，企业应当在资产负债表日，根据为换取职工在会计期间提供的服务而应向单独主体缴存的提存金，确认为应付职工薪酬，并计入相关资产成本或当期损益，借记"生产成本""制造费用""销售费用""管理费用"等科目，贷记"应付职工薪酬——设定提存计划（基本养老保险费）""应付职工薪酬——设定提存计划（失业保险费）"等科目。

企业按照国家有关规定缴纳社会保险费时，借记"应付职工薪酬——社会保险费（医疗保险费）""应付职工薪酬——设定提存计划（基本养老保险费）"等科目，贷记"库存现金""银行存款"等科目。

【例 8-14】承接【例 8-10】，2018 年 3 月，江南公司根据所在地政府规定，分别按照职工工资总额的 8％和 2％计提公司应负担的医疗保险费和失业保险费。江南公司的账务处理如下：

应计入生产成本的金额＝420 000×（8％＋2％）＝42 000 元

应计入制造费用的金额＝150 000×（8％＋2％）＝15 000 元

应计入管理费用的金额＝112 000×（8％＋2％）＝11 200 元

应计入销售费用的金额＝83 000×（8％＋2％）＝8 300 元

社会保险费（医疗保险费）＝765 000×8％＝61 200 元

设定提存计划（失业保险费）＝765 000×2％＝15 300 元

借：生产成本——基本生产成本　　42 000

制造费用　　15 000

管理费用　　11 200

销售费用　　8 300

贷：应付职工薪酬——社会保险费（医疗保险费）　　61 200

——设定提存计划（失业保险费）　　15 300

【例 8-15】承接【例 8-14】，江南公司通过委托银行扣款方式向当地有关机构缴纳企业应负担的社会保险费。江南公司的账务处理如下：

借：应付职工薪酬——社会保险费（医疗保险费）　　61 200

——设定提存计划（失业保险费）　　15 300

贷：银行存款　　76 500

4. 住房公积金

对于国家规定了计提基础和计提比例的住房公积金，企业应当在职工为其提供服务的会计期间，根据规定的计提基础和计提比例计算确定相应的职工薪酬金额，并确认相关负债，按照受益对象计入相关资产成本或当期损益，借记“生产成本”“制造费用”“管理费用”“销售费用”等科目，贷记“应付职工薪酬——住房公积金”科目。

企业按照有关规定向住房公积金管理机构缴纳住房公积金时，借记“应付职工薪酬——住房公积金”科目，贷记“银行存款”“库存现金”等科目。

【例8-16】承接【例8-10】，2017年3月，江南公司根据所在地政府规定，按照职工工资总额的10%计提住房公积金。江南公司的账务处理如下：

应计入生产成本的金额=420 000×10%=42 000元

应计入制造费用的金额=150 000×10%=15 000元

应计入管理费用的金额=112 000×10%=11 200元

应计入销售费用的金额=83 000×10%=8 300元

住房公积金=765 000×10%=76 500元

借：生产成本——基本生产成本	42 000	
制造费用	15 000	
管理费用	11 200	
销售费用	8 300	
贷：应付职工薪酬——住房公积金		76 500

【例8-17】承接【例8-16】，江南公司通过委托银行扣款方式向当地住房公积金管理机构缴纳住房公积金。江南公司的账务处理如下：

借：应付职工薪酬——住房公积金	76 500	
贷：银行存款		76 500

5. 工会经费和职工教育经费

对于按规定提取的工会经费和职工教育经费，企业应当在职工为其提供服务的会计期间，根据规定的计提基础和计提比例计算确定相应的职工薪酬金额，并确认相关负债，按照受益对象计入相关资产成本或当期损益，借记“生产成本”“制造费用”“管理费用”“销售费用”等科目，贷记“应付职工薪酬——工会经费和职工教育经费（工会经费）”“应付职工薪酬——工会经费和职工教育经费（职工教育经费）”等科目。

企业向本单位支付工会经费以及职工培训费时，借记“应付职工薪酬——工会经费和职工教育经费（工会经费）”“应付职工薪酬——工会经费和职工教育经费（职工教育经费）”等科目，贷记“银行存款”“库存现金”等科目。

【例8-18】承接【例8-10】，2018年3月，江南公司分别按照职工工资总额的2%和1.5%计提工会经费和职工教育经费。江南公司的账务处理如下：

应计入生产成本的金额=420 000×(2%+1.5%)=14 700元

应计入制造费用的金额=150 000×(2%+1.5%)=5 250元

应计入管理费用的金额=112 000×(2%+1.5%)=3 920元

应计入销售费用的金额=83 000×(2%+1.5%)=2 905元

工会经费=765 000×2%=15 300元

职工教育经费=765 000×1.5%=11 475元

借：生产成本——基本生产成本	14 700	

制造费用　　5 250
管理费用　　3 920
销售费用　　2 905
贷:应付职工薪酬——工会经费和职工教育经费(工会经费)　　15 300
——工会经费和职工教育经费(职工教育经费)　　11 475

【例 8-19】江南公司为开展工会活动以现金支付给工会部门 3 000 元用于购买活动用品，并开出一张 5 000 元的支票用于职工培训费。江南公司的账务处理如下：

借:应付职工薪酬——工会经费和职工教育经费(工会经费)　　3 000
——工会经费和职工教育经费(职工教育经费)　　5 000
贷:库存现金　　3 000
银行存款　　5 000

6. 短期带薪缺勤

对于职工带薪缺勤，企业应当根据其性质及职工享有的权利，分为累积带薪缺勤和非累积带薪缺勤两类。企业应当对累积带薪缺勤和非累积带薪缺勤分别进行账务处理。

(1) 累积带薪缺勤，是指带薪权利可以结转下期的带薪缺勤，本期尚未用完的带薪缺勤权利可以在未来期间使用。企业应当在职工提供了服务从而增加了其未来享有的带薪缺勤权利时，确认与累积带薪缺勤相关的职工薪酬，并以累积未行使权利而增加的预期支付金额进行计量。确认累积带薪缺勤时，借记“管理费用”等科目，贷记“应付职工薪酬——累积带薪缺勤”科目。

【例 8-20】江南公司共有 2 400 名职工，从 2018 年 1 月 1 日起，该公司实行累积带薪缺勤制度。该制度规定，每个职工每年可享受 5 个工作日带薪休假，未使用的休假只能向后结转一个公历年度，超过 1 年未使用的权利作废，在职工离开公司时也无权获得现金支付；职工休假以后进先出为基础，即首先从当年可享受的权利中扣除，再从上年结转的带薪休假中扣除。

2018 年 12 月 31 日，江南公司预计 2019 年有 2 100 名职工将享受不超过 5 天的带薪年休假，剩余 300 名职工每人将平均享受 7 天年休假，假定这 300 名职工全部为总部各部门经理，该公司平均每名职工每个工作日工资为 300 元。江南公司的账务处理如下：

借:管理费用　　180 000(2×300×300)
贷:应付职工薪酬——带薪缺勤——短期带薪缺勤(累积带薪缺勤)　　180 000

(2) 非累积带薪缺勤，是指带薪权利不能结转下期的带薪缺勤，本期尚未用完的带薪缺勤权利将予以取消，并且职工离开企业时也无权获得现金支付。我国企业职工休婚假、产假、丧假、探亲假、病假期间的工资通常属于非累积带薪缺勤。由于职工提供服务本身不能增加其能够享受的福利金额，企业应当在职工实际发生缺勤时确认负债和相关的资产成本或当期损益。实务中，一般是在缺勤期间计提应付职工薪酬时一并处理。确认非累积带薪缺勤时，借记“管理费用”“销售费用”等科目，贷记“应付职工薪酬——非累积带薪缺勤”科目。

【例 8-21】江南公司实行非累积带薪缺勤货币补偿制度，补偿金额为放弃带薪休假期间平均日工资的 2 倍。2018 年 3 月有 5 名销售人员放弃 10 天的婚假，假设平均每名职工每个工作日工资为 240 元，月工资为 7 200 元。江南公司的账务处理如下：

借:销售费用　　14 400
贷:应付职工薪酬——工资　　7 200
——带薪缺勤——短期带薪缺勤(非累积带薪缺勤)　　7 200

（二）非货币性职工薪酬核算

1. 以自产的产品作为福利发放给职工

企业以其自产产品作为非货币性福利发放给职工的，应当根据受益对象，按照该产品的公允价值计入相关资产成本或当期损益，同时确认应付职工薪酬。借记“生产成本”“制造费用”“管理费用”“销售费用”等科目，贷记“应付职工薪酬——非货币性福利”科目。

企业以其自产产品作为非货币性福利实际发放给职工的，应确认主营业务收入，借记“应付职工薪酬——非货币性福利”科目，贷记“主营业务收入”科目，同时结转产品的成本，涉及增值税销项税额的，还应进行相应的处理。

【例8-22】江南公司以其生产的产品作为福利发放给50名总部管理人员和150名生产工人。该产品单位成本为6 000元，单位售价为8 000元，该公司使用的增值税税率为17%。江南公司的账务处理如下：

Ⅰ.决定发放非货币性福利：

计入生产成本的金额＝150×8 000×(1＋17%)＝1 404 000元

计入管理费用的金额＝50×8 000×(1＋17%)＝468 000元

	借方	贷方
借：生产成本	1 404 000	
管理费用	468 000	
贷：应付职工薪酬——非货币性福利		1 872 000

Ⅱ.实际发放非货币性福利：

	借方	贷方
借：应付职工薪酬——非货币性福利	1 872 000	
贷：主营业务收入		1 600 000
应交税费——应交增值税(销项税额)		272 000
借：主营业务成本	1 200 000	
贷：库存商品		1 200 000

2. 将拥有的房屋等资产提供给职工无偿使用或租赁住房等资产供职工无偿使用

企业将拥有的房屋等资产提供给职工无偿使用的，应当根据受益对象，将该住房每期应计提的折旧计入相关资产成本或当期损益，同时确认应付职工薪酬。借记“生产成本”“制造费用”“管理费用”等科目，贷记“应付职工薪酬——非货币性福利”科目；同时，借记“应付职工薪酬——非货币性福利”科目，贷记“累计折旧”科目。

企业租赁住房等资产供职工无偿使用的，应当根据受益对象，将每期支付的租金计入相关资产成本或当期损益，同时确认应付职工薪酬。借记“生产成本”“制造费用”“管理费用”等科目，贷记“应付职工薪酬——非货币性福利”科目。企业支付租赁住房等资产供职工无偿使用所发生的租金，借记“应付职工薪酬——非货币性福利”科目，贷记“银行存款”等科目。

【例8-23】江南公司为总部各部门经理级别以上职工提供汽车免费使用，同时为副总裁以上高级管理人员每人租赁一套住房免费使用。江南公司总部共有部门经理以上职工30名，每人提供一辆汽车免费使用，假定每辆汽车每月计提折旧为2 000元；该公司共有副总裁以上高级管理人员10名，公司为其每人租赁一套面积为150平方米的公寓，月租金为每套10 000元。江南公司的账务处理如下：

Ⅰ.确认提供汽车的非货币性福利：

	借方
借：管理费用	60 000

　　贷：应付职工薪酬——非货币性福利　　60 000

借：应付职工薪酬——非货币性福利　　60 000

　　贷：累计折旧　　60 000

Ⅱ.确认为职工租赁住房的非货币性福利：

借：管理费用　　100 000

　　贷：应付职工薪酬——非货币性福利　　100 000

借：应付职工薪酬——非货币性福利　　100 000

　　贷：银行存款　　100 000

四、离职后福利核算

离职后福利计划，是指企业与职工就离职后福利达成的协议，或者企业为向职工提供离职后福利制定的规章或办法等。企业应当按照企业承担的风险和义务情况，将离职后福利计划分为设定提存计划和设定受益计划两种类型。

设定提存计划，是指向独立的基金缴存固定费用后，企业不再承担进一步支付义务的离职后福利计划，如养老保险费和失业保险费；设定受益计划，是指除设定提存计划以外的离职后福利计划。

对于设定提存计划，企业应当根据在资产负债表日为换取职工在会计期间提供的服务而应向单独主体缴存的提存金，确认为职工薪酬负债，并计入当期损益或相关资产成本，借记“生产成本”“制造费用”“管理费用”“销售费用”等科目，贷记“应付职工薪酬——设定提存计划”科目。

根据设定提存计划，预期不会在职工提供相关服务的年度报告期结束后12个月内支付全部应缴存金额的，企业应当参照规定的折现率，将全部应缴存金额以折现后的金额计量应付职工薪酬。

【例8-24】承接【例8-10】，江南公司根据所在地政府规定，按照职工工资总额的12%计提基本养老保险费，缴存当地社会保险经办机构。2018年3月，江南公司缴存的基本养老保险费为91 800元，其中应计入生产成本的金额为50 400元，应计入制造费用的金额为18 000元，应计入管理费用的金额为13 440元，应计入销售费用的金额为9 960元。江南公司的账务处理如下：

借：生产成本——基本生产成本　　50 400

　　制造费用　　18 000

　　管理费用　　13 440

　　销售费用　　9 960

　　贷：应付职工薪酬——设定提存计划——基本养老保险费　　91 800

五、辞退福利核算

企业向职工提供辞退福利的，应当在企业不能单方面撤回因解除劳动关系计划或裁减建议所提供的辞退福利时、企业确认涉及支付辞退福利的重组相关的成本或费用时两者孰早日，确认辞退福利产生的职工薪酬负债，并计入当期损益。借记“管理费用”科目，贷记“应付职工薪酬——辞退福利”科目。

对于辞退福利预期在年度报告期间期末后12个月内完全支付的，应当适用短期薪酬的相关规定；辞退福利预期在年度报告期间期末后12个月内不能完全支付的，应作为其他长期职工福利。

对于职工虽然没有与企业解除劳动合同，但未来不再为企业提供服务，不能为企业带来经济利益，企业承诺提供实质上具有辞退福利性质的补偿的，如发生“内退”的情况，在其正式退休日期之前应当比照辞退福利处理，在其正式退休日期之后，应当按照离职后福利处理。

实施职工内部退休计划的，企业应当比照辞退福利处理。在内退计划符合《企业会计准则第9号——职工薪酬》(财会〔2014〕8号)规定的确认条件时，企业应当按照内退计划规定，将自职工停止提供服务日至正常退休日期间、企业拟应付的内退职工工资和缴纳的社会保险费等，确认为应付职工薪酬，一次性计入当期损益，不能在职工内退后各期分期确认因支付内退职工工资和为其缴纳社会保险费等产生的义务。

六、其他长期职工福利核算

企业向职工提供的其他长期职工福利，符合设定提存计划条件的，应将职工薪酬计入成本费用或当期损益。企业向职工提供的其他长期职工福利，符合设定受益计划条件的，应当按照设定受益计划的有关规定，确认和计量其他长期职工福利净负债或净资产。

企业确认的应付其他长期职工薪酬福利，偿付期在一年以上的，应当按照合理的折现率进行折现，借记有关费用或成本科目，贷记“应付职工薪酬——其他长期职工福利”科目，并在年末确认相关的利息费用时，借记“财务费用”科目，贷记“应付职工薪酬——其他长期职工福利”科目。

长期残疾福利水平取决于职工提供服务期间长短的，企业应在职工提供服务的期间确认应付长期残疾福利义务，计量时应当考虑长期残疾福利支付的可能性和预期支付的期限；长期残疾福利与职工提供服务期间长短无关的，企业应当在导致职工长期残疾的事件发生的当期，确认应付长期残疾福利义务。

任务8.4　应交税费核算

一、认识应交税费

企业从事生产经营，实际上都在享受国家从宏观上提供的某些服务，如基础设施、社会安全保障、宏观经济管理等，这些服务的性质决定了只能由国家来提供。服务是有偿的，享受服务的人需要付费，由此产生纳税义务。但是纳税义务的发生和完成并不是同步的，纳税是定期进行的，从纳税义务发生到完成需要一定的时间，应交税费在尚未交纳之前暂时停留在企业，形成企业的一项流动负债。

目前，企业根据税法规定应交纳的各种税费主要包括增值税、消费税、城市维护建设税、资源税、企业所得税、土地增值税、房产税、车船税、土地使用税、教育费附加、矿产资源补偿费、印花税、耕地占用税、契税等。本节主要介绍增值税、消费税等的核算。

为了核算和监督企业各种应交税费的发生和交纳等情况，企业应当设置"应交税费"科目。该科目属于负债类，其借方登记实际交纳的各种税费；贷方登记应交纳的各种税费等；期末余额一般在贷方，表示企业尚未交纳的各种税费；期末余额如在借方，表示企业多交或尚未抵扣的税费。该科目可按应交税费项目设置明细科目进行明细分类核算。

企业代交的个人所得税，也通过"应交税费"科目核算，而企业交纳的印花税、耕地占用税等不需要预计应交数的税金，不通过"应交税费"科目核算。

二、应交增值税

（一）认识增值税

1. 增值税的概念

我国现行增值税相关法规规定，在我国境内销售货物、提供加工或修理修配劳务（简称应税劳务）、销售应税服务、无形资产和不动产（简称应税行为）以及进口货物的企业单位和个人为增值税的纳税人。其中，"应税服务"，包括交通运输服务、邮政服务、电信服务、金融服务、现代服务、生活服务。从计税原理上说，增值税是对商品生产、流通、劳务服务中多个环节的新增价值或商品的附加价值征收的一种流转税。

◇知识拓展 8.8

1993 年 12 月 13 日，国务院颁布《中华人民共和国增值税暂行条例》，构建起生产型增值税体系；2008 年 11 月 10 日，国务院颁布修订后的《中华人民共和国增值税暂行条例》，我国增值税由生产型转为消费型；2012 年 1 月 1 日，在上海交通运输业和部分现代服务业开展营业税改征增值税试点；2016 年 5 月 1 日起，在全国范围内全面推开营业税改征增值税试点；也就是从这天起，在新中国税制中有着 66 年悠久历史的营业税退出历史舞台。

2. 增值税的征收范围

（1）销售或进口货物。货物，是指有形动产，包括电力、热力、气体在内。销售货物，是指有偿转让货物的所有权。

（2）提供加工或修理修配劳务，是指有偿提供加工、修理修配劳务，但单位或个体经营者聘用的员工为本单位或雇主提供加工、修理修配劳务，不包括在内。

（3）销售服务、无形资产或不动产，是指有偿提供服务（包括交通运输服务、邮政服务、电信服务、金融服务、现代服务、生活服务）、有偿转让无形资产或者不动产（包括建筑物、构筑物等不动产所有权的业务），但条例规定的相关非经营活动的情形除外。

3. 增值税的纳税义务人

增值税的纳税义务人，是指在我国境内销售货物、提供加工或修理修配劳务、销售应税服务、无形资产和不动产的单位和个人。根据增值税暂行条例的规定，按照经营规模大小及会计核算水平的健全程度，将增值税纳税义务人分为一般纳税人和小规模纳税人两大类。

一般纳税人是指年应税销售额超过财政部、国家税务总局规定标准的增值税纳税人。

小规模纳税人是指年应税销售额未超过规定标准，并且会计核算不健全，不能够提供准确税务资料的增值税纳税人。

4. 增值税税率和征收率

增值税税率，是增值税税额与课税依据之间的比例，增值税采用比例税率。从2016年5月1日起，增值税的税率主要有17%、13%、6%、5%、3%、0和免税等。

一般纳税人采用的税率分别为17%、11%、6%和零税率。

一般纳税人销售或者进口货物、提供加工或修理修配劳务、提供有形动产租赁服务，税率为17%。

一般纳税人销售或者进口粮食、食用植物油、自来水、暖气、冷气、热水、煤气、石油液化气、天然气、沼气、居民用煤炭制品、图书、报纸、杂志、饲料、化肥、农药、农机、农膜以及国务院及有关部门规定的其他货物，适用11%的低税率；提供交通运输、邮政、基础电信、建筑、不动产租赁服务，销售不动产，转让土地使用权，适用11%的低税率；提供增值电信服务、金融服务、现代服务（租赁服务除外，有形动产租赁服务适用17%的税率）、生活服务、转让土地使用权以外的其他无形资产，适用6%的低税率。

一般纳税人出口货物、境内单位或个人发生的跨境应税行为（如转让无形资产）符合条件的，税率为零。

小规模纳税人按照3%的征收率计算应纳增值税税额；应税行为中按照简易计税方法计税的销售不动产、不动产经营租赁服务的征收率为5%，其他情况征收率为3%。

从2018年5月1日起，国务院将制造业等行业增值税税率从17%降至16%，将交通运输、建筑、基础电信服务等行业及农产品等货物的增值税税率从11%降至10%。

5. 增值税应纳税额的计算

计算增值税的方法分为一般计税方法和简易计税方法。增值税的一般计税方法，是先按当期销售额和适用的税率计算出销项税额，然后以该销项税额对当期购进项目支付的税款（即进项税额）进行抵扣，从而间接计算出当期的应纳税额。增值税的简易计税方法是按照销售额与征收率的乘积计算应纳税额。

增值税一般纳税人计算增值税大多采用一般计税方法；小规模纳税人一般采用简易计税方法；一般纳税人销售服务、无形资产或者不动产，符合规定的，可以采用简易计税方法。

◇知识拓展8.9

简易计税的税务范围

《财政部、国家税务总局关于全面推开营业税改征增值税试点的通知》（财税〔2016〕36号）附件2中规定，简易计税的范围有公共交通运输服务、经认定的动漫企业为开发动漫产品提供的动漫脚本编撰等、电影放映服务、仓储服务、装卸搬运服务和收派服务、已纳入营改增试点之日前取得的有形动产为标的提供的经营租赁服务、在纳入营改增试点之日前签订的尚未执行完毕的有形动产租赁合同、以清包工方式提供的建筑服务、甲供工程提供的建筑服务、在建工程老项目提供的建筑服务、一般纳税人转让其2016年4月30日前取得（含自建）的不动产、房地产企业销售自行开发的房地产老项目、一般纳税人出租其2016年4月30日前取得的不动产、公路车辆通行费、劳务派遣服务选择差额纳税等，以上都可以按照简单计税方法计算缴纳增值税。简易计税的征收率有3%和5%两档。

（1）一般纳税人应纳增值税税额的计算公式如下：

应纳增值税税额＝当期销项税额－当期进项税额

公式中的“当期销项税额”是指纳税人当期销售货物、提供应税劳务、发生应税行为时按照销售额和增值税税率计算并收取的增值税税额。销项税额的计算公式如下：

销项税额＝销售额×增值税税率

公式中的“当期进项税额”是指纳税人当期购进货物、接受加工或修理修配劳务、应税服务、无形资产和不动产所支付或承担的增值税税额。下列进项税额准予从销项税额中抵扣：①从销售方取得的增值税专用发票上注明的增值税税额；②从海关取得的完税凭证上注明的增值税税额；③购进农产品，除取得增值税专用发票或者海关进口增值税专用缴款书外，如用于生产税率为11%的产品，按照农产品收购发票或者销售发票上注明的农产品买价和11%的扣除率计算的进项税额；如用于生产税率为17%的产品，按照农产品收购发票或者销售发票上注明的农产品买价和13%的扣除率计算的进项税额；④接受境外单位或者个人购进服务、无形资产或者不动产，自税务机关或者扣缴义务人取得的解缴税款的完税证明上注明的增值税税额；⑤一般纳税人支付的道路、桥、闸通行费，凭取得的通行费发票上注明的收费金额和规定的方法计算的可抵扣的增值税进项税额。

企业购进货物或者接受应税劳务等，没有按照规定取得并保存增值税扣税凭证，或者增值税扣税凭证上没有按照规定注明增值税税额及其他有关事项的，其进项税额不能从销项税额中抵扣，其已支付的增值税只能计入购进货物或接受劳务的成本。

当期销项税额小于当期进项税额不足抵扣时，其不足部分可以结转下期继续抵扣。

（2）小规模纳税人应纳增值税税额的计算公式如下：

应纳增值税税额＝不含税销售额×征收率

其中，不含税销售额＝含税销售额÷（1＋征收率）。

（二）一般纳税人增值税核算会计科目设置

为了核算和监督企业应交增值税的发生、抵扣、交纳、退税及转出等情况，增值税一般纳税人应当在“应交税费”科目下设置“应交增值税”“未交增值税”“预交增值税”“待抵扣进项税额”“待认证进项税额”“待转销项税额”“增值税留抵税额”“简易计税”“转让金融商品应交增值税”“代扣代交增值税”等明细科目。

1．“应交增值税”明细科目

核算一般纳税人进项税额、销项税额抵减、已交税金、转出未交增值税、减免税款、销项税额、出口退税、出口抵减内销产品应纳税额、进项税额转出、转出多交增值税等情况。

该明细科目设置以下专栏：①“进项税额”专栏，记录一般纳税人购进货物、加工修理修配劳务、服务、无形资产或不动产而支付或负担的、准予从当期销项税额中抵扣的增值税税额；②“销项税额抵减”专栏，记录一般纳税人按照现行增值税制度规定因扣减销售额而减少的销项税额；③“已交税金”专栏，记录一般纳税人当月已交纳的应交增值税税额；④“转出未交增值税”专栏，记录一般纳税人月度终了转出当月应交未交的增值税税额；⑤“转出多交增值税”专栏，记录一般纳税人月度终了转出当月多交的增值税税额；⑥“减免税款”专栏，记录一般纳税人按现行增值税制度规定准予减免的增值税税额；⑦“出口抵减内销产品应纳税额”专栏，记录实行“免、抵、退”办法的一般纳税人按规定计算的出口货物的进项税额抵减内销产品的应纳税额；⑧“销项税额”专栏，记录一般纳税人销售货物、加工修理修配劳务、服务、无形资产或不动产应收取的增值税税额；⑨“出口退税”专栏，记录一般纳税人出口货物、加工修理修配劳务、服务、无形资产按规定退回的增值税税额；⑩“进项税额转出”专栏，记录一般纳税人购进货物、加工修理修配劳务、服务、无形资产或不动产等发生非正常损失以及其他原因而不应从销项税额抵扣、按规定转出的进项税额。

2. “未交增值税”明细科目

核算一般纳税人月度终了从“应交增值税”或“预交增值税”明细科目转入当月应交未交、多交或预缴的增值税税额，以及当月交纳以前期间未交的增值税税额。

3. “预交增值税”明细科目

核算一般纳税人转让不动产、提供不动产经营租赁服务、提供建筑服务、采用预收款方式销售自行开发的房地产项目等，按现行增值税制度规定应预缴的增值税税额。

4. “待抵扣进项税额”明细科目

核算一般纳税人已取得增值税扣税凭证并经税务机关认证，按照现行增值税制度规定准予以后期间从销项税额中抵扣的进项税额。

5. “待认证进项税额”明细科目

核算一般纳税人由于未取得增值税扣税凭证或未经税务机关认证而不得从当期销项税额中抵扣的进项税额。

6. “待转销项税额”明细科目

核算一般纳税人销售货物、加工修理修配劳务、服务、无形资产或不动产，已确认相关收入（或利得）但尚未发生增值税纳税义务而需于以后期间确认为销项税额的增值税税额。

7. “增值税留抵税额”明细科目

核算兼有销售服务、无形资产或者不动资产的原增值税一般纳税人，截止到纳入营改增试点之日前的增值税期末留抵税额按照现行增值税制度规定不得从销售服务、无形资产或不动产的销项税额中抵扣的增值税留抵税额。

8. “简易计税”明细科目

核算一般纳税人采用简易计税方法发生的增值税计提、扣减、预缴、缴纳等业务。

9. “转让金融商品应交增值税”明细科目

核算一般纳税人转让金融商品发生的增值税税额。

10. “代扣代交增值税”明细科目

核算一般纳税人购进在境内未设有经营机构的境外单位或个人在境内的应税行为代扣代缴的增值税税额。

（三）一般纳税人增值税核算

1. 取得资产、接受应税劳务

（1）一般纳税人购进货物、接受加工修理修配劳务或者服务、取得无形资产或者不动产，按应计入相关成本费用的金额，借记“在途物资”“原材料”“库存商品”“生产成本”“无形资产”“固定资产”“管理费用”等科目；按当月已认证的可抵扣增值税税额，借记“应交税费——应交增值税（进项税额）”科目；按当月未认证的可抵扣增值税税额，借记“应交税费——待认证进项税额”；按应付或实际支付的金额，贷记“应付账款”“应付票据”“银行存款”等科目。购进货物等发生的退货，应根据税务机关开具的红字增值税专用发票编制相反的会计分录，如果增值税专用发票未做认证，应将发票退回并做相反的会计分录。

企业购进农产品，除取得增值税专用发票或者海关进口增值税专用缴款书外，如用于生产税率为11%的产品，可以按照农产品收购发票或者销售发票上注明的农产品买价和11%的扣除率计算的进项税额，借记“应交税费——应交增值税（进项税额）”科目；如用于生产税率为17%的产品，可以按照农产品收购发票或者销售发票上注明的农产品买价和13%的扣除率计算的进项税额，借记“应交税费——应交增值税（进项税额）”科目；按农产品买价扣除进项税额后的差额，借记“材料采购”“在途物资”“原材料”“库存商品”等科目；按照应付或实际支付的金额，贷记“应付账款”“应付票据”“银行存款”等科目。

【例 8-25】江南公司为增值税一般纳税人，适用的增值税税率为17%。原材料按实际成本核算。2018 年 8 月发生如下经济业务：3 日，购入原材料一批，增值税专用发票上注明的价款为210 000 元，增值税税额为 35 700 元，材料尚未到达，全部款项已用银行存款支付；8 日，收到 3 日购入的原材料并验收入库；同日，与运输公司结清运输费用，增值税专用发票注明的运输费用为 8 000 元，增值税税额为 880 元，运输费用和增值税税额已用转账支票付讫；12 日，购入不需要安装的设备一台，增值税专用发票上注明的价款为 50 000 元，增值税税额为 8 500 元，款项尚未支付；18 日，购入农产品一批，农产品收购发票上注明的买价为 46 000 元，规定的扣除率为13%，货物尚未到达，价款已用银行存款支付；20 日，生产车间委托外单位修理机器设备，对方开具的增值税专用发票上注明的修理费用为 24 000 元，增值税税额为 4 080 元，款项已用银行存款支付。江南公司的账务处理如下：

	借方	贷方
8 月 3 日，借：在途物资	210 000	
应交税费——应交增值税（进项税额）	35 700	
贷：银行存款		245 700
8 月 8 日，借：原材料	218 000	
应交税费——应交增值税（进项税额）	880	
贷：在途物资		210 000
银行存款		8 880
8 月 12 日，借：固定资产	50 000	
应交税费——应交增值税（进项税额）	8 500	
贷：应付账款		58 500

8 月 18 日，进项税额＝46 000×13%＝5 980 元

	借方	贷方
借：在途物资	40 020	
应交税费——应交增值税（进项税额）	5 980	
贷：银行存款		46 000
8 月 20 日，借：管理费用	24 000	
应交税费——应交增值税（进项税额）	4 080	
贷：银行存款		28 080

（2）购进不动产或不动产在建工程的进项税额的分年抵扣。

按现行增值税制度规定，自 2016 年 5 月 1 日后，一般纳税人取得并按固定资产核算的不动产或者不动产在建工程，其进项税额自取得之日起分 2 年从销项税额中抵扣的，第一年抵扣比例为 60%，第二年抵扣比例为 40%。

企业作为一般纳税人，自 2016 年 5 月 1 日后取得并按固定资产核算的不动产或 2016 年 5

月 1 日后取得的不动产在建工程，取得增值税专用发票并通过税务机关认证时，应当按增值税专用发票上注明的价款作为固定资产成本，借记“固定资产”“在建工程”等科目；其进项税额按现行增值税制度规定自取得之日起分 2 年从销项税额中抵扣，应按增值税专用发票上注明的增值税进项税额的 60%作为当期可抵扣的进项税额，借记“应交税费——应交增值税（进项税额）”科目；按增值税专用发票上注明的增值税进项税额的 40%作为自本月起第 13 个月可抵扣的进项税额，借记“应交税费——待抵扣进项税额”科目；按应付或实际支付的金额，贷记“应付账款”“应付票据”“银行存款”等科目。尚未抵扣的进项税额在下年度同月允许抵扣时，按允许抵扣的金额，借记“应交税费——应交增值税（进项税额）”科目，贷记“应交税费——待抵扣进项税额”科目。

【例 8-26】江南公司于 2018 年 8 月 22 日，购进一厂房，并于当月投入使用。纳税人已取得增值税专用发票并认证相符，专用发票注明的价款为 2 000 000 元，增值税进项税额为 340 000 元，款项尚未支付。不考虑其他相关因素。江南公司的账务处理如下：

本月该厂房应抵扣的进项税额＝340 000×60%＝204 000 元

借：固定资产	2 000 000	
应交税费——应交增值税（进项税额）	204 000	
——待抵扣进项税额	136 000	
贷：应付账款		2 340 000

2019 年 8 月允许抵扣剩余的增值税进项税额时：

借：应交税费——应交增值税（进项税额）	136 000	
贷：应交税费——待抵扣进项税额		136 000

(3) 货物等已验收入库但尚未取得增值税扣税凭证。

企业购进的货物等已到达并验收入库，但尚未收到增值税扣税凭证的，应在月末按货物清单或相关合同协议上的价格暂估入账，不需要将增值税的进项税额暂估入账。下月初，用红字冲销原暂估入账金额，待取得相关增值税扣税凭证并经认证后，按应计入相关成本费用的金额，借记“原材料”“库存商品”“无形资产”“固定资产”等科目；按可抵扣的增值税税额，借记“应交税费——应交增值税（进项税额）”科目；按应付或实际支付的金额，贷记“应付账款”“应付票据”“银行存款”等科目。

【例 8-27】江南公司于 2018 年 8 月 24 日，购进一批原材料，已验收入库。但尚未收到增值税扣税凭证，款项也未支付。随货同行的材料清单列明的原材料销售价格为 1 000 000 元。江南公司的账务处理如下：

借：原材料	1 000 000	
贷：应付账款		1 000 000

下月初，用红字冲销原暂估入账金额：

借：原材料	[1 000 000]	
贷：应付账款		[1 000 000]

9 月 10 日，取得相关增值税专用发票上注明的价款为 1 000 000 元，增值税税额为 170 000 元，增值税专用发票已经认证相符。全部款项以银行存款支付。江南公司的账务处理如下：

借：原材料	1 000 000	
应交税费——应交增值税（进项税额）	170 000	

贷:银行存款　　　　　　　　　　　　　　　　　　　　1 170 000

◇**知识拓展 8.10**

一般纳税人购进货物、接受应税劳务或应税行为，用于简易计税项目、免征增值税项目、集体福利或个人消费等，其进项税额按照现行增值税制度规定不得从销项税额中抵扣的，应将进项税额计入相关成本费用，不通过“应交税费——应交增值税(进项税额)”科目核算。

(4) 进项税额转出。

企业购进货物、加工修理修配劳务或者服务、无形资产或者不动产已单独确认进项税额，但事后改变用途(如用于简易计税方法计税项目、免征增值税项目、非增值税应税项目等)，或发生非正常损失，原已计入进项税额、待抵扣进项税额或待认证进项税额，按照现行增值税制度规定不得从销项税额中抵扣。企业应将已计入“应交税费——应交增值税(进项税额)”科目的金额转入“应交税费——应交增值税(进项税额转出)”科目。这里所说的“非正常损失”，是指因管理不善造成被盗、丢失、霉烂变质的损失，以及因违反法律规定，货物或不动产被依法没收、销毁、拆除造成的损失。

进项税额转出的账务处理为，借记“待处理财产损溢”“应付职工薪酬”“固定资产”“无形资产”等科目，贷记“应交税费——应交增值税(进项税额转出)”“应交税费——待抵扣进项税额”“应交税费——待认证进项税额”科目。其中，属于转作待处理财产损失的进项税额，应与非正常损失的购进货物、在产品或库存商品、固定资产和无形资产的成本一并处理。

【例 8-28】江南公司 2018 年 8 月发生如下经济业务:15 日，公司福利部门领用生产用原材料一批，该批原材料的实际成本为 32 000 元，购入时支付的增值税进项税额为 5 440 元;24 日，库存原材料因非正常损失，有关增值税专用发票注明材料成本为 200 000 元，增值税税额为 34 000 元。江南公司的账务处理如下:

15 日，借:应付职工薪酬——职工福利费　　　　　　　　37 440
　　贷:原材料　　　　　　　　　　　　　　　　　　　　32 000
　　　　应交税费——应交增值税(进项税额转出)　　　　　5 440

24 日，借:待处理财产损溢——待处理流动资产损溢　　　234 000
　　贷:原材料　　　　　　　　　　　　　　　　　　　200 000
　　　　应交税费——应交增值税(进项税额转出)　　　　34 000

需要说明的是，一般纳税人购进货物、加工修理修配劳务、服务、无形资产或不动产，用于简易计税项目、免征增值税项目、集体福利或个人消费等，即使取得的增值税专用发票上已注明增值税进项税额，该税额按照现行增值税制度规定也不得从销项税额中抵扣的，取得增值税专用发票时，应将待认证的目前不可抵扣的增值税进项税额，借记“应交税费——待认证进项税额”科目，贷记“银行存款”“应付账款”等科目。经税务机关认证为不可抵扣的增值税进项税额时，借记“应交税费——应交增值税(进项税额)”科目，贷记“应交税费——待认证进项税额”科目;同时，将增值税进项税额转出，借记相关成本费用或资产科目，贷记“应交税费——应交增值税(进项税额转出)”科目。

【例 8-29】2018 年 8 月 25 日，江南公司外购空调扇 30 台作为福利发放给从事生产的职工，取得的增值税专用发票上注明的价款为15 000元，增值税税额为2 550元，以银行存款支付了购买空调扇的价款和增值税进项税额，增值税专用发票尚未经税务机关认证。江南公司的账务处理如下：

Ⅰ.购入：

借：库存商品——空调扇　　15 000

　应交税费——待认证进项税额　　2 550

　贷：银行存款　　17 550

Ⅱ.经税务机关认证不可抵扣：

借：应交税费——应交增值税(进项税额)　　2 550

　贷：应交税费——待认证进项税额　　2 550

同时，借：库存商品——空调扇　　2 550

　　贷：应交税费——应交增值税(进项税额转出)　　2 550

Ⅲ.实际发放：

借：应付职工薪酬——非货币性福利　　17 550

　贷：库存商品——空调扇　　17 550

2. 销售货物、提供应税劳务

(1) 企业销售货物、提供加工修理修配劳务、销售服务、无形资产或不动产，应当按应收或已收的金额，借记"应收账款""应收票据""银行存款"等科目；按取得的收入金额，贷记"主营业务收入""其他业务收入""固定资产清理"等科目；按现行增值税制度规定计算的销项税额(或采用简易计税方法计算的应纳增值税税额)，贷记"应交税费——应交增值税(销项税额)"或"应交税费——简易计税"科目。

企业销售货物等发生销售退回的，应根据税务机关开具的红字增值税专用发票做相反的会计分录。会计上收入或利得确认时点先于增值税纳税义务发生时点的，应将相关销项税额计入"应交税费——待转销项税额"科目；待实际发生纳税义务时再转入"应交税费——应交增值税(销项税额)"或"应交税费——简易计税"科目；增值税纳税义务发生时点早于会计上收入或利得确认时点的，应将应纳增值税税额，借记"应收账款"科目，贷记"应交税费——应交增值税(销项税额)"或"应交税费——简易计税"科目，会计上收入或利得确认时，应按扣除增值税销项税额后的金额确认收入。

【例8-30】江南公司2018年8月发生如下经济业务：4日，销售产品一批，开具增值税专用发票注明的价款为680 000元，增值税税额为115 600元，提货单和增值税专用发票已交给对方，款项尚未收到；6日，为外单位加工产品6 000件，每件收取加工费200元，已加工完成。开具增值税专用发票注明的价款为1 200 000元，增值税税额为204 000元，款项已收到并存入银行。江南公司的账务处理如下：

4日，借：应收账款　　795 600

　　贷：主营业务收入　　680 000

　　　应交税费——应交增值税(销项税额)　　115 600

6日，借：银行存款　　1 404 000

　　贷：主营业务收入　　1 200 000

　　　应交税费——应交增值税(销项税额)　　204 000

（2）视同销售行为。

从会计法角度看，企业有些交易和事项不属于销售行为，不能确认销售收入；但按照税法规定，应视同对外销售处理，计算应交增值税。视同销售需要交纳增值税的事项有：企业将自产或委托加工的货物用于非应税项目、集体福利或个人消费，将自产、委托加工或购买的货物作为投资、分配给股东或投资者、无偿赠送他人等。在这些情况下，企业应当根据视同销售的具体内容，按现行增值税制度规定计算的销项税额（或采用简易计税方法计算的应纳增值税税额），借记"在建工程""长期股权投资""应付职工薪酬""营业外支出"等科目，贷记"应交税费——应交增值税（销项税额）"或"应交税费——简易计税"科目等。

【例 8-31】江南公司 2018 年 8 月发生如下经济业务：12 日，将自己生产的产品用于职工个人福利。该批产品的成本为 22 000 元，计税价格为 35 000 元；16 日，将外购的原材料用于对外进行长期股权投资。该批原材料实际成本为 500 000 元，双方协商不含税价值为 650 000 元。江南公司的账务处理如下：

	借方	贷方
12 日，借：应付职工薪酬——非货币性福利	40 950	
贷：主营业务收入		35 000
应交税费——应交增值税（销项税额）		5 950
借：主营业务成本	22 000	
贷：库存商品		22 000
16 日，借：长期股权投资	760 500	
贷：其他业务收入		650 000
应交税费——应交增值税（销项税额）		110 500
借：其他业务成本	500 000	
贷：原材料		500 000

3. 交纳增值税

企业交纳当月应交的增值税，借记"应交税费——应交增值税（已交税金）"科目，贷记"银行存款"科目；企业交纳以前期间未交的增值税，借记"应交税费——未交增值税"科目，贷记"银行存款"科目。

【例 8-32】承接【例 8-25】至【例 8-31】，2018 年 8 月份，江南公司发生进项税额合计为 261 690 元，进项税额转出合计为 39 440 元，销项税额合计为 436 050 元。月末，该公司用银行存款交纳增值税 20 000 元。江南公司的账务处理如下：

该公司 8 月应交增值税＝436 050＋39 440－261 690＝213 800 元

	借方	贷方
借：应交税费——应交增值税（已交税金）	20 000	
贷：银行存款		20 000

4. 月末转出多交增值税和未交增值税

月度终了，企业应当将当月应交未交或多交的增值税，从"应交增值税"明细科目转入"未交增值税"明细科目。结转当月应交未交的增值税时，借记"应交税费——应交增值税（转出未交增值税）"科目，贷记"应交税费——未交增值税"科目；结转当月多交的增值税时，借记"应交税费——未交增值税"科目，贷记"应交税费——应交增值税（转出多交增值税）"科目。

【例 8-33】承接【例 8-32】，2018 年 8 月末，江南公司结转尚未交纳的其余增值税税款 13 800 元。江南公司的账务处理如下：

借:应交税费——应交增值税(转出未交增值税) 13 800
　贷:应交税费——未交增值税 13 800

(四) 小规模纳税人增值税核算

小规模纳税人核算增值税采用简易计税方法,即购进货物、接受应税劳务和应税行为支付的增值税,一律不得抵扣,直接计入有关货物或劳务的成本。销售货物、提供应税劳务和应税行为时,按照不含税的销售额和规定的增值税征收率计算应交纳的增值税。

小规模纳税人销售货物、提供应税劳务和应税行为只能开具普通发票,不能开具增值税专用发票。一般来说,小规模纳税人采用销售额和应纳税额合并定价的方法并向客户结算款项;销售货物、提供应税劳务和应税行为后,应进行价税分离,将含税销售额换算为不含税销售额。计算公式如下:

不含税销售额=含税销售额÷(1+征收率)

应纳增值税税额=不含税销售额×征收率

小规模纳税人进行账务处理时,只需在"应交税费"科目下设置"应交增值税"明细科目,该明细科目下不再设置增值税专栏。"应交税费——应交增值税"科目属于负债类,其借方登记已交纳的增值税;贷方登记应交纳的增值税;期末余额在贷方,表示企业尚未交纳的增值税税额;如为借方余额,表示企业多交纳的增值税税额。

小规模纳税人购进货物、接受应税劳务或应税行为时,按照应付或实际支付的金额(包括支付的增值税税额),借记"在途物资""原材料"等科目,贷记"应付账款""应付票据""银行存款"等科目;销售货物、提供应税劳务或应税行为时,应按全部价款(包括支付的增值税税额),借记"银行存款"等科目,按不含税的销售额,贷记"主营业务收入"等科目,按应交增值税税额,贷记"应交税费——应交增值税"科目。

【例 8-34】某小规模纳税人,2018 年 8 月,购入原材料一批,全部款项为 351 000 元,款项尚未支付,材料尚未到达;销售产品一批,开具的普通发票上注明的价款为 618 000 元,款项已存入银行。月末,实际交纳增值税 18 000 元。江南公司的账务处理如下:

Ⅰ.购入原材料:

借:在途物资 351 000
　贷:应付账款 351 000

Ⅱ.销售产品:

不含税销售额=618 000÷(1+3%)=600 000 元

应纳增值税税额=600 000×3%=18 000 元

借:银行存款 618 000
　贷:主营业务收入 600 000
　　应交税费——应交增值税 18 000

Ⅲ.交纳增值税:

借:应交税费——应交增值税 18 000
　贷:银行存款 18 000

(五) 差额征税核算

根据财政部和国家税务总局营改增试点政策的规定,对于企业发生的某些业务(金融商品转让、经纪代理服务、融资租赁和融资性售后回租业务、一般纳税人提供客运场站服务、试点纳税人提供旅游服务、选择简易计税方法提供建筑服务等）无法通过抵扣机制避免重复征税的，应采用差额征税方式计算缴纳增值税。

1. 企业按规定相关成本费用允许扣减销售额

按现行增值税制度规定，企业发生相关成本费用允许扣减销售额的，发生成本费用时，按应付或实际支付的金额，借记“主营业务成本”“工程施工”等科目，贷记“应付账款”“应付票据”“银行存款”等科目。待取得合规增值税扣税凭证且纳税义务发生时，按照允许抵扣的税额，借记“应交税费——应交增值税（销项税额抵减）”或“应交税费——简易计税”科目（小规模纳税人应借记“应交税费——应交增值税”科目），贷记“主营业务成本”“工程施工”等科目。

【例 8-35】某企业为增值税一般纳税人，应交增值税采用差额征税方式核算。2018 年 9 月，该公司为甲公司提供客运场站服务，向甲公司收取含税价款 318 000 元，其中增值税 18 000 元，全部款项已转入银行。该公司以银行存款支付其他企业的相关费用 254 400 元，其中，因允许扣减销售额而减少的销项税额 14 400 元。江南公司的账务处理如下：

Ⅰ. 支付相关费用：

借：主营业务成本	254 400	
贷：银行存款		254 400

Ⅱ. 根据增值税扣税凭证抵减销项税额：

借：应交税费——应交增值税（销项税额抵减）	14 400	
贷：主营业务成本		14 400

Ⅲ. 确认服务收入：

借：银行存款	318 000	
贷：主营业务收入		300 000
应交税费——应交增值税（销项税额）		18 000

2. 企业转让金融商品按规定以盈亏相抵后的余额作为销售额

按现行增值税制度规定，企业实际转让金融商品，月末，如产生转让收益，则按应纳税额，借记“投资收益”等科目，贷记“应交税费——转让金融商品应交增值税”科目；如产生转让损失，则按可结转下月抵扣税额，借记“应交税费——转让金融商品应交增值税”科目，贷记“投资收益”等科目。交纳增值税时，应借记“应交税费——转让金融商品应交增值税”科目，贷记“银行存款”科目。年末，“应交税费——转让金融商品应交增值税”科目如有借方金额，则借记“投资收益”等科目，贷记“应交税费——转让金融商品应交增值税”科目。

（六）增值税税控系统专用设备和技术维护费用递减增值税税额核算

按现行增值税制度规定，企业初次购买增值税税控系统专用设备支付的费用以及缴纳的技术维护费允许在增值税应纳税额中全额抵减。增值税税控系统专用设备，包括增值税防伪税控系统设备（如金税卡、IC 卡、读卡器或金税盘和报税盘）、货物运输业增值税专用发票税控系统设备（如税控盘和报税盘）、机动车销售统一发票税控系统和公路、内河货物运输业发票税控系统的设备（如税控盘和传输盘）。

企业初次购入增值税税控系统专用设备，按实际支付或应付的金额，借记“固定资产”科目，贷记“银行存款”“应付账款”等科目。按规定抵减的增值税应纳税额，借记“应交税费——应交增值税（减免税款）”科目（小规模纳税人应借记“应交税费——应交增值税”科目），贷记“管理费用”等科目。

企业发生增值税税控系统专用设备技术维护费，应按实际支付或应付的金额，借记“管理费用”科目，贷记“银行存款”等科目。按规定抵减的增值税应纳税额，借记“应交税费——应交增值税（减免税款）”科目（小规模纳税人应借记“应交税费——应交增值税”科目），贷记“管理费用”等科目。

【例8-36】江南公司为增值税一般纳税人，初次购买数台增值税税控系统专用设备作为固定资产核算，取得增值税专用发票上注明的价款为38 000元，增值税税额为6 460元，价款和税款以银行存款支付。江南公司的账务处理如下：

Ⅰ.购入设备：

借：固定资产　　44 460

　贷：银行存款　　44 460

Ⅱ.按规定抵减增值税应纳税额：

借：应交税费——应交增值税（减免税款）　　44 460

　贷：管理费用　　44 460

小微企业在取得销售收入时，应当按照现行增值税制度的规定计算应交增值税，并确认为应交税费，在达到增值税制度规定的免征增值税条件时，将有关应交增值税转入当期损益。

三、应交消费税

（一）认识消费税

消费税，是指在我国境内生产、委托加工和进口应税消费品的单位和个人，按其流转额交纳的一种税。消费税是为了调节消费结构，正确引导消费方向，国家在普遍征收增值税的基础上，对部分消费品再征收的一种税。

消费税按不同应税消费品，分别采用从价定率、从量定额、从价定率和从量定额复合计税（简称复合计税）三种征收方法。采取从价定率计征的消费税，以不含增值税的销售额为税基，按照税法规定的税率计算。企业的销售收入包含增值税的，应将其换算为不含增值税的销售额。采取从量定额计征的消费税，按税法确定的企业应税消费品的数量和单位应税消费品应缴纳的消费税计算确定。采取复合计税计征的消费税，以不含增值税的销售额为税基，按照税法规定的税率计算的消费税和根据按税法确定的企业应税消费品的数量和单位应税消费品应缴纳的消费税计算的消费税合计确定。

1. 从价定率计算公式

应交消费税＝不含税销售额（或组成计税价格）×适用税率

公式中的“销售额”为纳税人销售应税消费品向购买方收取的全部价款和价外费用，但不包括从购买收取的增值税税额。

组成计税价格＝（成本＋利润）÷（1－消费税税率）

对于委托加工的应税消费品按受托方同类消费品的价格计算纳税，没有同类消费品销售价格的，按组成计税价格计算纳税，其计算公式为：

组成计税价格＝（材料成本＋加工费）÷（1－消费税税率）

2. 从量定额计算公式

应交消费税＝销售数量×单位税额

公式中的“销售数量”为纳税人销售应税消费品的实际数量。具体包括：①销售应税消费品的为应税消费品的实际销售数量；②自产自用应税消费品的为应税消费品的移送使用数量；③委托加工应税消费品的为纳税人收回的应税消费品的数量。

◇知识拓展 8.11

消费税和增值税关系密切。相同点为，消费税与增值税同为流转税，凡征收消费税的物品肯定征收增值税，计税依据相同。不同点为：①增值税对货物普遍征收，消费税对特定货物征收；②增值税是价外税，消费税是价内税；③增值税是按照两类纳税人来计算的，消费税的计算方法是根据应税消费品来划分的；④增值税是在货物所有的流转环节道道征收，消费税是单一环节征收；⑤两者的会计核算各不相同。

（二）应交消费税核算会计科目设置

为了核算和监督企业应交消费税的发生和交纳等情况，企业应在“应交税费”科目下设置“应交消费税”明细科目。该科目属于负债类，其借方登记企业实际交纳的消费税税额；贷方登记按规定应交纳的消费税税额；期末贷方余额，表示企业尚未交纳的消费税税额；期末借方余额，表示企业多交的消费税税额。

（三）应交消费税核算

1. 销售应税消费品

企业销售应税消费品，按规定计算出应交纳的消费税税额，借记“税金及附加”科目，贷记“应交税费——应交消费税”科目。

【例 8-37】江南公司为增值税一般纳税人，增值税税率为 17%。销售其生产的应税消费品，产品售价为 268 000 元（不含增值税），产品成本为 196 000 元。该产品适用的消费税税率为 20%，不考虑其他税费，产品已发出，符合收入确认条件，款项尚未收到。江南公司的账务处理如下：

应向购买方收取的增值税税额＝268 000×17%＝45 560 元

应交的消费税＝268 000×20%＝53 600 元

Ⅰ. 销售应税消费品未收到款项：

借：应收账款　　313 560

　贷：主营业务收入　　268 000

　　　应交税费——应交增值税（销项税额）　　45 560

Ⅱ. 计提消费税：

借：税金及附加　　53 600

　贷：应交税费——应交消费税　　53 600

Ⅲ. 结转销售成本：

借：主营业务成本　　196 000

　贷：库存商品　　196 000

2. 自产自用应税消费品

企业将自产的应税消费品用于在建工程、职工集体福利等，按规定应交纳的消费税，借记“在建工程”“应付职工薪酬——职工福利费”等科目，贷记“应交税费——应交消费税”科目。

【例 8-38】江南公司以其应税消费品用于在建工程，成本为 51 000 元，应纳消费税为 6 000 元，不考虑其他相关税费。江南公司的账务处理如下：

借：在建工程　　57 000
　贷：库存商品　　51 000
　　应交税费——应交消费税　　6 000

【例 8-39】江南公司下设的职工食堂享受企业提供的补贴，本月领用自产的应税消费品一批，该产品的成本为 200 000 元，市场价格为 300 000 元(不含增值税)，适用的增值税税率为 17%，消费税税率为 10%。不考虑其他相关税费。江南公司的账务处理如下：

借：应付职工薪酬——职工福利费　　351 000
　贷：主营业务收入　　300 000
　　应交税费——应交增值税(销项税额)　　51 000
借：税金及附加　　30 000
　贷：应交税费——应交消费税　　30 000
借：主营业务成本　　200 000
　贷：库存商品　　200 000

3. 委托加工应税消费品

委托加工应税消费品，是指委托方提供原材料和主要材料，受托方只收取加工费和代垫部分辅助材料加工的应税消费品。如果是由受托方提供原材料生产，或者受托方先将原材料卖给委托方，然后再接受加工的应税消费品，以及由受托方以委托方名义购进原材料生产的应税消费品，都不得作为委托加工应税消费品，而应当按照销售自制应税消费品交纳消费税。

根据税法规定，委托加工的应税消费品由受托方在向委托方交货时代收代缴消费税(除受托加工或翻新改制金银首饰按规定由受托方交纳消费税外)。其销售额按受托方同类消费品的销售价格计算，没有同类消费品销售价格的按组成计税价格计算。组成计税价格的计算公式如下：

组成计税价格＝(材料成本＋加工费)÷(1－消费税税率)

委托加工收回的应税消费品，由于其作用和目的不同，其会计核算也不一样。

(1) 委托加工的应税消费品，直接用于对外销售的，不再征收消费税。委托方应将受托方代收代缴的消费税计入委托加工应税消费品的成本，借记“委托加工物资”科目，贷记“应付账款”“银行存款”等科目。

(2) 委托加工收回的应税消费品，用于连续生产应税消费品的，其已纳税款按照规定准予抵扣。委托方应按受托方代收代缴的消费税，借记“应交税费——应交消费税”科目，贷记“应付账款”“银行存款”等科目，待用委托加工的应税消费品生产出应纳消费税的产品并销售时，再交纳消费税。

【例 8-40】江南公司委托某公司代为加工一批应交消费税的材料(非金银首饰)。材料成本为 324 000 元，加工费为 21 500 元，受托方代收代缴的消费税为 13 000 元(不考虑增值税)。材料已经加工完成，并由江南公司收回验收入库，加工费尚未支付。江南公司采用实际成本法进行原材料的核算。江南公司的账务处理如下：

Ⅰ. 如果委托加工物资收回用于继续生产应税消费品：

借：委托加工物资　　324 000

贷:原材料 324 000

借:委托加工物资 21 500

应交税费——应交消费税 13 000

贷:应付账款 34 500

借:原材料 345 500

贷:委托加工物资 345 500

Ⅱ.如果委托加工物资收回用于直接对外销售:

借:委托加工物资 324 000

贷:原材料 324 000

借:委托加工物资 34 500

贷:应付账款 34 500

借:原材料 358 500

贷:委托加工物资 358 500

4. 进口应税消费品

企业进口应税物资在进口环节应交的消费税,计入该项物资的成本,借记“材料采购”“固定资产”等科目,贷记“银行存款”科目。

【例 8-41】江南公司从国外进口一批应税消费品,价值为 63 000 元,进口环节需要交纳的消费税为 12 600 元(不考虑增值税)。采购的商品已验收入库,货款尚未支付,税款已用转账支票支付。江南公司的账务处理如下:

借:库存商品 75 600

贷:应付账款 63 000

银行存款 12 600

四、其他应交税费

其他应交税费,是指除上述应交税费以外的应交税费,包括应交资源税、应交城市维护建设税、应交土地增值税、应交所得税、应交房产税、应交土地使用税、应交车船税、应交教育费附加、应交矿产资源补偿费、应交个人所得税等。

企业应当在“应交税费”科目下设置相应的明细科目进行分类核算,其借方登记已交纳的有关税费金额;贷方登记应交纳的有关税费金额;期末贷方余额表示尚未交纳的有关税费金额。

(一) 应交资源税核算

资源税,是对在我国境内开采矿产品或者生产盐的单位和个人征收的一种税,目的是调节因资源生成和开发条件差异而形成的级差收入。

资源税一般按照应税产品的课税数量和规定的单位税额计算。其计算公式如下:

应交资源税=课税数量×单位税额

其中,开采或生产应税产品对外销售的,以销售数量为课税对象;开采或生产应税产品自用的,以自用数量为课税对象。

企业按规定应交的资源税,应在“应交税费”科目下设置“应交资源税”明细科目进行核算。该明细科目借方登记企业已交的或按规定允许抵扣的资源税税额;贷方登记企业应交的资源税税额;期末借方余额表示多交或尚未抵扣的资源税税额,期末贷方余额表示尚未交纳的资源税税额。

对外销售应税产品应交纳的资源税应计入“税金及附加”科目，借记“税金及附加”科目，贷记“应交税费——应交资源税”科目；自产自用应税产品应交纳的资源税应计入“生产成本”“制造费用”等科目，借记“生产成本”“制造费用”等科目，贷记“应交税费——应交资源税”科目。

【例 8-42】江南公司本期对外销售资源税应税矿产品 4 000 吨，将自产资源税应税矿产品 500 吨用于其产品生产，税法规定每吨矿产品应交资源税 8 元。江南公司的账务处理如下：

Ⅰ. 对外销售资源税应税矿产品：

对外销售应税矿产品应交的资源税＝4 000×8＝32 000 元

借：税金及附加　　32 000

　贷：应交税费——应交资源税　　32 000

Ⅱ. 自用资源税应税矿产品：

自用应税矿产品应交的资源税＝500×8＝4 000 元

借：生产成本　　4 000

　贷：应交税费——应交资源税　　4 000

Ⅲ. 交纳资源税：

借：应交税费——应交资源税　　36 000

　贷：银行存款　　36 000

（二）应交城市维护建设税核算

城市维护建设税，是以增值税和消费税为计税依据征收的一种税。其纳税人为交纳增值税和消费税的单位和个人，以纳税人实际缴纳的增值税和消费税税额为计税依据。税率因纳税人所在地不同从 1%到 7%不等，具体为：市区 7%，县、镇 5%，其他 1%。

其计算公式为：应交城市维护建设税＝(本期应交的增值税＋消费税)×适用税率。

企业按规定应交的城市维护建设税，应在“应交税费”科目下设置“应交城市维护建设税”明细科目进行核算。

企业按规定计算出应交纳的城市维护建设税时，借记“税金及附加”科目，贷记“应交税费——应交城市维护建设税”科目；实际交纳城市维护建设税时，借记“应交税费——应交城市维护建设税”科目，贷记“银行存款”等科目。

【例 8-43】江南公司本期实际上交增值税 240 000 元，消费税 150 000 元，该公司适用的城市维护建设税税率为 7%，款项已用银行存款支付。江南公司的账务处理如下：

Ⅰ. 计算应交城市维护建设税：

应交的城市维护建设税＝(240 000＋150 000)×7%＝27 300 元

借：税金及附加　　27 300

　贷：应交税费——应交城市维护建设税　　27 300

Ⅱ. 用银行存款交纳城市维护建设税：

借：应交税费——应交城市维护建设税　　27 300

　贷：银行存款　　27 300

（三）应交教育费附加核算

教育费附加，是指为了发展教育事业而向企业征收的附加费用，企业按应交流转税的一定比例计算交纳。企业按规定计算出应交纳的教育费附加时，借记“税金及附加”等科目，贷记“应交税费——应交教育费附加”科目。

【例 8-44】江南公司按税法规定计算，2018 年第四季度应交纳的教育费附加为 26 800 元，款项已用银行存款支付。江南公司的账务处理如下：

Ⅰ. 计算应交教育费附加：

借：税金及附加　　26 800

　贷：应交税费——应交教育费附加　　26 800

Ⅱ. 实际交纳教育费附加：

借：应交税费——应交教育费附加　　26 800

　贷：银行存款　　26 800

（四）应交土地增值税核算

土地增值税，是指对在我国境内转让国有土地使用权、地上建筑物及其附着物的单位和个人，就其土地增值额征收的一种税。

土地增值税按照转让房地产所取得的增值额和规定的税率计算征收。转让房地产的增值额，是指转让收入减去税法规定扣除项目后的余额。其中，转让收入包括货币收入、实物收入和其他收入；扣除项目主要包括取得土地使用权所支付的金额、房地产开发成本及费用、与转让房地产有关的税金、旧房及建筑物的评估价格、财政部确定的其他扣除项目等。其计算公式为：应交土地增值税＝土地增值额×适用税率。土地增值税采用四级超率累进税率，其中，最低税率为 30%，最高税率为 60%。

企业按规定应交的土地增值税，应在“应交税费”科目下设置“应交土地增值税”明细科目进行核算。

根据企业对房地产核算方法的不同，企业应交土地增值税的账务处理也有所区别：①企业转让的土地使用权连同地上建筑物及其附着物一并在“固定资产”科目核算的，转让时应交的土地增值税，借记“固定资产清理”科目，贷记“应交税费——应交土地增值税”科目；②土地使用权在“无形资产”科目核算的，按实际收到的金额，借记“银行存款”“累计摊销”“无形资产减值准备”科目，按应交的土地增值税，贷记“应交税费——应交土地增值税”科目，同时冲销土地使用权的账面价值，贷记“无形资产”科目，按其差额，借记“营业外支出”科目或贷记“营业外收入”科目；③房地产开发企业销售房地产应交纳的土地增值税，借记“税金及附加”科目，贷记“应交税费——应交土地增值税”科目。实际交纳土地增值税时，借记“应交税费——应交土地增值税”科目，贷记“银行存款”科目。

【例 8-45】江南公司对外转让一幢办公楼，根据税法规定计算出的应交土地增值税为 26 500 元。江南公司的账务处理如下：

Ⅰ. 计算应交土地增值税：

借：固定资产清理　　26 500

　贷：应交税费——应交土地增值税　　26 500

Ⅱ. 用银行存款交纳土地增值税：

借：应交税费——应交土地增值税　　26 500

　贷：银行存款　　26 500

（五）应交房产税、城镇土地使用税、车船税和矿产资源补偿费核算

房产税，是指国家在城市、县城、建制镇和工矿区范围内征收的由产权所有人交纳的一种税。房产税是以房产原值一次扣除10%～30%的余值或房屋租金为计税依据征收的一种财产税。没有房产原值作为依据的，由房产所在地税务机关参考同类房产核定；房产出租的，以房产租金收入为房产税的计税依据。

城镇土地使用税，是国家为合理利用城镇土地，调节土地级差收入，提高土地使用收益，加强土地管理而开征的税种。其以城市、县城、建制镇、工矿区范围内使用土地的单位和个人为纳税人，以其实际占用的土地面积和规定税额计算征收。

车船税，是指由拥有并使用车船的单位和个人交纳的税种。

矿产资源补偿费，是对在我国领域和管辖海域开采矿产资源而征收的费用。矿产资源补偿费按照矿产品销售收入的一定比例计征，由采矿人交纳。

企业按规定计算应交的房产税、城镇土地使用税、车船税、矿产资源补偿费时，借记“税金及附加”科目，贷记“应交税费——应交房产税”“应交税费——应交城镇土地使用税”“应交税费——应交车船税”“应交税费——应交矿产资源补偿费”等科目；企业实际交纳时，借记“应交税费——应交房产税”“应交税费——应交城镇土地使用税”“应交税费——应交车船税”“应交税费——应交矿产资源补偿费”等科目，贷记“银行存款”科目。

【例8-46】江南公司按税法规定本期应交纳房产税180 000元，城镇土地使用税29 000元，车船税52 000元。江南公司的账务处理如下：

Ⅰ.计算应交纳上述税金：

借：税金及附加	261 000	
贷：应交税费——应交房产税		180 000
——应交城镇土地使用税		29 000
——应交车船税		52 000

Ⅱ.用银行存款交纳上述税金：

借：应交税费——应交房产税	180 000	
——应交城镇土地使用税	29 000	
——应交车船税	52 000	
贷：银行存款		261 000

（六）应交个人所得税核算

个人所得税，是以个人（自然人）取得的各项应税所得为征税对象所征收的一种税。个人所得税的纳税人是指在中国境内有住所，或者虽无住所但在境内居住满一年从中国境内和境外取得所得的个人，以及无住所又不居住或居住不满一年但有从中国境内取得所得的个人。

按照个人所得税的征收管理办法，个人所得税采用自行申报和代扣代缴两种办法。由于除实行查账征收的个体工商户取得的应税所得自行申报纳税后需要会计核算外，一般的个人取得的收入自行申报纳税后，不必进行会计核算。但是，履行代扣代缴义务的单位和个人代扣代缴税款时，必须进行有关的账务处理。

企业按规定计算的代扣代缴的职工个人所得税，借记“应付职工薪酬”科目，贷记“应交税费——应交个人所得税”科目；企业交纳个人所得税时，借记“应交税费——应交个人所得税”科

目，贷记“银行存款”等科目。

【例 8-47】江南公司结算本月应付职工工资总额 350 000 元，按税法规定应代扣代缴的职工个人所得税为 5 000 元，实发工资 345 000 元。江南公司的账务处理如下：

Ⅰ. 代扣代缴个人所得税：

借：应付职工薪酬——工资、奖金、津贴和补贴　　5 000

　贷：应交税费——应交个人所得税　　5 000

Ⅱ. 实际交纳个人所得税：

借：应交税费——应交个人所得税　　5 000

　贷：银行存款　　5 000

任务 8.5　其他流动负债核算

一、应付利息核算

应付利息，是指企业按照合同约定应支付的利息，包括分期付息到期还本的长期借款、企业债券等应支付的利息。

为了核算和监督企业应付利息的计提和支付等情况，企业应设置“应付利息”科目。该科目属于负债类，其借方登记实际支付的利息；贷方登记应支付的利息；期末余额在贷方，表示企业应付未付的利息。该科目可按债权人设置明细账进行明细核算。

企业按摊余成本和实际利率计算确定的利息费用，借记“在建工程”“财务费用”“研发支出”等科目，按合同利率计算确定的应付未付利息，贷记“应付利息”科目，按其差额，借记或贷记“长期借款——利息调整”等科目。合同利率与实际利率差异较小的，也可以采用合同利率计算确定利息费用。企业采用合同约定的名义利率计算确定利息费用时，按合同约定的名义利率计算确定的应付利息金额，借记“财务费用”等科目，贷记“应付利息”科目。实际支付利息时，借记“应付利息”科目，贷记“银行存款”等科目。

【例 8-48】江南公司借入 3 年期到期还本、每年付息的长期借款 500 000 元，合同约定年利率为 6%。江南公司的账务处理如下：

Ⅰ. 每年计算确定利息费用：

借：财务费用　　30 000(500 000×6%)

　贷：应付利息　　30 000

Ⅱ. 每年实际支付利息：

借：应付利息　　30 000

　贷：银行存款　　30 000

二、应付股利核算

应付股利，是指企业根据股东大会或类似机构审议批准的利润分配方案确定分配给投资者的现金股利或利润。应付股利是在每月企业实现经营利润后形成的，由于董事会宣布发放现金股利的日期和正式开始发放的日期之间有一定的相隔天数，所以，在尚未支付之前，暂时留在企业，形成企业的一项流动负债。

为了核算和监督企业应付现金股利或利润的形成和支付等情况，企业应设置“应付股利”科目。该科目属于负债类，其借方登记实际支付的现金股利或利润数额；贷方登记应支付的现金股利或利润数额；期末余额在贷方，表示企业应付未付的现金股利或利润数额。该科目可按投资者设置明细账进行明细核算。

企业根据股东大会或类似机构审议批准的利润分配方案，确认应付给投资者的现金股利或利润数额时，借记“利润分配——应付现金股利或利润”科目，贷记“应付股利”科目；向投资者实际支付现金股利或利润时，借记“应付股利”科目，贷记“银行存款”等科目。

◇知识拓展 8.12

企业董事会或类似机构通过的利润分配方案中拟分配的现金股利或利润，不做账务处理，不需要通过“应付股利”科目核算，但应在附注中披露。企业分配的股票股利，在董事会或股东大会确定分配方案至正式办理增资手续之前，不需要做正式的账务处理，而只在备查簿中做相应登记。

【例 8-49】江南公司有甲、乙、丙三个股东，分别占注册资本的35%、20%和45%。2017年该公司实现净利润85 000 000元，经股东会批准，决定2017年分配股利5 000 000元。股利已用银行存款支付。江南公司的账务处理如下：

Ⅰ.确认应付投资者利润：

甲股东应分配的股利=5 000 000×35%=1 750 000元

乙股东应分配的股利=5 000 000×20%=1 000 000元

丙股东应分配的股利=5 000 000×45%=2 250 000元

	借方	贷方
借：利润分配——应付股利	5 000 000	
贷：应付股利——甲股东		1 750 000
——乙股东		1 000 000
——丙股东		2 250 000

Ⅱ.支付投资者利润：

	借方	贷方
借：应付股利——甲股东	1 750 000	
——乙股东	1 000 000	
——丙股东	2 250 000	
贷：银行存款		5 000 000

三、其他应付款核算

其他应付款，是指企业除应付票据、应付账款、预收账款、应付职工薪酬、应交税费、应付股利等经营活动以外的，需在一年内偿付的其他各种应付、暂收的款项，具体包括应付经营租赁固定资产租金、租入包装物租金、存入保证金（如收取的出租、出借包装物押金等）、应付统筹退休金、职工未按时领取的工资以及其他应付、暂收单位或个人的款项。

为了核算和监督企业其他应付款的发生和偿还等情况，企业应设置“其他应付款”科目。该科目属于负债类，其借方登记偿还或转销的各种应付、暂收款项；贷方登记发生的各种应付、暂收款项；期末余额在贷方，表示企业应付未付的其他应付、暂收款项。该科目可按其他应付款的项目和对方单位(或个人)设置明细账进行明细核算。

企业发生其他各种应付、暂收款项时，借记“管理费用”等科目，贷记“其他应付款”科目；实际支付或退回其他各种应付、暂收款项时，借记“其他应付款”科目，贷记“银行存款”等科目。

【例 8-50】江南公司从 2018 年 1 月 1 日起，以经营租赁方式租入管理用设备一台，每月租金 6 000 元，按季支付。3 月 31 日，该公司以银行存款支付应付租金 18 000 元。

Ⅰ.1 月 31 日计提应付经营租入固定资产租金：

	借方	贷方
借：管理费用	6 000	
贷：其他应付款		6 000

2 月底计提应付经营租入固定资产租金的会计处理同上。

Ⅱ.3 月 31 日支付租金：

	借方	贷方
借：其他应付款	12 000	
管理费用	6 000	
贷：银行存款		18 000

项目9

收入、费用和利润核算

【学习目标要求】

明确收入的特征、分类和确认条件；熟悉税务会计、财务成果岗位的业务流程及职责；掌握销售商品收入和劳务收入的会计核算；明确费用的特征和分类，掌握销售费用、管理费用、财务费用和所得税费用的构成内容及其会计核算；熟悉利润构成的内容、利润分配的内容及程序；掌握利润总额的计算、利润形成与利润分配的会计核算。

【典型工作任务】

1. 认识收入
2. 销售商品收入核算
3. 劳务收入核算
4. 让渡资产使用权收入核算
5. 费用核算
6. 营业外收支核算
7. 所得税费用核算
8. 利润及利润分配核算

本项目知识结构

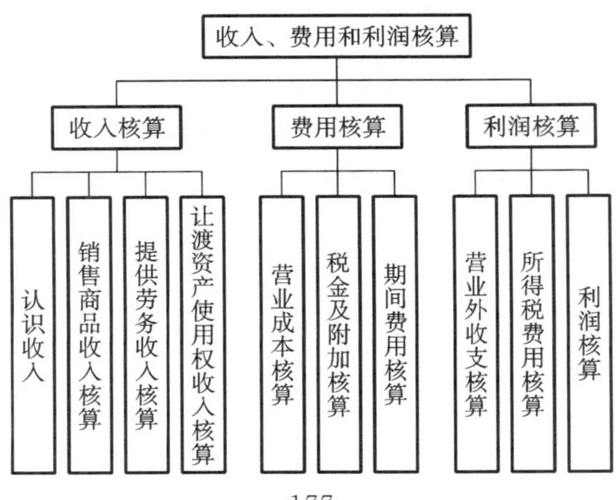

任务 9.1 认识收入

一、收入的确认

收入，是指企业在日常活动中形成的，会导致所有者权益增加的，与所有者投入资本无关的经济利益的总流入。日常活动，是指企业为完成其经营目标所从事的经常性活动，以及与之相关的其他活动。

收入在确认时除了应当符合收入定义外，还应当满足严格的确认条件。收入只有在经济利益很可能流入，从而导致企业资产增加或负债减少，且经济利益的流入额能够可靠计量时才能予以确认。符合收入定义和收入确认条件的项目，应当列入利润表。但收入只包括本企业经济利益的流入，不包括为第三方或客户代收的款项。

◇**知识拓展 9.1**

注意区分收益、收入和利得三个概念。

收益，是指企业在会计期间内增加的除所有者投资以外的经济利益，包括收入和利得。通常表现为能导致所有者权益增加的资产流入、资产增值或负债减少。它的形成可能来源于企业的日常活动，也可能来源于日常活动以外的活动。

收入，是由企业日常活动形成的收益；利得，则是源于企业日常活动以外的活动收益。一部分利得直接计入当期损益，一部分利得直接计入所有者权益。区分收入和利得的唯一标准就是是否由企业日常活动形成。

◇**注意**

2017 年 7 月我国财政部对《企业会计准则第 14 号——收入》进行了修订并发布。要求在境内外同时上市的企业以及在境外上市并采用国际财务报告准则或企业会计准则编制财务报告的企业，自 2018 年 1 月 1 日起施行；其他境内上市企业自 2020 年 1 月 1 日起施行；执行企业会计准则的非上市企业自 2021 年 1 月 1 日起施行。

考虑到我国大多数企业于 2020 年以后执行新的收入准则，本项目仍以财政部 2006 年发布的《企业会计准则第 14 号——收入》为依据。

二、收入的分类

(1) 收入按企业从事日常活动的性质不同，分为销售商品收入、提供劳务收入和让渡资产使用权收入。

销售商品收入，是指企业通过销售商品实现的收入。这里的商品包括企业为销售而生产的产品和为转售而购进的商品。企业销售的其他存货如原材料、包装物等也视同商品。

提供劳务收入，是指企业通过提供劳务作业而取得的收入，如制造企业提供工业性劳务作业的收入、商品流通企业提供代销劳务的收入以及不同企业提供旅游、运输、饮食、广告、咨询、代理、培训、产品安装等所获取的收入。

让渡资产使用权收入，是指企业通过让渡资产使用权实现的收入。让渡资产使用权收入包括利息收入和使用费收入。利息收入主要是指金融企业对外贷款形成的利息收入以及同业之间发生往来形成的利息收入等。使用费收入主要是指企业转让无形资产(如商标权、专利权、专营权、版权)等资产的使用权形成的使用费收入。企业对外出租固定资产收取的租金、进行债权投资取得的利息、进行股权投资取得的现金股利等，也构成让渡资产使用权收入。

(2) 收入按企业经营业务的主次不同，分为主营业务收入和其他业务收入。

主营业务收入，是指企业为完成其经营目标所从事的经常性活动实现的收入。主营业务收入一般占企业总收入的较大比重，对企业的经济效益产生较大影响。不同行业的企业主营业务收入包括的内容不同:工业企业的主营业务收入主要包括销售商品、销售自制半成品、提供工业性劳务等收入;商品流通企业的主营业务收入主要包括销售商品取得的收入;咨询公司的主营业务收入主要包括提供咨询服务实现的收入;安装公司的主营业务收入主要包括提供安装服务实现的收入。

其他业务收入，是指企业为完成其经营目标所从事的与经常性活动相关的活动实现的收入。其他业务收入属于企业日常活动中次要交易实现的收入，一般占企业总收入的比重较小。不同行业企业的其他业务收入所包括的内容不同，比如，工业企业的其他业务收入主要包括对外销售材料、对外出租包装物或固定资产、对外转让无形资产使用权、对外进行权益性投资(取得现金股利)或债权性投资(取得利息)、提供非工业性劳务等实现的收入。

在企业经营多元化的情况下，主营业务收入和其他业务收入的区分呈逐渐淡化的趋势。企业应当根据收入的性质，按照收入确认的原则，合理地确认和计量各项收入。

任务 9.2　销售商品收入核算

一、销售商品收入的确认

销售商品收入同时满足下列 5 个条件的，才能予以确认。

1. 企业已将商品所有权上的主要风险和报酬转移给购货方

企业已将商品所有权上的主要风险和报酬转移给购货方，是指与商品所有权有关的主要风险和报酬同时转移。大多数情况下，商品所有权上的所有风险和报酬随着商品所有权的转移或实物的交付而转移，如商品零售交易。与商品所有权有关的风险，是指商品可能发生的减值或者毁损等形成的损失;与商品所有权有关的报酬，是指商品增值或者通过使用商品等形成的经济利益。

判断企业是否已将商品所有权上的主要风险和报酬转移给购货方，应当坚持实质重于形式的原则，关注交易的实质，并结合所有权凭证的转移进行判断。如果与商品所有权有关的任何损失均不需要销货方承担，与商品所有权有关的任何经济利益也不归销货方所有，这就意味着商品所有权上的主要风险和报酬转移给了购货方。

◇**知识拓展 9.2**

所有权凭证、实物交付以及风险和报酬转移三者之间的关系，主要有以下几种情况：

一是所有权凭证转移，实物已交付，风险和报酬转移，如一般的商品销售方式；

二是所有权凭证转移，实物未交付，风险和报酬转移，如交款提货方式销售商品；

三是所有权凭证未转移，实物已交付，风险和报酬可能未转移，如委托代销方式销售商品，需区分不同情况判断；

四是所有权凭证转移，实物已交付，风险和报酬未转移，如附退货条件且无法判断退货可能性的商品销售、销售商品需安装且安装属于销售合同重要组成部分等。

2. 企业既没有保留通常与所有权相联系的继续管理权，也没有对已售出的商品实施有效控制

在通常情况下，企业售出商品后不再保留与商品所有权相联系的继续管理权，也不再对售出商品实施有效控制，商品所有权上的主要风险和报酬已经转移给购货方，通常应在发出商品时确认收入。如果企业在商品销售后保留了与商品所有权相联系的继续管理权，或能够继续对其实施有效控制，说明商品所有权上的主要风险和报酬没有转移，销售交易不能成立，不能确认收入，如售后回租。但如果企业保留的管理权是与所有权无关的，则不影响企业对该项收入的确认。

3. 收入的金额能够可靠地计量

收入的金额能够可靠地计量，是指收入的金额能够合理地估计。收入金额能否合理地估计是确认收入的基本前提。如果收入的金额不能够合理估计，就无法确认收入。通常情况下，企业在销售商品时，商品销售价格通常已经确定。但是，由于销售商品过程中某些不确定因素的影响，也有可能存在商品销售价格发生变动的情况。在这种情况下，新的商品销售价格未确定前通常不应确认销售商品收入。

4. 相关的经济利益很可能流入企业

企业在销售商品的交易中，与交易相关的经济利益主要指的是销售商品的价款。相关的经济利益很可能流入企业，是指销售商品价款收回的可能性大于不能收回的可能性，即销售商品价款收回的可能性超过50%。企业在销售商品时，如果估计销售价款不是很可能收回，即使收入确认的其他条件均已满足，也不应当确认收入。

企业在确定销售商品价款收回的可能性时，应当结合以前和买方交往的直接经验、政府有关政策、其他方面取得信息等因素进行分析。

企业销售的商品符合合同或协议要求，已将发票账单交付买方，买方承诺付款，通常表明相关的经济利益很可能流入企业。如果企业判断销售商品收入满足确认条件而予以确认，同时确认了一笔应收债权，一旦以后由于购货方资金周转困难无法收回该债权时，不应调整原会计处理，而应对该债权计提坏账准备，确认坏账损失。

如果企业根据以前与买方交往的直接经验判断买方信誉较差，或销售时得知买方在另一项交易中发生了巨额亏损、资金周转十分困难，或在出口商品时不能确定进口企业所在国政府是否允许将款项汇出等，就可能会出现与销售商品相关的经济利益不能流入企业的情况，不应确认收入。

5. 相关的已发生或将发生的成本能够可靠地计量

根据收入和费用配比的原则，与同一项销售有关的收入和费用应在同一会计期间予以确认，即企业应在确认收入的同时或同一会计期间结转相关的成本。

相关的已发生或将发生的成本能够可靠地计量，是指与销售商品有关的已发生或将发生的成本能够合理地估计。通常情况下，销售商品相关的已发生或将发生的成本能够合理地估计，如库存商品的成本、商品运输费用等。如果库存商品是本企业生产的，其生产成本能够可靠计量；如果是外购的，购买成本能够可靠计量。有时，销售商品相关的已发生或将发生的成本不能够合理地估计，此时企业不应确认收入，若已收到价款，应将已收到的价款确认为负债。

二、销售商品收入的计量

销售商品收入的计量，即入账金额的确定。企业销售商品满足收入确认条件时，应当按照从购货方已收或应收的合同或协议价款的公允价值确定销售商品收入金额，但已收或应收的合同或协议价款不公允的除外。此外，企业在确定商品销售收入时，不考虑各种预计可能发生的现金折扣、销售折让。现金折扣在实际发生时计入当期的财务费用，销售折让在实际发生时冲减当期销售收入。

三、销售商品收入核算会计科目设置

为了核算和监督企业确认的销售商品、提供劳务等主营业务的收入，企业应设置“主营业务收入”科目。该科目属于损益类，借方登记销货退回、销售折让对销售收入的冲减额；贷方登记企业已实现的商品销售收入或提供劳务实现的收入；期末应将该科目余额转至“本年利润”科目的贷方，结转后该科目应无余额。该科目可按主营业务的种类设置明细账进行明细核算。

为了核算和监督企业在销售商品、提供劳务及让渡资产使用权等日常活动中发生的实际成本，企业应设置“主营业务成本”科目。该科目属于损益类，借方登记售出商品或劳务的成本；贷方登记销售退回商品或劳务的成本；期末应将该科目余额转至“本年利润”科目的借方，结转后该科目应无余额。该科目可按主营业务的种类设置明细账进行明细核算。

为了核算和监督企业日常活动应负担的税金及附加，包括企业经营活动发生的消费税、城市维护建设税、资源税、教育费附加、房产税、车船税、土地使用税等相关税费，企业应设置“税金及附加”科目。该科目属于损益类，期末应将本科目余额从贷方转入“本年利润”科目，结转后该科目无余额。

四、销售商品收入核算

（一）一般销售商品收入业务处理

在进行销售商品的会计处理时，首先要考虑销售商品收入是否符合收入确认条件。如果符合收入准则所规定的五项确认条件的，企业应确认收入并结转相关销售成本。

企业判断销售商品收入满足确认条件的，应当提供确凿的证据。通常情况下，采用预收货款方式销售商品的，在发出商品时确认收入；采用托收承付方式销售商品的，在办妥托收手续时确认收入；采用交款提货方式销售商品的，在开出发票账单收到货款时确认收入；采用支付手续费委托代销方式销售商品的，在收到受托方开出的代销清单时确认收入。其中，交款提货销售商品是指购买方已根据企业开出的发票账单支付货款并取得提货单的销售方式。在这种方式下，购货方支付货款取得提货单，企业尚未交付商品，销售方保留的是商品所有权上的次要风险和报酬，商品所有权上的主要风险和报酬已经转移给购货方，通常应在开出发票账单收到货款时确认收入。

企业销售商品满足收入确认条件时，应当按照已收或应收合同或协议价款的公允价值确定销售商品收入金额。通常情况下，购货方已收或应收的合同或协议价款即为其公允价值，应当以此确定销售商品收入的金额。企业销售商品所实现的收入及结转的相关销售成本，通过"主营业务收入""主营业务成本"等科目核算。

如果企业销售商品不符合收入确认条件，则不应确认收入。为了单独反映已发出但尚未确认销售收入的商品成本，企业应增设"发出商品"科目，该科目核算一般销售方式下，已经发出但尚未确认收入的商品成本。

需要注意的是，尽管发出的商品不符合收入确认条件，但如果销售该商品的纳税义务已经发生，比如已经开出增值税专用发票，则应确认应交的增值税销项税额，借记"应收账款"等科目，贷记"应交税费——应交增值税（销项税额）"或"应交税费——简易计税"科目。如果纳税义务没有发生，则不需要进行上述处理。

【例 9-1】江南公司采用托收承付结算方式销售一批商品，开出的增值税专用发票上注明的价款为 700 000 元，增值税税额为 119 000 元；商品已经发出，并已向银行办妥托收手续；该批商品的成本为 540 000 元。江南公司的账务处理如下：

Ⅰ.确认收入：

借：应收账款	819 000	
贷：主营业务收入		700 000
应交税费——应交增值税（销项税额）		119 000

Ⅱ.结转成本：

借：主营业务成本	540 000	
贷：库存商品		540 000

【例 9-2】江南公司向甲公司销售一批商品，开出的增值税专用发票上注明售价为 500 000 元，增值税税额为 85 000 元；江南公司收到甲公司支付的货款 585 000 元，并将提货单送交甲公司；该批商品成本为 340 000 元。江南公司的账务处理如下：

Ⅰ.确认收入：

借：银行存款	585 000	
贷：主营业务收入		500 000
应交税费——应交增值税（销项税额）		85 000

Ⅱ.结转成本：

借：主营业务成本	340 000	
贷：库存商品		340 000

【例 9-3】江南公司向乙公司销售商品一批，开出的增值税专用发票上注明价款为 800 000

元，增值税税额为 136 000 元；江南公司收到乙公司开出的不带息银行承兑汇票一张，票面金额为 936 000 元，期限为 2 个月；该批商品已经发出，江南公司以银行存款代垫运杂费 5 000 元；该批商品成本为 630 000 元。江南公司的账务处理如下：

Ⅰ.确认收入：

借：应收票据　936 000
　　应收账款　5 000
　贷：主营业务收入　800 000
　　　应交税费——应交增值税（销项税额）　136 000
　　　银行存款　5 000

Ⅱ.结转成本：

借：主营业务成本　630 000
　贷：库存商品　630 000

【例 9-4】江南公司 2017 年 2 月 6 日采用托收承付结算方式向丙公司销售一批商品，开出的增值税专用发票上注明价款为 900 000 元，增值税税额为 153 000 元；该批商品成本为 600 000 元。江南公司在销售该批商品时已得知丙公司资金流转发生暂时困难，但为了减少存货积压，同时为了维持与丙公司长期以来建立的商业关系，江南公司仍将商品发出，并办妥托收手续。假定江南公司销售该批商品的纳税义务已经发生，不考虑其他因素。江南公司的账务处理如下：

Ⅰ.发出商品：

借：发出商品　600 000
　贷：库存商品　600 000

同时，因江南公司销售该批商品的纳税义务已经发生，应确认应交的增值税销项税额：

借：应收账款　153 000
　贷：应交税费——应交增值税（销项税额）　153 000

（注意：如果销售该批商品的纳税义务尚未发生，则不做这笔分录，待纳税义务发生时再做应交增值税处理。）

Ⅱ.假定 2017 年 11 月江南公司得知丙公司经营情况出现好转，丙公司承诺近期付款，江南公司应在丙公司承诺付款时确认收入。

借：应收账款　900 000
　贷：主营业务收入　900 000

同时结转成本：

借：主营业务成本　600 000
　贷：发出商品　600 000

Ⅲ.假定 2017 年 12 月 8 日收到丙公司支付的货款：

借：银行存款　1 053 000
　贷：应收账款　1 053 000

（二）商业折扣、现金折扣和销售折让业务处理

企业销售商品收入的金额通常按照从购货方已收或应收的合同或协议价款确定。在确定销售商品收入的金额时，应注意区分商业折扣、现金折扣和销售折让以及不同的处理方法。

1. 商业折扣

商业折扣是指企业为促进商品销售而给予的价格扣除。例如，企业为鼓励客户多买商品可能规定，购买5件以上商品给予客户5%的折扣，或客户每买5件送1件。此外，企业为了尽快出售一些残次、陈旧、冷背的商品，也可能降价(即打折)销售。

商业折扣在销售时即已发生，并不构成最终成交价格的一部分。企业销售商品涉及商业折扣的，应当按照扣除商业折扣后的金额确定销售商品收入金额。

2. 现金折扣

现金折扣是指债权人为鼓励债务人在规定的期限内付款而向债务人提供的债务扣除。

现金折扣一般用符号“折扣率/付款期限”表示，例如，“2/10，1/20，N/30”表示：销货方允许客户最长的付款期限为30天。如果客户在10天内付款，销货方可按商品售价给予客户2%的折扣；如果客户在20天内付款，销货方可按商品售价给予客户1%的折扣；如果客户在21天至30天内付款，将不能享受现金折扣。

在计算现金折扣时，还应注意销售方是按不包含增值税的价款提供现金折扣，还是按包含增值税的价款提供现金折扣，两种情况下购买方享有的折扣金额不同。例如，销售价格为1 000万元的商品，增值税税额为170万元，如不包含增值税，按1%折扣率计算，购买方享有的现金折扣金额为10万元；如果购销双方约定计算现金折扣时一并考虑增值税，则购买方享有的现金折扣金额为11.7万元。

现金折扣发生在企业销售商品之后，企业销售商品后现金折扣是否发生以及发生多少要视买方的付款情况而定，企业在确认销售商品收入时不能确定现金折扣金额。因此，企业销售商品涉及现金折扣的，应当按照扣除现金折扣前的金额确定销售商品收入金额。现金折扣实际上是企业为了尽快回笼资金而发生的理财费用，应在实际发生时计入当期财务费用。

【例9-5】江南公司为增值税一般纳税人，适用的税率为17%。2017年5月1日销售A产品10 000件，每件商品的标价为50元(不含增值税)，每件商品的实际成本为36元；由于是成批销售，江南公司给予购货方10%的商业折扣，并在销售合同中规定现金折扣条件为“2/10，1/20，N/30”；A商品于5月1日发出，符合销售实现条件，购货方于5月9日付款。假定计算现金折扣时考虑增值税。江南公司的账务处理如下：

Ⅰ.5月1日销售实现：

	借方	贷方
借：应收账款	526 500	
贷：主营业务收入		450 000
应交税费——应交增值税(销项税额)		76 500
借：主营业务成本	360 000	
贷：库存商品		360 000

Ⅱ.5月9日收到货款：

	借方	贷方
借：银行存款	515 970	
财务费用	10 530	
贷：应收账款		526 500

3. 销售折让

销售折让是指企业因售出商品质量不符合要求等原因而在售价上给予的减让。企业将商品销售给买方后，如买方发现商品在质量、规格等方面不符合要求，可能要求卖方在价格上给予一定的减让。

销售折让如发生在确认销售收入之前，则应在确认销售收入时直接按扣除销售折让后的金额确认；已确认销售收入的售出商品发生销售折让，且不属于资产负债表日后事项的，应在发生时冲减当期销售商品收入，如按规定允许扣减增值税税额的，还应冲减已确认的应交增值税销项税额。

【例 9-6】江南公司销售一批商品给甲公司，开出的增值税专用发票上注明的价款为 100 000 元，增值税税额为 17 000 元。该批商品的成本为 70 000 元。货到后甲公司发现商品质量不符合合同要求，要求在价格上给予 5%的折让。甲公司提出的销售折让要求符合原合同的约定，江南公司同意并办妥了相关手续，开具了增值税红字专用发票。假定此前江南公司已确认该批商品的销售收入，销售款项尚未收到，发生的销售折让允许扣减当期增值税销项税额。江南公司的账务处理如下：

Ⅰ.销售实现：

借:应收账款	117 000	
贷:主营业务收入		100 000
应交税费——应交增值税(销项税额)		17 000
借:主营业务成本	70 000	
贷:库存商品		70 000

Ⅱ.发生销售折让：

借:主营业务收入	5 000	
应交税费——应交增值税(销项税额)	850	
贷:应收账款		5 850

Ⅲ.实际收到款项：

借:银行存款	111 150	
贷:应收账款		111 150

【例 9-7】承【例 9-6】，假定发生销售折让前，因该项销售在货款收回上存在不确定性，江南公司未确认该批商品的销售收入，纳税义务也未发生；发生销售折让后 3 个月，甲公司承诺近期付款。江南公司的账务处理如下：

Ⅰ.发出商品：

借:发出商品	70 000	
贷:库存商品		70 000

Ⅱ.甲公司承诺付款，江南公司确认销售：

借:应收账款	111 150	
贷:主营业务收入		95 000
应交税费——应交增值税(销项税额)		16 150
借:主营业务成本	70 000	
贷:发出商品		70 000

Ⅲ.实际收到款项：

借:银行存款	111 150	
贷:应收账款		111 150

(三) 销售退回业务处理

销售退回,是指企业售出的商品由于质量、品种不符合要求等原因发生的退货。

企业售出商品发生销售退回的,应当区分不同情况进行账务处理。一是尚未确认销售收入的售出商品发生销售退回的,应当冲减“发出商品”科目,同时增加“库存商品”科目。二是已确认销售商品收入的售出商品发生销售退回的,除属于资产负债表日后事项外,一般应在发生时冲减当期销售商品收入,同时冲减当期销售商品成本。如按规定允许扣减增值税税额的,应同时扣减已确认的应交增值税销项税额。如该项销售退回已发生现金折扣,应同时调整相关财务费用的金额。三是已确认销售商品收入的售出商品发生销售退回的,属于资产负债表日后事项的,适用《企业会计准则第 29 号——资产负债表日后事项》的相关规定进行账务处理。

【例 9-8】江南公司 2017 年 6 月 9 日收到甲公司因质量问题而退回的商品 10 件,每件商品成本为 280 元。该批商品系江南公司 2017 年 3 月 5 日出售给甲公司,每件商品售价 320 元,适用的增值税税率为 17%,货款尚未收到,江南公司未确认销售商品收入。因甲公司提出的退货要求符合销售合同约定,江南公司同意退货,并按规定向甲公司开具了增值税红字专用发票。退货已验收入库。江南公司的账务处理如下:

借:库存商品　　2 800(280×10)

　贷:发出商品　　2 800

借:应交税费——应交增值税(销项税额)　　544(320×10×17%)

　贷:应收账款　　544

【例 9-9】江南公司 2017 年 5 月 20 日销售 A 产品一批,增值税专用发票上注明的价款为 450 000元,增值税税额为 76 500 元;该批商品成本为 390 000 元。A 产品于 2017 年 5 月 20 日发出,购货方于 5 月 27 日付款,江南公司对该项销售确认了销售收入。2017 年 10 月 8 日,该商品质量出现严重问题,购货方将该批商品全部退回给江南公司。江南公司同意退货,于退货当日支付了退货款,并按规定向购货方开具了增值税红字专用发票。江南公司的账务处理如下:

Ⅰ. 销售实现:

借:应收账款　　526 500

　贷:主营业务收入　　450 000

　　应交税费——应交增值税(销项税额)　　76 500

借:主营业务成本　　390 000

　贷:库存商品　　390 000

Ⅱ. 收到货款:

借:银行存款　　526 500

　贷:应收账款　　526 500

Ⅲ. 销售退回:

借:主营业务收入　　450 000

　应交税费——应交增值税(销项税额)　　76 500

　贷:银行存款　　526 500

借:库存商品　　390 000

　贷:主营业务成本　　390 000

【例 9-10】江南公司 2017 年 4 月 16 日向甲公司销售一批商品,开出的增值税专用发票上注明的售价为50 000元，增值税税额为8 500元。该批商品成本为36 000元。为尽早收回货款，江南公司和甲公司约定的现金折扣条件为：2/10，1/20，N/30。甲公司在2017年4月24日支付货款。2017年8月18日，该批商品因质量问题被甲公司退回，江南公司当日支付有关退货款。假定计算现金折扣时不考虑增值税。江南公司的账务处理如下：

Ⅰ.销售实现：

借：应收账款	58 500	
贷：主营业务收入		50 000
应交税费——应交增值税（销项税额）		8 500
借：主营业务成本	36 000	
贷：库存商品		36 000

Ⅱ.收到货款：

借：银行存款	57 500	
财务费用	1 000	
贷：应收账款		58 500

Ⅲ.销售退回：

借：主营业务收入	50 000	
应交税费——应交增值税（销项税额）	8 500	
贷：银行存款		57 500
财务费用		1 000
借：库存商品	36 000	
贷：主营业务成本		36 000

（四）采用预收款方式销售商品业务处理

预收款方式销售商品，是指购买方在商品尚未收到前按合同或协议约定分期付款，销售方在收到最后一笔款项时才将商品交付给购货方的销售方式。在这种方式下，销售方直到收到最后一笔款项时才将商品交付给购货方，表明商品所有权上的主要风险和报酬只有在收到最后一笔款项时才转移给购货方。因此，企业通常应当在发出商品时确认收入，在此之前预收的货款应确认为负债。

【例9-11】江南公司与甲公司签订协议，采用预收款方式向甲公司销售一批商品。该批商品的实际成本为800 000元。协议约定，该批商品销售价格为1 000 000元，增值税税额为170 000元；甲公司应在协议签订时预付60%的货款（按销售价格计算），剩余款项于3个月后支付。江南公司的账务处理如下：

Ⅰ.收到60%货款：

借：银行存款	600 000	
贷：预收账款		600 000

Ⅱ.收到剩余货款及增值税税款并交付商品：

借：预收账款	1 170 000	
贷：主营业务收入		1 000 000
应交税费——应交增值税（销项税额）		170 000
借：银行存款	570 000	

贷:预收账款　　570 000

借:主营业务成本　　800 000

贷:库存商品　　800 000

(五)委托代销商品业务处理

委托代销方式,是指委托方根据协议委托受托方代销商品的一种销售方式,具体包括视同买断和收取手续费两种方式,二者在账务处理上有明显的区别。

为了核算和监督委托方已经发出但尚未确认销售收入的商品成本,企业应设置“委托代销商品”科目。该科目属于资产类,其借方登记发出代销商品的成本;贷方登记收到代销清单,结转的已销商品的成本;期末余额在借方,表示委托代销已发出尚未售出的商品成本。该科目可按受托单位设置明细账进行明细核算。

为了核算和监督受托代销商品,企业应设置“受托代销商品”“受托代销商品款”和“应付账款”科目。“受托代销商品”科目属于资产类,用于核算受托方收到的受托代销商品成本。其借方登记收到的受托代销商品成本;贷方登记受托方销售商品后,结转的受托代销商品成本;期末余额在借方,表示受托代销商品成本。“受托代销商品款”科目属于负债类,用于核算代销商品时,受托方收到代销商品未结算的货款。其借方登记售出商品后结算的代销商品款;贷方登记收到代销商品未结算的货款;期末余额在贷方,表示尚未结算的代销商品款。

1. 视同买断方式

视同买断方式,是指委托方和受托方签订合同或协议,委托方按合同或协议收取代销的货款,实际售价由受托方自定,实际售价与合同或协议价之间的差额归受托方所有。

如果委托方和受托方之间的协议明确表示,受托方在取得代销商品后,无论是否能够卖出、是否获利,均与委托方无关,那么,委托方在符合销售商品收入确认条件发出商品时,委托方应确认相关销售商品收入。

如果委托方和受托方之间的协议明确表示,将来受托方没有将商品售出时可以将商品退回给委托方,或受托方因代销商品出现亏损时可以要求委托方补偿,那么,委托方在交付商品时不确认收入,受托方也不做购进商品处理,受托方将商品销售后,按实际售价确认销售收入,并向委托方开具代销清单;委托方收到代销清单时,再确认本企业的销售收入。

【例 9-12】江南公司委托甲公司销售A产品5 000件,协议价为200元/件,成本为120元/件。代销协议约定,甲公司未售出的产品可以退回。甲公司按每件250元的价格销售。年末,江南公司收到甲公司代销清单,列明已销售代销产品的60%,增值税税率为17%。

江南公司的账务处理如下:

Ⅰ.将该批商品交付甲公司:

借:委托代销商品　　600 000

贷:库存商品　　600 000

Ⅱ.收到代销清单:

借:应收账款　　702 000

贷:主营业务收入　　600 000

应交税费——应交增值税(销项税额)　　102 000

借:主营业务成本　　360 000

贷:委托代销商品　　360 000

Ⅲ.收到货款：

借:银行存款　　702 000

　贷:应收账款　　702 000

甲公司的账务处理如下：

Ⅰ.收到该批商品：

借:受托代销商品　　1 000 000

　贷:受托代销商品款　　1 000 000

Ⅱ.销售该批商品：

借:银行存款　　877 500

　贷:主营业务收入　　750 000

　　应交税费——应交增值税(销项税额)　　127 500

借:主营业务成本　　600 000

　贷:受托代销商品　　600 000

借:受托代销商品款　　600 000

　贷:应付账款　　600 000

Ⅲ.按合同协议价将款项付给江南公司：

借:应付账款　　600 000

　应交税费——应交增值税(进项税额)　　102 000

　贷:银行存款　　702 000

2. 收取手续费方式

受托方根据代销商品数量向委托方收取手续费,这对于受托方来说实际上是一种劳务收入。在这种方式下,委托方发出商品时,商品所有权上的主要风险和报酬并未转移给受托方。委托方在发出商品时通常不应确认销售商品收入,而应在收到受托方开出的代销清单时确认为销售商品收入,同时将应支付的代销手续费计入销售费用;受托方应在代销商品销售后,按合同或协议约定的方式计算确定代销手续费,确认劳务收入。

委托方通过"委托代销商品""应收账款"等科目核算委托代销商品,确认代销手续费时,借记"销售费用"等科目,贷记"应收账款"等科目。受托方通过"受托代销商品""受托代销商品款""应付账款"等科目核算受托代销商品,确认代销手续费收入时,借记"应付账款"科目,贷记"其他业务收入"等科目。

【例 9-13】江南公司委托甲公司销售商品 300 件,商品已经发出,每件成本为 160 元。合同约定甲公司应按每件 200 元对外销售,江南公司按售价的 10%向甲公司支付手续费。甲公司对外实际销售 180 件,开出的增值税专用发票上注明的价款为 36 000 元,增值税税额为 6 120 元,款项已收到。江南公司收到甲公司开具的代销清单时,向甲公司开具一张相同金额的增值税专用发票,并收到甲公司提供代销服务开具的增值税专用发票,注明价款为 3 600 元,增值税税额为 216 元。假定:江南公司发出商品时纳税义务尚未发生;江南公司对商品采用实际成本进行日常核算,甲公司采用进价核算代销商品。

江南公司的账务处理如下：

Ⅰ.发出商品：

借:委托代销商品　　48 000

贷:库存商品　　48 000

Ⅱ.收到代销清单:

借:应收账款　　42 120

　贷:主营业务收入　　36 000

　　应交税费——应交增值税(销项税额)　　6 120

借:主营业务成本　　28 800

　贷:委托代销商品　　28 800

代销手续费金额=36 000×10%=3 600元

借:销售费用　　3 600

　应交税费——应交增值税(进项税额)　　216

　贷:应收账款　　3 816

Ⅲ.收到甲公司支付的货款:

借:银行存款　　38 304

　贷:应收账款　　38 304

甲公司的账务处理如下:

Ⅰ.收到代销商品:

借:受托代销商品　　60 000

　贷:受托代销商品款　　60 000

Ⅱ.对外销售:

借:银行存款　　42 120

　贷:受托代销商品　　36 000

　　应交税费——应交增值税(销项税额)　　6 120

Ⅲ.收到增值税专用发票:

借:应交税费——应交增值税(进项税额)　　6 120

　贷:应付账款　　6 120

借:受托代销商品款　　36 000

　贷:应付账款　　36 000

Ⅳ.支付货款并计算代销手续费:

借:应付账款　　42 120

　贷:银行存款　　38 304

　　其他业务收入　　3 600

　　应交税费——应交增值税(销项税额)　　216

(六)销售材料等存货业务处理

企业在日常活动中还可能发生对外销售不需用的原材料、随同商品对外销售单独计价的包装物等业务。企业销售原材料、包装物等存货也视同商品销售,其收入确认和计量原则比照商品销售。企业销售原材料、包装物等存货实现的收入作为其他业务收入处理,结转的相关成本作为其他业务成本处理。

企业销售原材料、包装物等存货实现的收入以及结转的相关成本,通过“其他业务收入”“其他业务成本”科目核算。

“其他业务收入”科目，属于损益类，用于核算企业除主营业务活动以外的其他经营活动实现的收入，包括销售材料、出租包装物和商品、出租固定资产、出租无形资产等实现的收入。该科目贷方登记企业实现的各项其他业务收入；借方登记期末结转入“本年利润”科目的其他业务收入，结转后该科目应无余额。

“其他业务成本”科目，属于损益类，用于核算企业除主营业务活动以外的其他经营活动所发生的成本，包括销售材料的成本、出租固定资产的折旧额、出租无形资产的摊销额、出租包装物的成本或摊销额。该科目借方登记企业结转或发生的其他业务成本；贷方登记期末结转入“本年利润”科目的其他业务成本，结转后该科目应无余额。

【例 9-14】江南公司销售一批原材料，开出的增值税专用发票上注明的售价为 136 000 元，增值税税额为 23 120 元，款项已由银行收妥。该批原材料的实际成本为 100 000 元。江南公司的账务处理如下：

借：银行存款	159 120	
贷：其他业务收入		136 000
应交税费——应交增值税（销项税额）		23 120
借：其他业务成本	100 000	
贷：原材料		100 000

◇知识拓展 9.3

对于商品需要安装和检验的销售业务，在购买方接受交货以及安装和检验完毕前，企业通常不应确认收入。如果安装程序比较简单或检验是为了最终确定合同或协议价格而必须进行的程序，企业可以在发出商品时确认收入。而对于附有销售退回条件的商品销售业务，企业根据以往经验能够合理估计退货可能性的，应在发出商品时，将估计不会发生退货的部分确认收入，估计可能发生退货的部分，不确认收入；如果企业不能合理地确认退货的可能性，则在售出商品的退货期满时确认收入。

任务 9.3　提供劳务收入核算

企业提供劳务的种类很多，如旅游、运输、饮食、广告、咨询、代理、培训、产品安装等。有的劳务一次就能完成，且一般为现金交易，如饮食、理发、照相等；有的劳务需要花费一段较长的时间才能完成，如安装、旅游、培训、远洋运输等。企业提供劳务收入的确认原则因劳务完成时间的不同而不同。

一、劳务在同一会计期间内开始并完成的业务处理

对于一次就能完成的劳务，企业应在提供劳务完成时确认收入及相关成本，确认的金额通常为从接受劳务方已收或应收的合同或协议价款，确认原则可参照销售商品收入的确认原则。

对于持续一段时间但在同一会计期间内开始并完成的劳务，企业应在为提供劳务发生相关支出时确认劳务成本，劳务完成时再确认劳务收入，并结转相关劳务成本。

企业对外提供劳务，如属于企业的主营业务，所实现的收入应作为主营业务收入处理，结转的相关成本应作为主营业务成本处理；如属于主营业务以外的其他经营活动，所实现的收入应作为其他业务收入处理，结转的相关成本应作为其他业务成本处理。企业对外提供劳务发生的支出一般先通过“劳务成本”科目予以归集，待确认为费用时，从“劳务成本”科目转入“主营业务成本”或“其他业务成本”科目。

【例 9-15】江南公司于 2017 年 5 月 10 日接受一项设备安装任务，该安装任务可一次完成。合同总价款为 10 000 元(不含增值税，增值税税率为 11%)，实际发生安装成本 6 000 元，均为职工薪酬。5 月 15 日完工时，取得增值税专用发票上注明的价款为 10 000 元，增值税税额为1 100 元。假定安装业务属于江南公司的主营业务。江南公司的账务处理如下：

借：应收账款　　11 100
　贷：主营业务收入　　10 000
　　应交税费——应交增值税(销项税额)　　1 100
借：主营业务成本　　6 000
　贷：应付职工薪酬　　6 000

若上述安装任务需花费一段时间(不超过本会计期间)才能完成，则应在为提供劳务发生有关支出时，借记“劳务成本”，贷记“应付职工薪酬”等科目。

待安装完成确认所提供劳务的收入并结转该项劳务总成本时：

借：应收账款　　11 100
　贷：主营业务收入　　10 000
　　应交税费——应交增值税(销项税额)　　1 100
借：主营业务成本　　6 000
　贷：劳务成本　　6 000

二、劳务的开始和完成分属不同会计期间的业务处理

跨期的劳务，按提供劳务交易的结果能否可靠估计分为能够可靠估计和不能可靠估计两种情况。

1. 提供劳务交易结果能够可靠估计

同时满足下列条件的，为提供劳务交易的结果能够可靠估计。

1）收入的金额能够可靠地计量

收入的金额能够可靠地计量，是指提供劳务收入的总额能够合理地估计。通常情况下，企业应当按照从接受劳务方已收或应收的合同或协议价款确定提供劳务收入总额。随着劳务的不断提供，可能会根据实际情况增加或减少已收或应收的合同或协议价款，此时，企业应及时调整提供劳务收入总额。

2）相关的经济利益很可能流入企业

相关的经济利益很可能流入企业，是指提供劳务收入总额收回的可能性大于不能收回的可能性。企业在确定提供劳务收入总额能否收回时，应当结合接受劳务方的信誉、以前的经验以及双方就结算方式和期限达成的合同或协议条款等因素，进行综合判断。通常情况下，企业提

供的劳务符合合同或协议要求，接受劳务方承诺付款，就表明提供劳务收入总额收回的可能性大于不能收回的可能性。

3）交易的完工进度能够可靠地确定

企业可以根据提供劳务的特点，选用下列方法确定提供劳务交易的完工进度：

（1）已完工作的测量，这是一种比较专业的测量方法，由专业测量师对已经提供的劳务进行测量，并按一定方法计算确定提供劳务交易的完工程度。

（2）已经提供的劳务占应提供劳务总量的比例，这种方法主要以劳务量为标准确定提供劳务交易的完工程度。

（3）已经发生的成本占估计总成本的比例，这种方法主要以成本为标准确定提供劳务交易的完工程度。只有反映已提供劳务的成本才能包括在已经发生的成本中，只有反映已提供或将提供劳务的成本才能包括在估计总成本中。

4）交易中已发生和将发生的成本能够可靠地计量

交易中已发生和将发生的成本能够可靠地计量，是指交易中已经发生和将要发生的成本能够合理地估计。企业应当建立完善的内部成本核算制度和有效的内部财务预算及报告制度，准确地提供每期发生的成本，并对完成剩余劳务将要发生的成本做出科学、合理的估计。同时应随着劳务的不断提供或外部情况的不断变化，随时对将要发生的成本进行修订。

如果劳务的开始和完成分属不同的会计期间，且企业在资产负债表日提供劳务交易结果能够可靠估计的，应当采用完工百分比法确认提供劳务收入。完工百分比法，是指按照提供劳务交易的完工进度确认收入与费用的方法。企业应当在资产负债表日按照提供劳务收入总额乘以完工进度扣除以前会计期间累计已确认提供劳务收入后的金额，确认当期提供劳务收入；同时，按照提供劳务估计总成本乘以完工进度扣除以前会计期间累计已确认劳务成本后的金额，结转当期劳务成本。用计算公式表示如下：

本期确认的劳务收入＝劳务收入总额×完工进度－以前期间累计已确认的劳务收入

本期确认的劳务成本＝劳务成本总额×完工进度－以前期间累计已确认的劳务成本

在采用完工百分比法确认提供劳务收入的情况下，企业应按计算确定的提供劳务收入金额，借记“应收账款”“银行存款”等科目，贷记“主营业务收入”“其他业务收入”“应交税费——应交增值税（销项税额）”等科目；发生劳务支出时，先通过“劳务成本”科目予以归集，借记“劳务成本”科目，贷记“银行存款”“应付职工薪酬”等科目；待确认为费用时，再结转劳务成本，借记“主营业务成本”或“其他业务成本”科目，贷记“劳务成本”科目。

【例 9-16】江南公司于 2017 年 12 月 1 日接受一项设备安装任务，安装期为 3 个月，合同总收入为 500 000 元，适用的增值税税率为 11％。至年底已预收 320 000 元，实际发生安装费用为 300 000 元（假定均为安装人员薪酬），估计完成任务还需发生安装费用 100 000 元。假定该业务属于江南公司的其他经营业务，该公司按照实际发生的成本占估计总成本的比例确定劳务的完工进度。江南公司的账务处理如下：

实际发生的成本占估计总成的比例＝300 000÷（300 000＋100 000）＝75％

2017 年 12 月 31 日确认的劳务收入＝500 000×75％－0＝375 000 元

2017 年 12 月 31 日确认的劳务成本＝（300 000＋100 000）×75％－0＝300 000 元

Ⅰ.预收劳务款 320 000 元：

借：银行存款　　　　　　　　　　　　320 000

贷:预收账款 320 000

Ⅱ.实际发生劳务成本 300 000 元:

借:劳务成本 300 000

贷:应付职工薪酬 300 000

Ⅲ.12 月 31 日确认提供的劳务收入并结转劳务成本:

借:预收账款 416 250

贷:其他业务收入 375 000

应交税费——应交增值税(销项税额) 41 250

借:其他业务成本 300 000

贷:劳务成本 300 000

2. 提供劳务交易结果不能可靠估计

如果劳务开始和完成分属不同的会计期间,且企业在资产负债表日提供劳务交易结果不能可靠估计的,即不能同时满足上述四个条件的,不能采用完工百分比法确认提供劳务收入。此时,企业应当正确预计已经发生的劳务成本能否得到补偿,分下列情况处理:

(1) 已经发生的劳务成本预计全部能够得到补偿的,应按已收或预计能够收回的金额确认提供劳务收入,并结转已经发生的劳务成本。在这种情况下,企业应按已发生的劳务成本金额,借记“应收账款”“预收账款”等科目,贷记“主营业务收入”等科目;同时,借记“主营业务成本”科目,贷记“劳务成本”科目。

(2) 已经发生的劳务成本预计部分能够得到补偿的,应按能够得到补偿的劳务成本金额确认劳务收入,并结转已经发生的劳务成本。在这种情况下,企业应按能够得到补偿的劳务成本金额,借记“应收账款”“预收账款”等科目,贷记“主营业务收入”等科目;同时,按已经发生的劳务成本借记“主营业务成本”科目,贷记“劳务成本”科目。

(3) 已经发生的劳务成本预计全部不能得到补偿的,应将已经发生的劳务成本计入当期损益(主营业务成本或其他业务成本),不确认提供劳务收入。在这种情况下,企业应按已经发生的劳务成本金额,借记“主营业务成本”科目,贷记“劳务成本”科目。

【例 9-17】江南公司为增值税一般纳税人,培训业务适用的增值税税率为 6%。2016 年 12 月 20 日接受甲公司委托,为其培训一批学员,培训期为 3 个月,2017 年 1 月 1 日开学。协议约定,甲公司应向江南公司支付的培训费总额为 90 000 元,分 1 月 1 日、培训结束两次等额支付。

2017 年 1 月 1 日,甲公司预付第一次培训费,江南公司开具的增值税专用发票上注明的培训费金额为 45 000 元,增值税税额为 2 700 元。2017 年 1 月、2 月,江南公司各发生培训成本 40 000元(假定均为培训人员薪酬)。2017 年 2 月 28 日,江南公司得知甲公司经营发生困难,后一次培训费能否收回难以确定。江南公司的账务处理如下:

Ⅰ.2017 年 1 月 1 日收到甲公司预付的培训费:

借:银行存款 47 700

贷:预收账款 45 000

应交税费——应交增值税(销项税额) 2 700

Ⅱ.2017 年 1 月实际发生培训成本 40 000 元:

借:劳务成本 40 000

贷:应付职工薪酬 40 000

Ⅲ.2017 年 1 月 31 日确认提供劳务收入并结转劳务成本：

借：预收账款	30 000	
贷：主营业务收入		30 000
借：主营业务成本	40 000	
贷：劳务成本		40 000

Ⅳ.2017 年 2 月实际发生培训成本 40 000 元：

借：劳务成本	40 000	
贷：应付职工薪酬		40 000

Ⅴ.2017 年 2 月 28 日确认提供劳务收入并结转劳务成本：

借：预收账款	15 000	
贷：主营业务收入		15 000
借：主营业务成本	40 000	
贷：劳务成本		40 000

任务 9.4　让渡资产使用权收入核算

让渡资产使用权收入主要包括利息收入和使用费收入两类。利息收入，主要是指金融企业对外贷款形成的利息收入，以及同业之间发生往来的利息收入等；使用费收入，主要是指企业让渡无形资产（如商标权、专利权、专营权、软件、版权）等资产的使用权形成的收入。

企业对外出租资产收取的租金、进行债权投资收取的利息、进行股权投资取得的现金股利，也构成让渡资产使用权收入。

一、让渡资产使用权收入的确认和计量

让渡资产使用权的使用费收入同时满足下列条件的，才能予以确认：

1. 相关的经济利益很可能流入企业

企业在确定让渡资产使用权的使用费收入金额是否很可能收回时，应当根据对方企业的信誉和生产经营情况、双方就结算方式和期限等达成的合同或协议条款等因素，进行综合判断。如果企业估计使用费收入金额收回的可能性不大，就不应确认收入。

2. 收入的金额能够可靠地计量

当让渡资产使用权的使用费收入金额能够可靠估计时，企业才能确认收入。对于符合确认条件的利息收入金额，按照他人使用本企业货币资金的时间和实际利率计算确定；让渡资产使用权的使用费收入金额，则应按照有关合同或协议约定的收费时间和方法计算确定。不同的使用费收入、收费时间和方法各不相同：如果合同或协议规定一次性收取使用费，且不提供后续服务的，应当视同销售该项资产一次性确认收入；提供后续服务的，应在合同或协议规定的有效期内分期确认收入；如果合同或协议规定分期收取使用费的，应按合同或协议规定的收款时间和金额或规定的收费方法计算确定的金额，分期确认收入。

二、让渡资产使用权收入业务处理

企业让渡资产使用权的使用费收入，一般通过“其他业务收入”科目核算；让渡资产所计提的摊销额等，一般通过“其他业务成本”科目核算。

企业确认让渡资产使用权的使用费收入时，按确认的收入金额，借记“银行存款”“应收账款”等科目，贷记“其他业务收入”科目；企业对所让渡资产计提摊销以及所发生的与让渡资产有关的支出等，借记“其他业务成本”科目，贷记“累计摊销”等科目。

【例 9-18】江南公司为增值税一般纳税人，转让专利权的使用权适用的增值税税率为 6%。2017 年向甲公司转让某专利使用权，一次性收取使用费 60 000 元，不提供后续服务，增值税税额为 3 600 元，款项已经收回。假定不考虑其他因素。江南公司的账务处理如下：

借：银行存款	63 600	
贷：其他业务收入		60 000
应交税费——应交增值税（销项税额）		3 600

【例 9-19】江南公司于 2017 年 1 月 1 日向乙公司转让某专利权的使用权，协议约定转让期为 5 年，每年年末收取使用费 30 000 元。2017 年该专利权计提的摊销额为 24 000 元，每月计提金额为 2 000 元。假定不考虑其他因素。江南公司的账务处理如下：

Ⅰ. 2017 年年末确认使用费收入：

借：应收账款（或银行存款等）	31 800	
贷：其他业务收入		30 000
应交税费——应交增值税（销项税额）		1 800

Ⅱ. 2017 年每月计提专利权摊销额：

借：其他业务成本	2 000	
贷：累计摊销		2 000

任务 9.5　费用核算

一、认识费用

费用，是指企业在日常活动中发生的、会导致所有者权益减少的、与向所有者分配利润无关的经济利益的总流出。费用只有在经济利益很可能流出从而导致企业资产减少或者负债增加，且经济利益的流出额能够可靠计量时才能予以确认。

费用包括企业日常活动所产生的经济利益的总流出，主要指企业为取得营业收入进行产品销售等营业活动所发生的企业货币资金的流出，具体包括成本费用和期间费用。企业为生产产品、提供劳务等发生的可归属于产品成本、劳务成本等的费用，应当在确认销售商品收入、提供劳务收入等时，将已销售商品、已提供劳务的成本等计入当期损益。成本费用包括主营业务成本、其他业务成本、税金及附加等。期间费用是指企业日常活动发生的不能计入特定核算对象的成本，而应计入发生当期损益的费用。期间费用发生时直接计入当期损益。期间费用包括销售费用、管理费用和财务费用。

二、营业成本业务核算

1. 主营业务成本核算

主营业务成本，是指企业销售商品、提供劳务等经常性活动所发生的成本。企业一般在确认销售商品、提供劳务等主营业务收入时，或在月末，将已销售商品、已提供劳务的成本转入主营业务成本。

为了核算和监督企业因销售商品、提供劳务或让渡资产使用权等日常活动而发生的实际成本，企业应设置“主营业务成本”科目。该科目属于损益类，可按主营业务的种类设置明细账进行明细核算。月末，企业应根据本月销售商品、提供劳务或让渡资产使用权等日常活动发生的实际成本，借记“主营业务成本”科目，贷记“库存商品”“劳务成本”等科目；期末，将主营业务成本的余额转入“本年利润”科目，借记“本年利润”科目，贷记“主营业务成本”科目。结转后“主营业务成本”科目无余额。

【例 9-20】江南公司 2017 年 8 月 20 日向甲公司销售一批产品，开出的增值税专用发票上注明价款为 300 000 元，增值税税额为 51 000 元；江南公司收到甲公司支付的款项 351 000 元，并将提货单送交甲公司；该批产品成本为 200 000 元。江南公司的账务处理如下：

Ⅰ. 销售实现：

借：银行存款　　351 000
　贷：主营业务收入　　300 000
　　应交税费——应交增值税（销项税额）　　51 000
借：主营业务成本　　200 000
　贷：库存商品　　200 000

Ⅱ. 期末，将主营业务成本结转至本年利润：

借：本年利润　　200 000
　贷：主营业务成本　　200 000

【例 9-21】江南公司 2017 年 9 月 10 日销售甲产品 1 000 件，单价 1 200 元，单位成本 1 000 元，增值税专用发票上注明价款 1 200 000 元，增值税税额 204 000 元，购货方尚未付款，销售成立。当月 15 日，因产品质量问题购货方退货。江南公司的账务处理如下：

Ⅰ. 销售实现：

借：应收账款　　1 404 000
　贷：主营业务收入　　1 200 000
　　应交税费——应交增值税（销项税额）　　204 000
借：主营业务成本　　1 000 000
　贷：库存商品　　1 000 000

Ⅱ. 销售退回：

借：主营业务收入　　1 200 000
　应交税费——应交增值税（销项税额）　　204 000
　贷：应收账款　　1 404 000

借:库存商品　　1 000 000

　贷:主营业务成本　　1 000 000

2. 其他业务成本核算

其他业务成本,是指企业确认的除主营业务活动以外的其他经营活动所发生的成本。其他业务成本包括销售材料的成本、出租固定资产的折旧额、出租无形资产的摊销额、出租包装物的成本或摊销额等。采用成本模式计量投资性房地产的,投资性房地产计提的折旧额或摊销额,也构成其他业务成本。

为了核算和监督企业确认的除主营业务活动以外的其他经营活动所发生的支出,包括销售材料的成本、出租固定资产的折旧额、出租无形资产的摊销额、出租包装物的成本或摊销额等,企业应当设置"其他业务成本"科目。该科目属于损益类,可按其他业务成本的种类设置明细账进行明细核算。企业发生的其他业务成本,借记"其他业务成本"科目,贷记"原材料""周转材料""累计折旧""累计摊销""应付职工薪酬""银行存款"等科目。期末,本科目余额转入"本年利润"科目,企业应借记"本年利润"科目,贷记"其他业务成本"科目。结转后"其他业务成本"科目无余额。

【例 9-22】江南公司 2017 年 5 月 15 日销售一批原材料,开具的增值税专用发票上注明的售价为 200 000 元,增值税税额为 34 000 元,款项已由银行收妥。该批原材料的实际成本为 100 000元。江南公司的账务处理如下:

Ⅰ.销售实现:

借:银行存款　　234 000

　贷:其他业务收入　　200 000

　　应交税费——应交增值税(销项税额)　　34 000

借:其他业务成本　　100 000

　贷:原材料　　100 000

Ⅱ.期末,将其他业务成本结转至本年利润:

借:本年利润　　100 000

　贷:其他业务成本　　100 000

【例 9-23】2017 年 1 月 1 日,江南公司将自行开发完成的非专利技术出租给某公司,该非专利技术成本为 360 000 元,双方约定的租赁期限为 5 年,江南公司每月应摊销 6 000 元。江南公司的账务处理如下:

Ⅰ.每月摊销非专利技术成本:

借:其他业务成本　　6 000

　贷:累计摊销　　6 000

Ⅱ.期末,将其他业务成本结转至本年利润:

借:本年利润　　6 000

　贷:其他业务成本　　6 000

三、税金及附加核算

税金及附加,是指企业经营活动应负担的相关税费,包括消费税、城市维护建设税、教育费附加、资源税、房产税、城镇土地使用税、车船税、印花税等。

消费税是对生产、委托加工及进口应税消费品(主要指烟、酒、化妆品、高档次及高能耗的消费品)征收的一种税。消费税的计税方法主要有从价定率、从量定额以及从价定率和从量定额复合计税三种。从价定率是根据商品销售价格和规定的税率计算应交消费税;从量定额是根据商品销售数量和规定的单位税额计算应交的消费税;复合计税是两者的结合。

城市维护建设税(以下简称城建税)和教育费附加是对从事生产经营活动的单位和个人,以其实际缴纳的增值税、消费税为依据,按纳税人所在地适用的不同税率计算征收的一种税。

资源税是对在我国境内从事资源开采的单位、个人征收的一种税,按应税数量和规定的单位税额计算。如开采石油、煤炭、天然气企业需按开采的数量计算缴纳资源税。

房产税以房屋为征税对象,按房屋的计税余值或出租房产取得的租金收入为计税依据,向产权所有人征收的一种财产税。我国房产税采用比例税率。其中,从价计征的,税率为1.2%;从租计征的,税率为12%。从2001年1月1日起,对个人按市场价格出租的居民住房,用于居住的,可暂减按4%的税率征收房产税。

城镇土地使用税是以城市、县城、建制镇、工矿区范围内使用土地的单位和个人为纳税人,以其实际占用的土地面积和规定税额计算征收的一种税。年应纳税税额等于实际占用应税土地面积乘以适用税额。

车船税是对行驶于我国公共道路,航行于国内河流、湖泊或领海口岸的车船,按其种类实行定额征收的一种税。

印花税是对经济活动和经济交往中书立、领受凭证征收的一种税。

为了核算和监督企业经营活动发生的消费税、城市维护建设税、教育费附加、资源税、房产税、城镇土地使用税、车船税、印花税等相关税费,企业应设置“税金及附加”科目。该科目属于损益类。企业发生按规定计算确定的与经营活动相关的税费(印花税除外)时,借记“税金及附加”科目,贷记“应交税费”科目。期末,应将“税金及附加”科目余额转入“本年利润”科目,借记“本年利润”科目,贷记“税金及附加”科目。结转后“税金及附加”科目无余额。

企业交纳的印花税,不会发生应付未付税款的情况,不需要预计应纳税金额,同时也不存在与税务机关结算或清算的问题。因此,企业交纳印花税不通过“应交税费”科目核算,于购买印花税票时,直接借记“税金及附加”科目,贷记“银行存款”科目。

【例9-24】江南公司2017年5月1日取得应纳消费税的销售商品收入5 000 000元,该产品适用的消费税税率为20%。江南公司的账务处理如下:

Ⅰ.计算应交消费税:

借:税金及附加　　　　1 000 000(5 000 000×20%)

　贷:应交税费——应交消费税　　　　1 000 000

Ⅱ.交纳消费税:

借:应交税费——应交消费税　　　　1 000 000

　贷:银行存款　　　　1 000 000

【例9-25】2017年6月,江南公司当月实际应交增值税750 000元,应交消费税240 000元,城建税税率为7%,教育费附加为3%。江南公司的账务处理如下:

Ⅰ.计算应交城建税和教育费附加:

城建税=(750 000+240 000)×7%=69 300元

教育费附加=(750 000+240 000)×3%=29 700元

借:税金及附加　　99 000
　贷:应交税费——应交城市维护建设税　　69 300
　　　　　　——应交教育费附加　　29 700

Ⅱ.交纳城建税和教育费附加:

借:应交税费——应交城市维护建设税　　69 300
　　　　　——应交教育费附加　　29 700
　贷:银行存款　　99 000

四、期间费用核算

期间费用,是指企业日常活动发生的不能计入特定核算对象的成本,而应计入发生当期损益的费用。

期间费用是企业日常活动中所发生的经济利益的流出。之所以不计入特定的成本核算对象,主要是因为期间费用是企业为组织和管理整个经营活动所发生的费用,与可以确定特定成本核算对象的材料采购、产品生产等没有直接关系,因而期间费用不计入有关核算对象的成本,而是直接计入当期损益。

期间费用包括销售费用、管理费用和财务费用。

1. 销售费用核算

销售费用是指企业销售商品和材料、提供劳务的过程中发生的各种费用,包括企业在销售商品过程中发生的保险费、包装费、展览费、广告费、商品维修费、预计产品质量保证损失、运输费、装卸费等,以及为销售本企业商品而专设的销售机构(含销售网点、售后服务网点等)的职工薪酬、业务费、折旧费等经营费用。企业发生的与专设销售机构相关的固定资产修理费用等后续支出也属于销售费用。

销售费用是与企业销售商品活动有关的费用,但不包括销售商品本身的成本和劳务成本。销售商品的成本属于"主营业务成本",提供劳务的成本属于"劳务成本"。

为了核算和监督企业销售费用的发生和结转情况,企业应设置"销售费用"科目。该科目属于损益类,其借方登记企业所发生的各项销售费用;贷方登记期末转入"本年利润"科目的销售费用;结转后该科目应无余额。该科目应按销售费用的费用项目设置明细账进行明细核算。

企业发生销售费用时,借记"销售费用"科目,贷记"库存现金""银行存款""应付职工薪酬""累计折旧"等科目;期末,企业应借记"本年利润"科目,贷记"销售费用"科目。

【例 9-26】2017 年 10 月,江南公司发生销售费用 320 000 元,其中:专设销售机构人员薪酬 100 000 元,销售部专用办公设备折旧费 50 000 元,以银行存款支付广告费 70 000 元,以现金支付应由公司负担的销售 A 产品的运输费 100 000 元。江南公司的账务处理如下:

借:销售费用　　320 000
　贷:应付职工薪酬　　100 000
　　　累计折旧　　50 000
　　　银行存款　　70 000
　　　库存现金　　100 000

【例 9-27】2017 年 12 月,江南公司将本月发生的"销售费用"65 000 元,结转至"本年利润"科目。江南公司的账务处理如下:

借:本年利润　　65 000
　贷:销售费用　　65 000

2. 管理费用核算

管理费用,是指企业为组织和管理生产经营活动所发生的各种费用,包括企业在筹建期间内发生的开办费、董事会和行政管理部门在企业的经营管理中发生的或者应由企业统一负担的公司经费(包括行政管理部门职工薪酬、物料消耗、低值易耗品摊销、办公费和差旅费等)、行政管理部门负担的工会经费、董事会费(包括董事会成员津贴、会议费和差旅费等)、聘请中介机构费、咨询费(含顾问费)、诉讼费、业务招待费、房产税、车船税、城镇土地使用税、印花税、技术转让费、矿产资源补偿费、研究费用、排污费等。企业生产车间(部门)和行政管理部门发生的固定资产修理费用等后续支出,也作为管理费用核算。

为了核算和监督企业管理费用的发生和结转情况,企业应设置"管理费用"科目。该科目属于损益类,其借方登记企业所发生的各项管理费用;贷方登记期末转入"本年利润"科目的管理费用;结转后该科目应无余额。该科目可按管理费用的费用项目设置明细账进行明细核算。商品流通企业管理费用不多的,可以将管理费用并入"销售费用"科目核算。

企业发生管理费用时,借记"管理费用"科目,贷记"库存现金""银行存款""应付职工薪酬""累计折旧""累计摊销""应交税费"等科目。期末,企业应借记"本年利润"科目,贷记"管理费用"科目。

【例 9-28】2017 年 8 月,江南公司发生如下费用:咨询费 6 000 元,行政人员薪酬 10 000 元,董事差旅费 8 000 元,行政部门办公、水电费 5 600 元,相关款项以银行存款付讫。江南公司的账务处理如下:

借:管理费用　　29 600
　贷:应付职工薪酬　　10 000
　　银行存款　　19 600

【例 9-29】2017 年 10 月,江南公司将本月发生的"管理费用"76 000 元,结转至"本年利润"科目。江南公司的账务处理如下:

借:本年利润　　76 000
　贷:管理费用　　76 000

3. 财务费用核算

财务费用,是指企业为筹集生产经营所需资金等而发生的筹资费用,包括利息支出(减利息收入)、汇兑损益以及相关的手续费、企业发生的现金折扣或收到的现金折扣等。

为了核算和监督企业财务费用的发生和结转情况,企业应设置"财务费用"科目。该科目属于损益类,其借方登记企业发生的各项财务费用;贷方登记期末转入"本年利润"的财务费用;结转后该科目应无余额。该科目可按财务费用的费用项目设置明细账进行明细核算。

企业发生财务费用时,借记"财务费用"科目,贷记"应付利息""银行存款""未确认融资费用"等科目。发生应冲减财务费用的利息收入、汇兑损益、现金折扣时,借记"银行存款""应付账款"等科目,贷记"财务费用"科目。期末,应借记"本年利润"科目,贷记"财务费用"科目。

【例 9-30】2017 年 3 月,江南公司用银行存款支付本月应负担的短期借款利息 35 000 元,银行手续费 500 元。江南公司的账务处理如下:

借:财务费用　　35 500

贷：银行存款　　　　　　　　　　　　　　　　　　35 500

【例 9-31】2017 年 9 月，江南公司将本月发生的“财务费用”88 000 元，结转至“本年利润”科目。江南公司的账务处理如下：

借：本年利润　　　　　　　　　　　　　88 000

贷：财务费用　　　　　　　　　　　　　　　　　　88 000

任务 9.6　营业外收支核算

一、营业外收入

营业外收入，是指企业确认的与其日常活动无直接关系的各项利得。营业外收入并不是企业经营资金耗费所产生的，不需要企业付出代价，实际上是经济利益的净流入，不需要与有关的费用进行配比。营业外收入主要包括非流动资产处置利得、盘盈利得、捐赠利得、非货币性资产交换利得、债务重组利得等。

其中：非流动资产处置利得包括固定资产处置利得和无形资产出售利得。固定资产处置利得，指企业出售固定资产所取得价款，或报废固定资产的材料价值和变价收入等，扣除被处置固定资产的账面价值、清理费用、与处置相关的税费后的净收益；无形资产出售利得，指企业出售无形资产所取得价款，扣除被出售无形资产的账面价值、与出售相关的税费后的净收益。

盘盈利得，指企业对现金等资产清查盘点时发生盘盈，报经批准后计入营业外收入的金额。

捐赠利得，指企业接受捐赠产生的利得。

（一）营业外收入核算会计科目设置

为了核算和监督企业营业外收入的取得及结转情况，企业应设置“营业外收入”科目。该科目属于损益类，其贷方登记企业确认的各项营业外收入；借方登记期末结转入本年利润的营业外收入；结转后该科目应无余额。该科目可按营业外收入的项目设置明细账进行明细核算。

企业确认营业外收入时，借记“固定资产清理”“银行存款”“库存现金”“应付账款”等科目，贷记“营业外收入”科目；期末，企业应将“营业外收入”科目余额转入“本年利润”科目，借记“营业外收入”科目，贷记“本年利润”科目。结转后，“营业外收入”科目应无余额。

（二）营业外收入核算

1．处置非流动资产利得

企业确认处置非流动资产利得时，借记“固定资产清理”“银行存款”“待处理财产损溢”“无形资产”等科目，贷记“营业外收入”科目。

【例 9-32】江南公司将固定资产报废清理的净收益 6 000 元转作营业外收入。江南公司的账务处理如下：

借：固定资产清理　　　　　　　　　　　　6 000

贷：营业外收入——非流动资产处置利得　　　　　　6 000

2. 盘盈利得、捐赠利得

企业确认盘盈利得、捐赠利得计入营业外收入时，借记“库存现金”“待处理财产损溢”等科目，贷记“营业外收入”科目。

【例9-33】江南公司在现金清查中盘盈500元，按管理权限报经批准后转入营业外收入。江南公司的账务处理如下：

Ⅰ. 发现盘盈：

借：库存现金　　500

　贷：待处理财产损溢　　500

Ⅱ. 经批准转入营业外收入：

借：待处理财产损溢　　500

　贷：营业外收入　　500

二、营业外支出

营业外支出，是指企业发生的与其日常活动无直接关系的各项损失，主要包括非流动资产处置损失、盘亏损失、罚款支出、公益性捐赠支出、非常损失、非货币性资产交换损失、债务重组损失等。

其中：非流动资产处置损失包括固定资产处置损失和无形资产出售损失。固定资产处置损失，指企业出售固定资产所取得价款，或报废固定资产的材料价值和变价收入等，抵补处置固定资产的账面价值、清理费用、处置相关税费后的净损失；无形资产出售损失，指企业出售无形资产所取得价款，抵补出售无形资产的账面价值、出售相关税费后的净损失。

盘亏损失，主要指对于财产清查盘点中盘亏的资产，查明原因并报经批准计入营业外支出的损失。

罚款支出，指企业支付的行政罚款、税务罚款，以及其他违反法律法规、合同协议等而支付的罚款、违约金、赔偿金等支出。

公益性捐赠支出，指企业对外进行公益性捐赠发生的支出。

非常损失，指企业对于因客观因素（如自然灾害等）造成的损失，扣除保险公司赔偿后应计入营业外支出的净损失。

（一）营业外支出核算会计科目设置

为了核算和监督企业营业外支出的发生及结转情况，企业应设置“营业外支出”科目。该科目属于损益类，其借方登记企业发生的各项营业外支出；贷方登记期末结转入本年利润的营业外支出；结转后该科目应无余额。该科目可按营业外支出项目设置明细账进行明细核算。

企业确认营业外支出时，借记“营业外支出”科目，贷记“固定资产清理”“待处理财产损溢”“库存现金”“银行存款”等科目。期末，企业应借记“本年利润”科目，贷记“营业外支出”科目。

（二）营业外支出核算

1. 处置非流动资产损失

企业确认处置非流动资产损失时，借记“营业外支出”科目，贷记“固定资产清理”“无形资产”等科目。

【例9-34】江南公司于2015年1月1日取得一项价值2 600 000元的非专利技术，2017年1

月1日出售时已累计摊销200 000元，未计提减值准备，出售时取得的增值税专用发票上注明的价款为2 000 000元，增值税销项税额为120 000元。江南公司的账务处理如下：

借：银行存款　　2 000 000
　累计摊销　　200 000
　营业外支出　　520 000
　贷：无形资产　　2 600 000
　　应交税费——应交增值税（销项税额）　　120 000

2. 盘亏、罚款支出

企业确认盘亏、罚款支出时，借记“营业外支出”科目，贷记“待处理财产损溢”“库存现金”等科目。

【例9-35】江南公司原材料发生意外灾害损失350 000元，经批准全部转作营业外支出。不考虑相关税费。江南公司的账务处理如下：

Ⅰ.发生原材料意外灾害损失：

借：待处理财产损溢　　350 000
　贷：原材料　　350 000

Ⅱ.批准处理：

借：营业外支出　　350 000
　贷：待处理财产损溢　　350 000

任务9.7　所得税费用核算

一、认识所得税会计

企业所得税，是对我国企业和其他组织的生产经营所得和其他所得征收的一种税。在我国境内的所有企业，只要有应税所得，都应按规定交纳企业所得税。它是企业的一项资产流出，因此，所得税属于企业的一项费用。

所得税会计，是研究如何处理依据会计准则计算的税前会计利润与按照税法规定计算的应税所得之间差异的会计理论和方法。

企业的会计核算和税收处理分别遵循不同的原则，服务不同的目的。在我国，会计的确认、计量、报告应当遵循《企业会计准则》的规定，目的在于真实、完整地反映企业的财务状况、经营成果和现金流量等，为投资者、债权人以及其他会计信息使用者提供对其决策有用的信息。税法则是以课税为目的，根据国家有关税收法律法规的规定，确定一定时期内纳税人应缴的税额，从所得税的角度，主要是确定企业的应纳税所得额，以对企业的经营所得征税。

资产、负债的账面价值与计税基础不同，形成了影响企业未来应税金额的暂时性差异，会计准则和税法在计算收益、费用和损失时计算的口径不同所产生的永久性差异，导致企业利润总额和应纳税所得额不一致。因此，所得税费用的核算产生于会计处理与税收处理对所得认定上的差异。《企业会计准则第18号——所得税》规定采用资产负债表债务法进行所得税费用的核算。

二、认识资产负债表债务法

资产负债表债务法，是从资产负债表出发，通过比较资产负债表上列示的资产、负债按照会计准则规定确定的账面价值与按照税法规定确定的计税基础，对于两者之间的差异分别计算应纳税暂时性差异与可抵扣暂时性差异，确认相关的递延所得税负债与递延所得税资产，并在此基础上确定每一个会计期间利润表中的所得税费用。

资产负债表债务法较为完全地体现了资产负债观，在所得税的会计核算方面贯彻了资产、负债的界定。从资产负债表角度考虑，资产的账面价值代表的是企业在持续持有及最终处置某项资产的一定期间内，该项资产能够为企业带来的经济利益，而其计税基础代表的是在这一期间内，就该项资产按照税法规定可以税前扣除的金额。一项资产的账面价值小于其计税基础的，表明该项资产于未来期间产生的经济利益流入低于按照税法规定允许税前扣除的金额，产生可抵减未来期间应纳税所得额的因素，减少未来期间以应交所得税的方式流出企业的经济利益，应确认为资产。反之，一项资产的账面价值大于其计税基础的，两者之间的差额将会于未来期间产生应税金额，增加未来期间的应纳税所得额及应交所得税，对企业形成经济利益流出的义务，应确认为负债。

采用资产负债表债务法进行核算的情况下，利润表中企业所得税费用由两个部分组成：当期所得税和递延所得税。其中，当期所得税是指当期应交所得税。递延所得税包括递延所得税资产和递延所得税负债。递延所得税资产是指以未来期间很可能取得用来抵扣可抵扣暂时性差异的应纳税所得额为限确认的一项资产。递延所得税负债是指根据应纳税暂时性差异计算的未来期间应付所得税的金额。

三、资产负债表债务法核算所得税费用

采用资产负债表债务法进行企业所得税的核算一般应按以下程序：

1. 确定资产和负债的账面价值

按照《企业会计准则》规定，确定资产负债表中除递延所得税资产和递延所得税负债以外的其他资产、负债项目的账面价值。

资产、负债项目的账面价值，是指企业资产负债表中列示的金额，而非原账面余额。

2. 确定资产和负债的计税基础

按照《企业会计准则》中对于资产和负债计税基础的确定方法，以适用的税收法规为基础，确定资产负债表中有资产、负债项目的计税基础。

资产的计税基础，是指企业收回资产账面价值过程中，计算应纳税所得额时按照税法规定可以自税前经济利益中抵扣的金额，即某一项资产在未来期间计税时可以税前扣除的金额。用计算公式表示如下：

资产的计税基础＝资产未来期间计税时可税前扣除的金额

通常情况下，企业以各种方式取得的资产，初始确认时按照会计准则规定确定的入账价值基本上是被税法认可的，即其计税基础一般等于取得时的成本；但在资产持续持有的过程中，后续计量因会计准则规定与税法规定不同，使得资产的账面价值与计税基础之间产生差异。

◇知识拓展 9.4

常见资产计税基础与账面价值的差异分析

1. 固定资产

一般而言，固定资产的初始计量在税法上是认可的，因此固定资产的起始计量标准不存在差异。二者的差异均来自于两个方面：一是折旧方法、折旧年限产生的差异；二是因计提资产减值准备产生的差异。

2. 无形资产

(1) 对于内部研究开发形成的无形资产，企业会计准则规定有关研究开发支出分为两个阶段，研究阶段的支出应当费用化计入当期损益，开发阶段符合资本化条件的支出应当资本化作为无形资产的成本；税法规定，企业发生的研究开发费用在据实扣除的基础上，允许按照50%加计扣除；形成无形资产的，按照无形资产成本的150%摊销。

(2) 无形资产后续计量时，会计与税收的差异主要产生于对无形资产是否需要摊销及无形资产减值准备的计提。比如会计准则规定，使用寿命不确定的无形资产不要求摊销，税法则要求在不少于10年的期限内摊销；会计上提取的减值准备在税法上是不承认的。

3. 以公允价值计量且其变动计入当期损益的金融资产

按照《企业会计准则第22号——金融工具确认和计量》的规定，对于以公允价值计量且其变动计入当期损益的金融资产，其于某一会计期末的账面价值为公允价值，税法则对此公允价值通常不承认，只承认其原始入账成本。

4. 其他资产

(1) 投资性房地产。企业持有的投资性房地产进行后续计量时，会计准则规定可以采用两种模式：一种是成本模式，采用该种模式计量的投资性房地产的账面价值与计税基础的确定与固定资产、无形资产相同；另一种是在符合规定条件的情况下，可以采用公允价值模式对投资性房地产进行后续计量。对于采用公允价值模式进行后续计量的投资性房地产，其计税基础的确定类似于以公允价值模式计量且其变动计入当期损益的金融资产。

(2) 其他计提了资产减值准备的各项资产，减值准备在税法上一概不予承认。

负债的计税基础，是指负债的账面价值减去未来期间计算应纳税所得额时按照税法规定可予抵扣的金额。用计算公式表示如下：

负债的计税基础＝账面价值－未来期间按照税法规定可予税前扣除的金额

一般情况下，负债的确认和偿还通常不会对当期损益和应纳税所得额产生影响，未来期间计算应纳税所得额时按照税法规定可予抵扣的金额为零，其计税基础即为账面价值，如企业的短期借款、应付票据、应付账款等。但在某些情况下，负债的确认可能会影响企业损益，进而影响不同期间的应纳税所得额，使其计税基础与账面价值之间产生差额。

◇知识拓展 9.5

常见负债计税基础与账面价值的差异分析

1. 预计负债

会计准则规定企业提供产品售后服务预计发生的支出在满足有关确认条件时，销售当期即确认为费用，并同时确认为预计负债。税法规定与销售产品相关的支出应于实际发生时税前扣除。

此类预计负债通常在实际支付时允许扣税，其计税基础一般为0。(此类预计负债的计税基础=账面价值－未来兑付时允许扣税的全部账面价值=0。)

2. 预收账款

(1) 如果税法与会计的收入确认时间均为发出商品时，预收账款的计税基础为账面价值，即会计上未确认收入时，计税时一般也不计入应纳税所得额，该部分经济利益在未来期间计税时可予税前扣除的金额为0，计税基础等于账面价值。

(2) 如果税法确认收入的时间在收到预收账款时，预收账款的计税基础为0，即因其产生时已经计算交纳所得税，未来期间可全额税前扣除，计税基础为账面价值减去在未来期间可全额税前扣除的金额，即其计税基础为0。

3. 应付职工薪酬

企业按照规定计算应付给职工的各种薪酬，一方面计入相应的成本费用，未支付前确认为负债。税法中对于职工薪酬基本上允许税前扣除，如税法中明确规定了税前扣除标准的，企业按会计准则规定计算的应付职工薪酬金额超过税法规定标准部分，应进行纳税调整。超过部分在发生当期不允许税前扣除，在以后期间也不允许税前扣除。故应付职工薪酬的账面价值等于计税基础。

4. 其他负债

企业的其他负债项目，如应交的罚款和滞纳金等，在尚未支付前按照会计规定确认为费用，同时作为负债。税法规定罚款和滞纳金不论发生在本期或以后各期均不能税前扣除，其计税基础等于账面价值。

3. 确定应纳税暂时性差异和可抵扣暂时性差异

比较资产、负债的账面价值与其计税基础，对于两者之间存在差异的，确定其暂时性差异。按照暂时性差异对未来期间应税金额的影响，其可以分为应纳税暂时性差异和可抵扣暂时性差异。

应纳税暂时性差异，是指在确定未来收回资产或清偿负债期间的应纳税所得额时，将导致产生应税金额的暂时性差异。资产的账面价值大于其计税基础或是负债的账面价值小于其计税基础时，会产生应纳税暂时性差异。其产生当期应当确认为递延所得税负债。其特点是：对当期应纳税所得额和应交所得税的影响是调减，而对未来期间的应纳税所得额和应交所得税的影响则是增加。

可抵扣暂时性差异，是指在确定未来收回资产或清偿负债期间的应纳税所得额时，将导致产生可抵扣金额的暂时性差异。资产的账面价值小于其计税基础或是负债的账面价值大于其计税基础时，会产生可抵扣暂时性差异。其产生当期应当确认为递延所得税资产。其特点是：

对当期应纳税所得额和应交所得税的影响是调增，而对未来期间的应纳税所得额和应交所得税的影响则是减少。

4. 确定递延所得税负债和递延所得税资产

分别以应纳税暂时性差异与可抵扣暂时性差异乘以预期所得税税率，确定递延所得税负债和递延所得税资产的应有金额，并与期初递延所得税负债和递延所得税资产的余额相比，确定当期应予进一步确认的递延所得税资产和递延所得税负债金额或应予以转销的金额，作为递延所得税。

递延所得税负债，是根据应纳税暂时性差异计算的未来期间应付所得税的金额。企业应设置“递延所得税负债”科目，该科目属于负债类，用于核算企业确认的应纳税暂时性差异产生的递延所得税负债。其借方登记资产负债表日递延所得税负债的应有余额小于其账面余额的差额；贷方登记资产负债表日递延所得税负债的应有余额大于其账面余额的差额；期末贷方余额，表示企业已确认的递延所得税负债。该科目可按应纳税暂时性差异的项目设置明细账进行明细核算。

递延所得税资产，是指以未来期间很可能取得用来抵扣暂时性差异的应纳税所得额为限确认的一项资产。企业应设置“递延所得税资产”科目，该科目属于资产类，用于核算企业确认的可抵扣暂时性差异产生的递延所得税资产以及根据税法规定可用以后年度税前利润弥补的亏损及税款抵减产生的所得税资产。其借方登记资产负债表日企业确认的递延所得税资产的应有余额大于其账面余额的差额，与直接计入所有者权益的交易或事项相关的递延所得税资产；贷方登记资产负债表日递延所得税资产的应有余额小于其账面余额的差额，资产负债表日预计未来期间很可能无法获得足够的应纳税所得额用以抵扣可抵扣暂时性差异的，按原已确认的递延所得税资产中应减记的金额；期末借方余额，表示企业确认的递延所得税资产。该科目可按可抵扣暂时性差异的项目设置明细账进行明细核算。

递延所得税资产的发生额（增加额或减少额）＝递延所得税资产的期末余额－递延所得税资产的期初余额

递延所得税负债的发生额（增加额或减少额）＝递延所得税负债的期末余额－递延所得税负债的期初余额

5. 确定当期所得税

就企业当期发生的交易或事项，按照税法规定对会计利润进行调整，计算确定当期应纳税所得额，将应纳税所得额与适用的所得税税率计算的结果确认为当期应交所得税，作为当期所得税。计算公式如下：

应交所得税＝应纳税所得额×所得税税率

其中，应纳税所得额＝利润总额＋纳税调整增加额－纳税调整减少额

纳税调整增加事项主要包括：①税法规定允许扣除项目中，企业已计入当期费用但超过税法规定扣除标准的金额（如超过企业所得税法规定标准的职工福利费、工会经费、职工教育经费、业务招待费、公益性捐赠支出、广告费和业务宣传费等）；②企业已计入当期损失但企业所得税法规定不允许扣除项目的金额（如税收滞纳金、罚金、罚款等）。

纳税调整减少事项主要包括：①按税法规定允许弥补的亏损，如前5年内未弥补亏损等；②准予免税的项目，如国债利息收入等。

◇知识拓展 9.6

税法规定：

企业发生的合理的工资、薪金支出准予据实扣除；企业发生的职工福利费支出，不超过工资、薪金总额14%的部分准予扣除；企业拨缴的工会经费，不超过工资、薪金总额2%的部分准予扣除；除国务院财政、税务主管部门另外规定外，企业发生的职工教育经费支出，不超过工资、薪金总额2.5%的部分准予扣除，超过部分准予结转以后纳税年度扣除。

6. 确认利润表中的当期所得税费用

按照当期应交所得税和当期进一步确认或转销的递延所得税负债和递延所得税资产计算当期所得税费用，即应从当期利润总额中扣除的所得税费用。计算公式如下：

当期所得税费用＝当期应交所得税＋递延所得税

其中，递延所得税＝(期末递延所得税负债－期初递延所得税负债)－(期末递延所得税资产－期初递延所得税资产)

企业应设置“所得税费用”科目，该科目属于损益类，核算企业所得税费用的确认及其结转情况。其借方登记从当期损益中扣除的所得税；贷方登记期末转入“本年利润”科目的所得税税额。期末，应将“所得税费用”科目的余额转入“本年利润”科目，借记“本年利润”科目，贷记“所得税费用”科目，结转后，“所得税费用”科目应无余额。

【例 9-36】江南公司 2017 年度利润表中利润总额为 300 万元，公司适用的所得税税率为25%。公司预计会持续盈利，以后年度能够获得足够的应纳税所得额。江南公司 2017 年年初递延所得税资产借方余额为 287 500 元，递延所得税负债贷方余额为 0。2017 年发生的有关交易和事项中，会计处理与税收处理不一致的事项主要如下：

(1) 2016 年 12 月购进一项固定资产，成本为 240 万元，使用年限为 10 年，净残值为 0。会计处理按双倍余额递减法计提折旧，税收处理按直线法计提折旧。假定税法规定的使用年限及净残值与会计规定相同。

(2) 本期收到国债利息收入 5 万元。

(3) 向关联企业捐赠现金 60 万元。假定按照税法规定，企业向关联方的捐赠不允许税前扣除。

(4) 期末交易性金融资产的公允价值为 100 万元，投资成本为 85 万元。税法规定，以公允价值计量的金融资产持有期间市价变动不计入应纳税所得额。

(5) 期末存货的账面价值为 450 万元，其中对持有的存货计提了 65 万元的存货跌价准备。

(6) 因售后服务预计销售费用 25 万元。

(7) 应支付违反环保法规定罚款 24 万元，税收滞纳金 6 万元。

(8) 全年实发工资总额为 200 万元，标准计税工资为 160 万元。

假设除以上事项外，没有发生其他纳税调整事项。

江南公司的账务处理如下：

(1) 计算确定 2017 年应纳税所得额和应交所得税：

应纳税所得额＝利润总额 300 万元＋会计比税法规定多提的折旧 24 万元－国债利息收入

5 万元＋向关联企业捐赠现金 60 万元－交易性金融资产公允价值增加 15 万元＋存货跌价准备 65 万元＋因售后服务预计销售费用 25 万元＋支付罚款 24 万元＋税收滞纳金 6 万元＋超标准工资 40 万元＝524 万元

应交所得税＝524 万元×25％＝131 万元

(2) 计算确定 2017 年递延所得税。

比较资产、负债账面价值和计税基础，确定暂时性差异，如表 9-1 所示。

表 9-1　暂时性差异

单位：万元

项目	账面价值	计税基础	暂时性差异	
			应纳税暂时性差异	可抵扣暂时性差异
固定资产	192	216		24
交易性金融资产	100	85	15	
存货	450	515	65	
预计负债	25	0		25
总计			80	49

2017 年末递延所得税资产＝49 万元×25％＝12.25 万元

2017 年递延所得税资产发生额＝12.25 万元－28.75 万元＝－16.5 万元

2017 年末递延所得税负债＝80 万元×25％＝20 万元

2017 年递延所得税负债发生额＝20 万元－0＝20 万元

递延所得税＝20 万元－(－16.5 万元)＝36.5 万元

(3) 利润表中应确认的所得税费用：

所得税费用＝131 万元＋36.5 万元＝167.5 万元

借：所得税费用　　1 675 000

　贷：应交税费——应交所得税　　1 310 000

　　递延所得税负债　　200 000

　　递延所得税资产　　165 000

任务 9.8　利润核算

一、认识利润

利润，是指企业在一定会计期间的经营成果。利润包括收入减去费用后的净额、直接计入当期利润的利得和损失等。未计入当期利润的利得和损失扣除所得税影响后的净额计入其他综合收益项目。净利润与其他综合收益的合计金额为综合收益总额。利得是指由企业非日常活动所形成的、会导致所有者权益增加的、与所有者投入资本无关的经济利益的流入。损失是指由企业非日常活动所发生的、会导致所有者权益减少的、与向所有者分配利润无关的经济利益的流出。

1. 营业利润

营业利润，是指企业在一定会计期间日常活动取得的收入减去费用后的净额。用计算公式表示如下：

营业利润＝营业收入－营业成本－税金及附加－销售费用－管理费用－财务费用－资产减值损失＋公允价值变动收益（－公允价值变动损失）＋投资收益（－投资损失）＋其他收益

其中：营业收入，是指企业经营业务所确认的收入总额，包括主营业务收入和其他业务收入；营业成本，是指企业经营业务所发生的实际成本总额，包括主营业务成本和其他业务成本；资产减值损失，是指企业计提各项资产减值准备所形成的损失；公允价值变动收益或损失，是指企业交易性金融资产等公允价值变动形成的应计入当期损益的利得或损失；投资收益或损失，是指企业以各种方式对外投资所取得的收益或发生的损失；其他收益主要是指与企业日常活动相关，除冲减相关成本费用以外的政府补助。

2. 利润总额

利润总额，为税前会计利润，是指企业营业利润加营业外收入减营业外支出后的金额。用计算公式表示如下：

利润总额＝营业利润＋营业外收入－营业外支出

其中：营业外收入，是指企业发生的与其日常活动无直接关系的各项利得；营业外支出，是指企业发生的与其日常活动无直接关系的各项损失。

3. 净利润

净利润，是税后利润，是指利润总额减去所得税费用后的净额。用计算公式表示如下：

净利润＝利润总额－所得税费用

其中：所得税费用，是指企业确认的应当从当期利润总额中扣除的所得税费用。

二、结转本年利润方法

会计期末，结转本年利润的方法有表结法和账结法两种。

1. 表结法

表结法下，各损益类科目每月月末只需结计出本月发生额和月末累计余额，不结转到“本年利润”，只有在年末时才将全年累计余额结转入“本年利润”科目。但每月月末要将损益类科目的本月发生额合计数填入利润表的本月数栏，同时将本月末累计余额填入利润表的本年累计数栏，通过利润表计算反映各期的利润（或亏损）。表结法下，年中损益类科目无须结转入“本年利润”科目，从而减少了转账环节和工作量，同时并不影响利润表的编制及有关损益指标的利用。

2. 账结法

账结法下，每月月末均需编制转账凭证，将在账上结计出的各损益类科目的余额结转入“本年利润”科目。结转后“本年利润”科目的本月余额反映当月实现的利润或发生的亏损，“本年利润”科目的本年余额反映本年累计实现的利润或发生的亏损。账结法在各月均通过“本年利润”科目提供当月及本年累计的利润（或亏损）额，但增加了转账环节和工作量。

三、结转本年利润核算

为了核算和监督企业本年度实现净利润（或发生净亏损）情况，企业应设置“本年利润”科目。其借方登记各成本费用或支出类科目的余额转入数；贷方登记各收益类科目的余额转入数；结转后“本年利润”科目如为借方余额，表示企业年初到本期末累计发生的净亏损；如为贷方余额，表示企业年初到本期末累计实现的净利润。

会计期末，企业应将收入、利得类科目贷方余额转入“本年利润”科目的贷方；将费用、损失类科目借方余额转入“本年利润”科目的借方，即将“主营业务收入”“其他业务收入”“营业外收入”等科目的余额分别转入“本年利润”科目的贷方，将“主营业务成本”“其他业务成本”“税金及附加”“销售费用”“管理费用”“财务费用”“资产减值损失”“营业外支出”“所得税费用”等科目的余额分别转入“本年利润”科目的借方。企业还应将“公允价值变动损益”“投资收益”科目的净收益转入“本年利润”科目的贷方，将“公允价值变动损益”“投资收益”科目的净损失转入“本年利润”科目的借方。结转后，“本年利润”科目如为贷方余额，表示企业年初到本期末累计实现的净利润；如为借方余额，表示企业年初到本期末累计发生的净亏损。

“本年利润”科目结构图如图 9-1 所示。

借方	本年利润　　　　　　贷方
登记会计期末从“主营业务成本”“其他业务成本”“税金及附加”“销售费用”“管理费用”“财务费用”“资产减值损失”“营业外支出”等科目转入的金额	登记会计期末从“主营业务收入”“其他业务收入”“公允价值变动损益”“投资收益”“营业外收入”等科目转入的金额
年终结转前期末余额：表示企业年初到本期末累计发生的净亏损	年终结转前期末余额：表示企业年初到本期末累计实现的净利润

图 9-1　“本年利润”科目结构图

年度终了，企业还应将“本年利润”科目的本年累计余额转入“利润分配——未分配利润”科目。如“本年利润”为贷方余额，借记“本年利润”科目，贷记“利润分配——未分配利润”科目；如为借方余额，做相反的账务处理。结转后“本年利润”科目应无余额。

【例 9-37】江南公司 2017 年有关损益类科目的年末余额如表 9-2 所示（该公司采用表结法年末一次结转损益类科目，所得税税率为 25%）。

表 9-2　2017 年有关损益类科目年末余额　　单位：元

科目名称	借或贷	结账前余额
主营业务收入	贷	8 000 000
其他业务收入	贷	600 000
公允价值变动损益	贷	240 000
投资收益	贷	700 000
营业外收入	贷	50 000
主营业务成本	借	4 000 000

续表

科目名称	借或贷	结账前余额
其他业务成本	借	300 000
税金及附加	借	90 000
销售费用	借	750 000
管理费用	借	860 000
财务费用	借	240 000
资产减值损失	借	120 000
营业外支出	借	260 000

江南公司的账务处理如下：

(1) 将各损益类科目年末余额结转入“本年利润”科目：

①结转各项收入、利得类科目：

借:主营业务收入　　8 000 000
　其他业务收入　　600 000
　公允价值变动损益　　240 000
　投资收益　　700 000
　营业外收入　　50 000
　贷:本年利润　　9 590 000

②结转各项费用、损失类科目：

借:本年利润　　6 620 000
　贷:主营业务成本　　4 000 000
　　其他业务成本　　300 000
　　税金及附加　　90 000
　　销售费用　　750 000
　　管理费用　　860 000
　　财务费用　　240 000
　　资产减值损失　　120 000
　　营业外支出　　260 000

(2) 经过上述结转后,“本年利润”科目的贷方发生额合计 9 590 000 元,减去借方发生额合计 6 620 000 元,即为税前会计利润 2 970 000 元。

(3) 假设江南公司 2017 年度不存在所得税纳税调整因素。

(4) 应交所得税＝2 970 000×25％＝742 500 元

①确认所得税费用：

借:所得税费用　　742 500
　贷:应交税费——应交所得税　　742 500

②将所得税费用结转入“本年利润”科目：

借:本年利润　　742 500

　贷:所得税费用　　742 500

(5) 将“本年利润”科目年末余额 2 227 500 元(2 970 000 元－742 500 元)转入“利润分配——未分配利润”科目:

借:本年利润　　2 227 500

　贷:利润分配——未分配利润　　2 227 500

项目10

所有者权益核算

【学习目标要求】

了解所有者权益的性质与分类，理解所有者权益与负债的区别，掌握所有者权益的特点，明确投入资本、留存收益的内容，掌握实收资本、资本公积、盈余公积、未分配利润的核算方法。

【典型工作任务】

1. 认识所有者权益
2. 实收资本核算
3. 资本公积核算
4. 留存收益核算

本项目知识结构

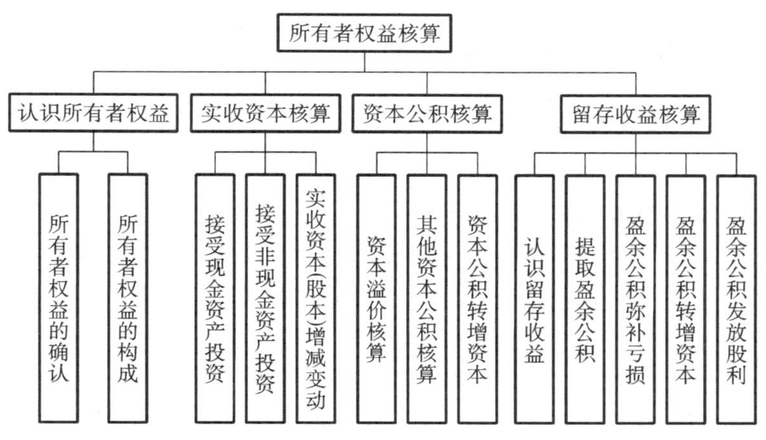

任务10.1 认识所有者权益

一、所有者权益的确认

所有者权益，是指企业资产扣除负债后由所有者享有的剩余权益。公司的所有者权益又称为股东权益。所有者权益具有如下特征：①所有者权益不像负债那样需要偿还，除非发生减资、清算或分派现金股利，企业不需要偿还所有者权益；②企业清算时，负债往往优先清偿，而所有者权益只有在清偿所有的负债之后才返还给所有者；③所有者凭借所有者权益能够参与企业利润的分配，而负债则不能参与企业利润的分配，只能按预先约定的条件取得利息收入。

所有者权益体现的是所有者在企业中的剩余权益。因此，所有者权益的确认主要依赖于其他会计要素，尤其是资产和负债的确认；所有者权益金额的确定也主要取决于资产和负债的计量。

二、所有者权益的构成

1. 所有者投入的资本

所有者投入的资本，指企业实际收到的各投资者以现金、实物资产、无形资产等形式投入企业的资本总额，即实收资本或股本。

企业要开展经营活动，必须有充足的资金做保证，这就需要通过一定的渠道筹集资金。企业对外筹资，按出资者所拥有的权益的不同分为权益性筹资和债务性筹资。权益性筹资是指企业通过发行股票、直接吸收投资等方式从企业的所有者权益中筹集生产经营所需资金。权益性筹资一般不用还本，因而称为企业的自有资金或权益资金。这部分资金即为所有者投入的资本。企业采用吸收自有资金的方式筹集资金，财务风险小，但付出的资金成本相对较高。债务性筹资是企业通过发行债券、向银行借款、融资租赁等方式筹集资金。企业采用债务性筹资方式筹集的资金，到期要归还本金和利息，因而财务风险比较大，但付出的资金成本较低。

2. 直接计入所有者权益的利得和损失

直接计入所有者权益的利得和损失，指不应计入当期损益，会导致所有者权益发生增减变动的，与所有者投入资本或向所有者分配利润无关的利得或者损失，即资本公积。

利得，是指由企业非日常活动所形成的、会导致所有者权益增加的，与所有者投入资本无关的经济利益的流入。利得包括长期股权投资权益法核算时，被投资单位除净损益以外的所有者权益的增加，企业按持股比例应享有的份额；以权益结算的股份支付换取职工或其他方提供服务所确定的金额；将自用房地产或存货转换为采用公允价值模式计量的投资性房地产时因公允价值计量所产生的利得等；资产负债表日，可供出售金融资产的公允价值高于其账面余额的差额等。

损失，是指由企业非日常活动所发生的，会导致所有者权益减少的、与向所有者分配利润无关的经济利益的流出。损失包括长期股权投资权益法核算时，被投资单位除净损益以外的所有者权益的减少，企业按持股比例应承担的份额；权益结算的股份支付在行权日转出的利得；资产负债表日，可供出售金融资产的公允价值低于其账面余额的差额等。

3. 留存收益

留存收益，指企业历年实现的净利润留存于企业的部分，主要包括计提的盈余公积和未分配利润。

盈余公积是企业按照规定从税后利润(净利润)中提取的各种积累资金。

未分配利润是指未指定用途、留待以后年度处理的利润。相对于其他所有者权益项目来说，未分配利润的使用与分配具有较大的灵活性和自主权。

◇知识拓展 10.1

实收资本和资本公积是所有者直接投入形成的，盈余公积和未分配利润是企业在经营过程中形成的。

任务 10.2　实收资本核算

一、认识实收资本

1. 实收资本的含义

实收资本，是指企业按照章程规定或合同、协议约定，接受投资者投入企业的资本。实收资本的构成比例或股东的股权比例，是确定所有者在企业所有者权益中份额的基础，也是企业进行利润或股利分配的主要依据，同时还是企业清算时确定所有者对净资产的要求权的依据。

我国《公司法》规定，股东可以用货币出资，也可以用实物、知识产权、土地使用权等可以用货币估价并可以依法转让的非货币财产作价出资；但是，法律、行政法规规定不得作为出资的财产除外。企业应当对作为出资的非货币财产评估作价，核实财产，不得高估或低估作价。法律、行政法规对评估作价有规定的，从其规定。股东应当按期足额缴纳公司章程中规定的各自所认缴的出资额。股东以货币出资的，应当将货币出资足额存入有限责任公司在银行开设的账户；以非货币财产出资的，应当依法办理其财产权的转移手续。股东不按照前款规定缴纳出资的，除应当向公司足额缴纳外，还应当向已按期足额缴纳出资的股东承担违约责任。企业收到所有者投入企业的资本后，应根据有关原始凭证(如投资清单、银行通知等)，分不同的出资方法进行会计处理。

◇知识拓展 10.2

投资者投入资金后，不允许随意抽回资金。在经营过程中，实收资本的变动受到法律法规的约束。如果出现实收资本比原注册资金数额增减超过20%的情况，应持资金使用证明或者验资证明，向原登记主管机关申请变更登记。投资者投入资本未经办理验资手续的，不得以任何形式减少或抽回。

全体股东的货币出资金额不得低于有限责任公司注册资本的30%。不论以何种方式出资，投资者如在投资过程中违反投资合约或协议约定，不按规定如期缴足出资额，企业可以依法追究投资者的违约责任。

2. 实收资本的分类

1）按投资主体不同分类

实收资本按投资主体不同分为国家资本金、法人资本金、个人资本金和外商资本金。其中，国家资本金，是指有权代表国家投资的政府部门或机构以国有资产投入企业形成的资本；法人资本金，是指具有法人资格的经济组织以其依法可支配的资产投入企业形成的资本；个人资本金，是指我国企业职工或其他公民以其合法财产投入企业形成的资本；外商资本金，是指外国投资者以及我国香港特别行政区、澳门特别行政区和台湾地区的投资者以其资产投入企业形成的资本。

2）按投入形态不同分类

实收资本按投入形态不同分为货币投资、实物投资和无形资产投资。其中，货币投资，是指投资人将货币资金投入被投资企业的方式；实物投资，是指投资人以被投资企业所需的厂房、设备等固定资产和材料、产品等流动资产进行投资的方式；无形资产投资，是指投资人以专利权、商标权、非专利技术、土地使用权和著作权等无形资产进行投资的方式。

二、实收资本(股本)核算会计科目设置

1. 股份有限公司股本核算会计科目设置

股份有限公司，又称股份公司，是指公司全部资本分为等额股份，并通过发行股票筹集资本，股东以其所持有的股份为限对公司承担责任，公司以其全部财产对公司债务承担责任的企业法人。

股份有限公司股票的发行方式有三种：平价发行（面值发行）、溢价发行、折价发行。按面值发行的，称为面值发行；高于面值发行的，称为溢价发行；低于面值发行的，称为折价发行。我国有关法律规定，股份有限公司应在核定的股本总额及核定的股份总额范围内平价或溢价发行股票，不允许企业折价发行股票。

为了核算和监督公司的股本数额，股份有限公司应设置“股本”科目。该科目属于所有者权益类，其贷方登记股份有限公司因发行股票、可转换债券调换成股票和发放股票股利等而增加的股票面值；借方登记按照法定程序报经批准减少注册资本时而冲减的股票面值；期末余额在贷方，表示企业实际发行在外的股票的总面值。该科目可分别按普通股和优先股及股东单位或姓名设置明细账进行明细核算。

2. 股份有限公司以外的企业实收资本核算会计科目设置

为了核算和监督投资者投入资本的增减变动情况，真实地反映所有者投入企业资本的状况，维护所有者在企业各方面的权益。除股份有限公司以外，其他各类企业应设置“实收资本”科目。该科目属于所有者权益类，其贷方登记企业实际收到的投资者的出资额和按规定由资本公积、盈余公积转增资本的数额；借方登记企业按照法定程序报经批准减少的资本数额及公司解散清算时注销的注册资本数额；期末余额在贷方，表示企业实际拥有的资本数额。该科目可

按投资者设置明细账进行明细核算。

三、实收资本(股本)核算

(一)接受现金资产投资核算

1. 股份有限公司接受现金资产投资

股份有限公司发行股票时,既可以按面值发行股票,也可以溢价发行(我国不允许折价发行)。股份有限公司在核定股本总额及核定的股份总额的范围内发行股票时,应在实际收到现金资产时进行会计处理。

股份有限公司发行股票收到现金资产时,应按实际收到的金额,借记"银行存款"等科目;按每股股票面值和发行股份总额的乘积计算的金额,贷记"股本"科目;实际收到的金额与该股本之间的差额,贷记"资本公积——股本溢价"科目。

股份有限公司发行股票发生的手续费、佣金等交易费用,应从溢价中抵扣,冲减资本公积(股本溢价)。

◇**知识拓展 10.3**

中国证监会会计部发布的《上市公司执行企业会计准则监管问题解答》(2010 年第一期)中对上市公司在发行权益性证券过程中发生的各种交易费用及其他费用,应如何进行会计核算的解答中规定,上市公司为发行权益性证券发生的承销费、保荐费、上网发行费、招股说明书印刷费、申报会计师费、律师费、评估费等与发行权益性证券直接相关的新增外部费用,应自所发行权益性证券的发行收入中扣减,在权益性证券发行有溢价的情况下,自溢价收入中扣除,冲减资本公积(股本溢价),在权益性证券发行无溢价或溢价金额不足以扣减的情况下,应当将不足抵扣的部分冲减盈余公积和未分配利润;发行权益性证券过程中发生的广告费、路演及财经公关费、上市酒会费等其他费用应在发生时计入当期损益。

【例 10-1】江南股份有限公司发行普通股 5 000 万股,每股面值 1 元,发行价格为每股 3 元,全部款项已收妥入账。江南公司的账务处理如下:

	借方	贷方
借:银行存款	150 000 000	
贷:股本		50 000 000
资本公积——股本溢价		100 000 000

2. 股份有限公司以外的企业接受现金资产投资

企业接受现金资产投资时,应按实际收到的金额或存入企业开户银行的金额,借记"银行存款"等科目;按投资合同或协议约定的投资者在公司注册资本中所占份额的部分,贷记"实收资本"科目;企业实际收到或存入开户银行的金额超过投资者在企业注册资本中所占份额的部分,贷记"资本公积——资本溢价"科目。

【例 10-2】甲、乙、丙共同投资设立江南有限责任公司,注册资本 2 200 万元,甲、乙、丙持股比例分别为 50%、20%和 30%。按照章程规定,甲、乙、丙投入资本分别为 1 100 万元、440 万元和 660 万元。江南有限责任公司已如期收到各投资者一次缴足的款项。

借:银行存款　　　　22 000 000

贷:实收资本——甲　　11 000 000
　　　　　——乙　　4 400 000
　　　　　——丙　　6 600 000

实收资本的构成比例即投资者的出资比例或股东的股份比例，通常是确定所有者在企业所有者权益中所占的份额和参与企业生产经营决策的基础，也是企业进行利润分配或股利分配的依据，同时还是企业清算时确定所有者对净资产的要求权的依据。

(二) 接受非现金资产投资核算

企业接受非现金资产投资时，应按投资合同或协议约定价值确定非现金资产价值(但投资合同或协议约定价值不公允的除外)和在注册资本中应享有的份额。

企业收到以实物资产投资的，应在办理实物资产转移手续时，按投资合同或协议约定的价值(不公允的除外)作为实物资产的入账价值，借记"固定资产""原材料"等科目；以无形资产投资的，应在按照合同、协议或公司章程规定移交有关凭证时，按投资合同或协议约定的价值(不公允的除外)作为无形资产的入账价值，借记"无形资产"科目；按投资合同或协议约定的投资者在企业注册资本或股本中所占份额的部分，贷记"实收资本"科目；按其差额，贷记"资本公积(资本溢价或股本溢价)"科目。涉及增值税的，还应进行相应的账务处理。

【例 10-3】甲、乙、丙共同投资设立江南公司，注册资本 2 000 万元。其中：甲认缴 1 000 万元，占注册资本的 50%，出资方式为货币；乙认缴 500 万元，占注册资本的 25%，出资方式为不需要安装的机器设备一批，合同约定机器设备的价值为 600 万元，增值税进项税额为 102 万元；丙认缴 500 万元，占注册资本的 25%，出资方式为原材料一批，该批原材料投资合同或协议约定价值为 300 万元，增值税进项税额为 51 万元，出资货币 200 万元。乙和丙均开具了增值税专用发票。假设上述合同约定的价值与公允价值相符，进项税额均允许抵扣。不考虑其他因素。江南公司的账务处理如下：

借:银行存款　　12 000 000
　　固定资产　　6 000 000
　　原材料　　3 000 000
　　应交税费——应交增值税(进项税额)　　1 530 000
　贷:实收资本——甲　　10 000 000
　　　　　　——乙　　5 000 000
　　　　　　——丙　　5 000 000
　　　资本公积——资本溢价　　2 530 000

【例 10-4】丙有限责任公司于设立时收到 A 公司作为资本投入的非专利技术一项，该非专利技术投资合同约定价值为 60 000 元，增值税进项税额为 3 600 元(由投资方支付税款，并提供或开具增值税专用发票)；同时收到 B 公司作为资本投入的土地使用权一项，投资合同约定价值为 80 000 元，增值税进项税额为 8 800 元(由投资方支付税款，并提供或开具增值税专用发票)。合同约定的资产价值与公允价值相符，不考虑其他因素。丙有限责任公司会计处理如下：

借:无形资产——非专利技术　　60 000
　　　　　——土地使用权　　80 000
　　应交税费——应交增值税(进项税额)　　12 400
　贷:实收资本——A　　63 600
　　　　　　——B　　88 800

（三）实收资本（或股本）增减变动核算

一般情况下，企业的实收资本应相对固定不变，但在某些特定情况下，实收资本也可能发生增减变化。我国企业法人登记管理条例规定，除国家另有规定外，企业的注册资金应当与实收资本相一致，当实收资本比原注册资金增加或减少的幅度超过20%时，应持资金使用证明或者验资证明，向原登记主管机关申请变更登记。如擅自改变注册资本或抽逃资金，要受到工商行政管理部门的处罚。

1. 实收资本（或股本）的增加

企业在生产经营过程中需要增加注册资本时，应当由股东大会或董事会等企业最高权力机构通过增加资本或修改公司章程，办理了增资手续后才能增加股本或实收资本。

一般企业增加资本主要有三个途径：接受投资者追加投资、资本公积转增资本和盈余公积转增资本。

1）投资者追加投资

投资者追加投资的核算与初始投资核算相同。需注意的是，有限责任公司有新投资者介入时，收到的出资额大于按约定的比例计算的金额的差额应计入“资本公积”科目。由于投资者追加投资的核算与初始投资相同，此处不再赘述。

2）资本公积和盈余公积转增资本

用资本公积和盈余公积转增资本，须经股东大会或类似机构决议。由于资本公积和盈余公积均属于所有者权益，用其转增资本时，如果是独资企业比较简单，可直接进行结转。转增资本时，借记“资本公积”“盈余公积”科目，贷记“实收资本”科目。如果是有限责任公司或股份有限公司转增资本时，应按照原投资者各自出资比例相应增加各投资者的出资额。

【例10-5】甲、乙、丙三人共同投资设立了江南有限责任公司，原注册资本为500万元，甲、乙、丙分别出资200万元、50万元和250万元。为扩大经营规模，经批准，江南有限责任公司注册资本扩大为800万元，甲、乙、丙按原出资比例分别追加投资120万元、30万元和150万元。江南有限责任公司如期收到甲、乙、丙追加的现金投资。江南有限责任公司的账务处理如下：

	借方	贷方
借：银行存款	3 000 000	
贷：实收资本——甲		1 200 000
——乙		300 000
——丙		1 500 000

【例10-6】江南公司按有关规定办理增资手续后，将资本公积30万元转增资本，将法定盈余公积50万元用于增加资本。江南公司的账务处理如下：

	借方	贷方
借：资本公积	300 000	
盈余公积——法定盈余公积	500 000	
贷：实收资本		800 000

2. 实收资本（或股本）的减少

投资者在企业存续期间内，按照有关法律规定不能抽回资本（或股本），但在企业发生缩小经营规模、资本过剩或发生重大亏损而短期内又无力弥补等特殊情况下，企业须减少注册资本。

1）股份有限公司以外的企业减资

股份有限公司以外的企业减资，一般要发还投资款，经公司登记机关批准后，按投资者各自投资的比例发还投资款时，借记“实收资本”科目，贷记“银行存款”科目。

2）股份有限公司减资

企业减少实收资本应按法定程序报经批准，股份有限公司采用收购本公司股票方式减资的，应设置“库存股”科目，核算公司收购的尚未转让或注销的本公司股份金额。

◇知识拓展 10.4

我国《公司法》规定，允许企业在特定情况下回购自身的股票，从而形成“库藏股”，是企业调整资本结构、实施股票期权、调动经营资金的一种手段。库藏股不是资产，公司回购股票时不应确认利得或损失，只能视作企业资产的减少和股东权益的减少。

股份有限公司回购股份的全部支出转作库存股成本，回购的股份在注销或转让之前，作为库存股管理。股份有限公司收购本企业股票，按实际回购价借记“库存股”科目，贷记“银行存款”等科目。

库存股注销时，股份有限公司应按股票面值和注销股数计算的股票面值总额冲减股本，借记“股本”科目，按注销库存股的账面余额，贷记“库存股”科目，按其差额借记“资本公积——股本溢价”科目，股本溢价不足冲减的，应依次冲减“盈余公积”“利润分配——未分配利润”等科目。如果回购股票支付的价款低于面值总额的，应按股票面值总额借记“股本”科目，按所注销库存股的账面余额，贷记“库存股”科目，按其差额贷记“资本公积——股本溢价”科目。

企业转让库存股时，应按实际收到的金额，借记“银行存款”科目，按转让库存股的账面余额，贷记“库存股”科目，实际收到的金额与库存股成本的差额，贷记“资本公积——股本溢价”科目。如为借方差额的，借记“资本公积——股本溢价”科目，股本溢价不足冲减的，应依次冲减盈余公积、未分配利润，借记“盈余公积”“利润分配——未分配利润”科目。

【例 10-7】2018 年 12 月 31 日，江南公司的股本为 1 000 万股，面值为 1 元，资本公积（股本溢价）300 万元，盈余公积 500 万元。经股东大会批准，江南公司以现金回购本公司股票 200 万股并注销。假定江南公司按每股 2 元的价格回购股票，不考虑其他因素。江南公司的账务处理如下：

Ⅰ. 回购本公司股票：

库存股成本＝200 万元×2＝400 万元

借：库存股　　4 000 000

　贷：银行存款　　4 000 000

Ⅱ. 注销本公司股票：

应冲减的资本公积＝(200×2－200×1)万元＝200 万元

借：股本　　2 000 000

　　资本公积——股本溢价　　2 000 000

　贷：库存股　　4 000 000

【例 10-8】承接【例 10-7】，假设江南公司按每股 3 元回购股票，其他条件不变。江南公司的账务处理如下：

Ⅰ. 回购本公司股票：

库存股成本＝200 万元×3＝600 万元

借:库存股　　6 000 000

　贷:银行存款　　6 000 000

Ⅱ.注销本公司股票:

应冲减的资本公积=(200×3－200×1)万元=400 万元

本例中,由于应冲减的资本公积大于公司现有的资本公积,所以只能冲减资本公积 300 万元,剩余的 100 万元应冲减盈余公积。

借:股本　　2 000 000

　资本公积——股本溢价　　3 000 000

　盈余公积　　1 000 000

　贷:库存股　　6 000 000

【例 10-9】承接【例 10-7】,假设江南公司按每股 0.8 元回购股票,其他条件不变。江南公司的账务处理如下:

Ⅰ.回购本公司股票:

库存股成本=200 万元×0.8=160 万元

借:库存股　　1 600 000

　贷:银行存款　　1 600 000

Ⅱ.注销本公司股票应增加的资本公积=(200×1－200×0.8)万元=40 万元。

本例中,由于折价回购,股本与库存股成本的差额 40 万元应作为增加资本公积处理。

借:股本　　2 000 000

　贷:库存股　　1 600 000

　　资本公积——股本溢价　　400 000

任务 10.3　资本公积核算

一、认识资本公积

(一) 资本公积的含义

资本公积,是指企业收到的投资者出资金额超出其在注册资本(或股本)中所占份额的部分,以及其他资本公积等。其中,形成资本公积(或股本溢价)的原因有溢价发行股票、投资者超额缴入资本等。

其他资本公积,是指除资本公积(或股本溢价)、净损益、其他综合收益和利润分配以外所有者权益的其他变动。如企业的长期股权投资采用权益法核算时,因被投资单位除净损益、其他综合收益和利润分配以外所有权权益的其他变动(主要包括被投资单位接受其他股东的资本性投入、被投资单位发行可分离交易的可转债中包含的权益成分、以权益结算的股份支付、其他股东对投资单位增资导致投资方持股比例变动等),投资企业按应享有份额而增加或减少的资本公积,直接计入投资方所有者权益(资本公积——其他资本公积)。

企业根据国家有关规定实行股权激励的，如果在等待期内取消了授予的权益工具，企业应在进行权益工具加速行权处理时，将剩余等待期内应确认的金额立即计入当期损益，并同时确认资本公积（其他资本公积）。企业集团（由母公司和其全部子公司构成）内发生的股份支付交易，如结算企业是接受服务企业的投资者，应当按照授予日权益工具的公允价值或应承担负债的公允价值确认为接受服务企业的长期股权投资，同时确认资本公积（其他资本公积）或负债。

◇**知识拓展 10.5**

资本公积是所有者权益的组成部分，在企业创立时，投资者认缴的出资额与注册资本一致，一般不会产生资本溢价。它虽然不构成实收资本，不直接表明所有者对企业的基本产权关系，但就其实质来看，可以视为一种准资本，是资本的一种储备形式。其主要用途就是根据企业经营、发展的需要，通过履行一定的法定程序后转增资本。资本公积由全体投资者共同享有，在转增资本时，按投资者在公司实收资本（或股本）中所占比例，分别转入各投资者名下。

（二）资本公积与实收资本（或股本）、留存收益、其他综合收益的区别

1. 资本公积与实收资本（或股本）的区别

（1）从来源和性质看。实收资本（或股本）是指投资者按照企业章程或合同、协议的约定，实际投入企业并依法进行注册的资本，它体现了企业所有者对企业的基本产权关系。资本公积是投资者的出资额超出其在注册资本中所占份额的部分，以及直接计入所有者权益的利得和损失，它不直接表明所有者对企业的基本产权关系。

（2）从用途看。实收资本（或股本）的构成比例是确定所有者参与企业财务经营决策的基础，也是企业进行利润分配或股利分配的依据，同时还是企业清算时确定所有者对净资产的要求权的依据。资本公积的用途主要是转增资本（或股本）。资本公积不体现各所有者的占有比例，也不能作为所有者参与企业财务经营决策或进行利润分配（或股利分配）的依据。

2. 资本公积与留存收益的区别

资本公积的来源不是企业实现的利润，而主要来自资本溢价（或股本溢价）等。留存收益是企业从历年实现的利润中提取或形成的留存于企业的内部积累，来源于企业生产经营活动实现的利润。

3. 资本公积与其他综合收益的区别

其他综合收益是指企业根据企业会计准则规定未在当期损益中确认的各项利得和损失。资本公积和其他综合收益都会引起企业所有者权益发生增减变动，资本公积不会影响企业的损益，而部分其他综合收益项目则在满足企业会计准则规定的条件时，可以重分类进损益，从而成为企业利润的一部分。

◇**知识拓展 10.6**

其他综合收益，是指企业根据企业会计准则规定未在损益中确认的各项利得和损失扣除所得税影响后的净额。具体包括：

1. 以后会计期间不能重分类进损益的其他综合收益项目

这类其他综合收益项目主要包括重新计划净负债或净资产导致的变动，以及按照权益法核算因被投资单位重新计量设定受益计划净负债或净资产变动导致的权益变动，投资企业按持股比例计算确认的该部分其他综合收益项目。

2. 以后会计期间有满足规定条件时将重分类进损益的其他综合收益项目

这类其他综合收益项目主要包括:①可供出售金融资产公允价值变动形成的利得和损失;②可供出售外币非货币性项目的汇兑差额形成的利得和损失;③权益法下被投资单位其他所有者权益变动形成的利得和损失;④存货或自用房地产转换为采用公允价值模式计量的投资性房地产形成的利得和损失;⑤金融资产的重分类形成的利得和损失;⑥套期保值(现金流量套期和境外经营净投资套期)形成的利得和损失;⑦与计入所有者权益项目相关的所得税影响所形成的利得和损失。

二、资本公积核算会计科目设置

资本公积的核算包括资本溢价(或股本溢价)、其他资本公积、资本公积转增资本的核算等内容。为了核算和监督企业资本公积的增减变动情况,企业应设置“资本公积”科目。该科目属于所有者权益类,其借方登记资本公积的减少数;贷方登记因投资者资本溢价(或股本溢价)、其他原因而增加的资本;期末余额在贷方,表示资本公积的结余数。该科目可按资本公积的内容设置明细账进行明细核算,资本公积一般应当设置以下明细科目:

“资本溢价”,该明细科目用来核算有限责任公司成立后,企业重组或有新的投资者介入时,投资者的出资额高于其享有的投资比例金额的部分。

“股本溢价”,该明细科目用来核算股份有限公司溢价发行时,股票价格超过股本的溢价额以及与发行权益性证券直接相关的手续费、经纪人佣金等交易费用。

“其他资本公积”,该明细科目用来核算除净损益、其他综合收益和利润分配以外所有者权益的其他变动。

三、资本公积核算

(一)资本溢价(或股本溢价)核算

1. 资本溢价

除股份有限公司外的其他类型的企业,在企业创立时,投资者认缴的出资额与注册资本一致,一般不会产生资本溢价。但在企业重组或有新的投资者加入时,为了维护原有投资者的权益,新加入投资者的出资额,并不一定全部作为实收资本处理。这是因为,企业创建时的资金投入和企业已走向经营正轨时期的资金投入,即使在数量上相等,但其盈利能力却不一致;企业在正常生产经营后,其资本利润率通常都要高于企业初创阶段。另外,企业可能有一定的内部积累,如从净利润中提取的盈余公积、未分配利润等,新投资者加入企业后,与原投资者一样有权参与原有留存收益的分配,所以,只有新的出资额大于实收资本,才能维护原投资者的已有权益,投资者多交的这部分就形成了资本溢价。

【例 10-10】江南有限责任公司由甲、乙、丙三位投资者各投资 100 万元设立,设立时的实收资本为 300 万元。经过 3 年的经营,该公司留存收益为 150 万元,此时,有丁投资者愿意出资 200 万元作为投资,占该公司股份的 25%。江南有限责任公司已收到该现金投资。假定不考虑其他因素。江南公司的账务处理如下:

借:银行存款　　　　2 000 000

　　贷：实收资本——丁　　　　　　　　　　　　　　　　　　1 000 000
　　　　资本公积——资本溢价　　　　　　　　　　　　　　　1 000 000

2. 股本溢价

与其他类型的企业不同，股份有限公司在成立时可能会溢价发行股票，因而在成立之初，就可能会产生股本溢价。股本溢价的数额等于股份有限公司发行股票时实际收到的金额超过股票面值总额的部分。

在按面值发行股票的情况下，企业发行股票取得的收入，应全部作为股本处理；在溢价发行股票的情况下，企业发行股票取得的收入，等于股票面值部分作为股本处理，超出股票面值的溢价收入应作为股本溢价处理。

发行股票相关的手续费、佣金等交易费用，如果是溢价发行股票的，应从溢价中抵扣，冲减资本公积（股本溢价）；无溢价发行股票或溢价金额不足以抵扣的，应将不足抵扣的部分冲减盈余公积和未分配利润。

【例 10-11】江南股份有限公司首次公开发行了普通股 4 000 万股，每股面值 1 元，每股发行价格为 3 元。江南股份有限公司与证券公司约定，按发行收入的 2%收取佣金，从发行收入中扣除。假定收到的股款已存入银行。江南公司的账务处理如下：

公司收到证券公司转来的发行收入＝4 000 万元×3×(1－2%)＝11 760 万元

应计入“资本公积”科目的金额＝4 000 万元×(3－1)－4 000 万元×3×2%＝7 760 万元

借：银行存款　　　　　　　　　　　　　　　　117 600 000
　　贷：股本　　　　　　　　　　　　　　　　　　　　40 000 000
　　　　资本公积——股本溢价　　　　　　　　　　　　77 600 000

（二）其他资本公积核算

本项目以因被投资单位除净损益、其他综合收益和利润分配以外的所有者权益的其他变动为例，介绍相关的其他资本公积的核算。

企业对被投资单位的长期股权投资采用权益法核算的，在持股比例不变的情况下，对因被投资单位除净损益、其他综合收益和利润分配以外的所有者权益的其他变动，应按持股比例计算其应享有或应分担被投资单位所有者权益的增减数额；借记或贷记“长期股权投资——其他权益变动”科目，贷记或借记“资本公积——其他资本公积”科目。在处置长期股权投资时，应转销与该笔投资相关的其他资本公积；借记或贷记“资本公积——其他资本公积”科目，贷记或借记“投资收益”科目。

【例 10-12】江南有限责任公司于 2018 年 1 月 1 日向 A 公司投资 400 万元，拥有该公司 20%的股份，并对该公司有重大影响，因而对 A 公司长期股权投资采用权益法核算。2018 年 12 月 31 日，A 公司除净损益、其他综合收益和利润分配之外的所有者权益增加了 150 万元。假定除此之外，A 公司的所有者权益没有变化，江南有限责任公司的持股比例没有变化，A 公司资产的账面价值与公允价值一致。不考虑其他因素。江南公司的账务处理如下：

江南有限责任公司对 A 公司投资增加的资本公积＝150 万元×20%＝30 万元

借：长期股权投资——A 公司　　　　　　　　　　300 000
　　贷：资本公积——其他资本公积　　　　　　　　　　300 000

（三）资本公积转增资本

经股东大会或类似机构决议，用资本公积转增资本时，应冲减资本公积，同时按照转增资本前的实收资本(或股本)的结构或比例,将转增的金额计入“实收资本”(或“股本”)科目下各所有者的明细分类账。

有关账务处理,参见本项目【例 10-6】的有关内容。

任务 10.4 留存收益核算

一、认识留存收益

(一) 留存收益的含义

留存收益,是指企业从历年实现的利润中提取或形成的留存于企业内部的积累,是企业税后利润减去所分派的股利后留存企业的部分。

投资者投入企业的资本,通过企业的生产经营活动,不仅要保值,而且要力求增值,即获得赢利。企业的赢利在依法交纳税费后,剩余部分称为净利润。净利润属于所有者权益,本来可以作为一种投资回报全部向所有者进行分配,但出于增加资本、扩大经营规模、留作意外准备、平衡各年利润分配等原因的考虑,《公司法》要求企业必须留有一定积累,而将其中一部分留下不进行分配,作为股东原始投入资本的补充,以利于企业持续经营、维护债权人利益等。

(二) 留存收益的构成

留存收益包括盈余公积和未分配利润两部分。企业历年实现的净利润中累积未分配出去的部分,形成留存收益,其中一部分是规定用途的,称为盈余公积;另一部分是未规定用途的,称为未分配利润。

1. 盈余公积的组成及其用途

盈余公积,是指企业按照有关规定从净利润提取的积累资金。企业的赢利首先必须按规定提取盈余公积,然后才能在投资者之间进行分配。公司制企业的盈余公积包括法定盈余公积和任意盈余公积。法定盈余公积,是指企业按照规定的比例从净利润中提取的盈余公积。任意盈余公积,是指企业经股东大会或类似机构批准,按照规定比例从净利润中提取的盈余公积。

企业提取的盈余公积主要有以下几方面的用途:

(1) 弥补亏损。根据企业会计制度和有关税法规定,企业发生亏损时可以用税前利润弥补;超过税前利润弥补仍不足以弥补亏损的,可以用企业实现的税后利润弥补亏损。如果企业发生特大亏损,用税后利润(净利润)仍不能弥补的,可以用提取的盈余公积弥补亏损。用盈余公积弥补亏损应当由董事会提议,股东大会或相应的权力机构批准后方可进行。

(2) 转增资本。企业提取的盈余公积较多时,可以将提取的盈余公积转增资本,但必须经过股东大会或类似机构批准。在将盈余公积转增资本时,应按投资者的持股比例进行结转。盈余公积在转增资本时,对任意盈余公积转增资本的法律没有限制,但用法定盈余公积转增资本时,转增后法定盈余公积的比例不得少于转增前企业注册资本的 25%。

(3) 扩大生产经营。盈余公积的用途并不是指其实际占用形态,提取盈余公积也并不是单独将这部分资金从企业资金周转过程中抽出。企业盈余公积的结存数实际只表现为企业所有者权益的组成部分，表明企业生产经营资金的一个来源而已。其形成的资金可能表现为一定的货币资金，也可能表现为一定的实物资产，如存货和固定资产等，随同企业的其他来源所形成的资金进行循环周转，用于企业的生产经营。

2. 未分配利润用途

未分配利润，是指企业实现的净利润经过弥补亏损、提取盈余公积和向投资者分配利润后留存在企业的、历年结存的利润。相对于企业所有者权益的其他组成部分而言，企业对未分配利润的使用和分配具有较大的自主权。从数量上看，用公式表示如下：

未分配利润＝期初未分配利润＋本期实现的净利润－本期提取的各种盈余公积－向所有者分配的利润

未分配利润包括两层含义：一是留待以后年度处理的利润；二是未指明特定用途的利润。从会计报表项目的钩稽关系来看，未分配利润是连接利润分配表和资产负债表的桥梁。

二、认识利润分配

利润分配，是指企业根据国家有关规定和企业章程、投资者协议等，对企业当年可供分配的利润所进行的分配。可供分配的利润用计算公式表示如下：

可供分配的利润＝当年实现的净利润（或净亏损）＋年初未分配利润（或－年初未弥补亏损）＋其他转入

根据《公司法》等有关法规规定，利润分配的顺序依次是：

（1）弥补公司以前年度亏损。公司的法定公积金不足以弥补以前年度亏损的，在依照规定提取法定公积金之前，应当先用当年利润弥补亏损。

（2）提取法定盈余公积。公司制企业应当按照净利润（减弥补以前年度亏损，下同）的10%提取法定盈余公积。非公司制企业法定盈余公积的提取比例可超过净利润的10%。法定盈余公积累计额已达注册资本的50%时可以不再提取。但计算提取法定盈余公积基数中不包括企业年初未分配利润。

公司的法定盈余公积不足以弥补以前年度亏损的，在提取法定盈余公积之前，应当先用当年利润弥补亏损。

（3）提取任意盈余公积。公司制企业可根据股东大会的决议提取任意盈余公积。非公司制企业经类似权力机构批准，也可提取任意盈余公积。

◇知识拓展 10.7

法定盈余公积和任意盈余公积的区别在于其各自计提的依据不同，法定盈余公积的计提以国家的法律法规为依据，任意盈余公积的计提由企业的权力机构自行决定。

（4）向投资者分配利润或支付股利。公司弥补亏损和提取公积金后所余税后利润，有限责任公司股东按照实交的出资比例分取红利；公司新增资本时，股东有权优先按照实交的出资比例认缴出资；但是，全体股东约定不按照出资比例分取红利或者不按照出资比例优先认缴出资的除外。股份有限公司按照股东持有的股份比例分配，但股份有限公司章程规定不按持股比例分配的除外。

◇知识拓展 10.8

股份有限公司还应按顺序进行分配:企业按照利润分配方案分配优先股现金股利,然后分配普通股现金股利,最后是分配普通股股票股利。如果企业以利润转增资本,也应按这一程序进行分配。

经过上述利润分配程序,企业剩余的利润就形成了企业未分配利润滚存至下一年度,形成企业不规定用途的留存收益。利润分配的过程与结果,是关系到所有者的合法权益能否得到保护,企业能否长期、稳定发展的重要问题,为此,企业必须加强利润分配的管理和核算。

三、利润分配核算会计科目设置

会计处理上,未分配利润及其分配是通过“利润分配”科目进行核算的。

“利润分配”科目核算企业利润的分配(或亏损的弥补)和历年分配(或弥补)后的未分配利润(或未弥补亏损)。该科目属于所有者权益类,其借方登记按规定提取的盈余公积、向投资者分配的利润数额以及年末从“本年利润”科目转入的本年亏损数额;贷方登记年末从“本年利润”科目转入的本年净利润以及用盈余公积补亏的数额;期末余额如在贷方,表示企业历年的未分配利润;如在借方,表示企业历年的未弥补亏损。

该科目应分别“提取法定盈余公积”“提取任意盈余公积”“应付现金股利或利润”“转作股本的股利”“盈余公积补亏”和“未分配利润”等设置明细科目进行明细核算。年度终了,企业应将本年实现的净利润或发生的净亏损,自“本年利润”科目转入“利润分配——未分配利润”科目,并将“利润分配”科目所属其他明细科目的余额,转入“未分配利润”明细科目。结转后,“利润分配”科目除“未分配利润”明细科目外,其他明细科目应无余额。

四、利润分配核算

(一) 盈余公积核算

为了核算和监督企业盈余公积的形成及使用情况,企业应设置“盈余公积”科目。该科目属于所有者权益类,其借方登记按规定用途使用的盈余公积数额;贷方登记按一定标准提取的盈余公积数额;期末余额在贷方,表示盈余公积的结余数额。该科目可按“法定盈余公积”和“任意盈余公积”设置明细账进行明细核算。

1. 提取盈余公积

企业按规定提取盈余公积时,借记“利润分配——提取法定盈余公积、提取任意盈余公积”科目,贷记“盈余公积——法定盈余公积、任意盈余公积”科目。

【例 10-13】江南公司 2017 年实现净利润 600 万元。公司董事会根据当年实现的净利润情况,提出“年度分红预案”:分别按当年净利润的 10%和 5%的比例提取法定盈余公积和任意盈余公积,分配现金股利 50 万元。江南公司的账务处理如下:

借:利润分配——提取法定盈余公积	600 000	
——提取任意盈余公积	300 000	
贷:盈余公积——法定盈余公积		600 000
——任意盈余公积		300 000

◇知识拓展 10.9

按规定对董事会或类似机构的利润分配方案中拟分配的现金股利或利润，不做账务处理，但应在附注中披露。董事会或类似机构通过的利润分配已经获得股东大会或类似机构审议批准后，企业方可按应支付的现金股利或利润，借记“利润分配——应付现金股利”科目，贷记“应付股利”科目；实际支付现金股利或利润时，借记“应付股利”科目，贷记“银行存款”科目。

2. 盈余公积弥补亏损

经过股东大会或相应的权力机构批准后，企业发生亏损可以用提取的法定盈余公积弥补亏损，但补亏后法定盈余公积不得低于注册资本的25%。企业在用盈余公积补亏时，借记“盈余公积——法定盈余公积”科目，贷记“利润分配——盈余公积补亏”科目。

◇知识拓展 10.10

根据税法、公司法等有关法规规定，企业弥补亏损的方法有三种：一是我国现行税法允许企业可用以后年度的税前利润递延弥补亏损5年；二是当企业的亏损超过5年还未弥补完的，需用以后年度的税后利润来弥补亏损；三是投资者审议后用盈余公积弥补亏损。企业无论是以税前利润还是以税后利润弥补亏损，其会计处理方法均相同，不需要进行专门的账务处理。企业应将当年实现的利润自“本年利润”科目，年终转入“利润分配——未分配利润”科目的贷方，其贷方发生额与“利润分配——未分配利润”科目的借方余额自然抵补。但是，两者在计算交纳所得税时的处理是不同的。在以税前利润弥补亏损的情况下，其弥补的数额可以抵减当期企业应纳税所得额，而以税后利润弥补的数额，则不能作为纳税所得扣除处理。

【例 10-14】江南公司以前年度累计的未弥补亏损为80万元，按照规定已超过以税前利润弥补亏损的期间。本年度公司董事会决定并经股东大会批准，以法定盈余公积弥补以前年度未弥补的亏损30万元。江南公司的账务处理如下：

Ⅰ.用法定盈余公积弥补亏损时：

借：盈余公积——法定盈余公积　　300 000

　贷：利润分配——盈余公积补亏　　300 000

Ⅱ.结转“利润分配”科目时：

借：利润分配——盈余公积补亏　　300 000

　贷：利润分配——未分配利润　　300 000

3. 盈余公积转增资本

企业根据投资者的决议，用盈余公积转增资本时，应按投资者持有的比例进行转增资本，借记“盈余公积——法定盈余公积”科目，贷记“实收资本(或股本)”科目。

【例 10-15】因扩大经营规模需要，经股东大会批准，江南股份有限公司将法定盈余公积60万元转增股本。假定不考虑其他因素。江南公司的账务处理如下：

借：盈余公积——法定盈余公积　　600 000

贷:股本　　600 000

4. 盈余公积发放现金股利或利润

一般情况下,盈余公积不得用于向投资者分配股利或利润。在特殊情况下,企业累积的盈余公积比较多,而未分配利润比较少时,为维护企业形象,给投资者以合理回报,对于符合规定的企业,经股东大会和类似机构特别决议,可用盈余公积分配现金股利或利润,但分配后企业法定盈余公积的比例不得低于分配前注册资本的25%。分配现金股利时,借记"盈余公积——法定盈余公积或任意盈余公积"等科目,贷记"应付股利"科目;发放现金股利时,借记"应付股利"科目,贷记"银行存款"科目。

【例10-16】江南股份有限公司2017年12月31日普通股股本为6 000万股,每股面值1元,可供投资者分配的利润为600万元,盈余公积4 000万元。2018年3月15日,股东大会批准了2017年度利润分配方案,以2017年12月31日为登记日,按每股0.3元发放现金股利。江南股份有限公司共需要分派1 800万元现金股利,其中动用可供投资者分配的利润600万元、盈余公积1 200万元。假定不考虑其他因素。江南公司的账务处理如下:

Ⅰ.宣告分派现金股利时:

借:利润分配——应付现金股利　　6 000 000
　　盈余公积　　12 000 000
　贷:应付股利　　18 000 000

Ⅱ.支付股利时:

借:应付股利　　18 000 000
　贷:银行存款　　18 000 000

(二)未分配利润核算

为了核算和监督企业历年累积的结存利润或亏损情况,企业应在"利润分配"科目下设置"利润分配——未分配利润"明细科目进行核算。年度终了,企业应将全年实现的净利润,自"本年利润"科目转入"利润分配——未分配利润"科目,借记"本年利润"科目,贷记"利润分配——未分配利润"科目,为净亏损的做反向分录;同时,将"利润分配"科目所属其他明细科目的余额,转入"未分配利润"明细科目。结转后,"利润分配——未分配利润"科目如为贷方余额,表示累积未分配的利润数额;如为借方余额,则表示累积未弥补的亏损数额。

【例10-17】江南公司2017年年初股本为2 000万股,每股面值1元,年初未分配利润为贷方8 500万元,当年实现净利润7 600万元。假定公司经批准的2017年度利润分配方案为:按照2017年实现净利润的10%提取法定盈余公积,5%提取任意盈余公积,同时向股东按每股0.4元派发现金股利,按每10股送3股的比例派发股票股利。2018年3月10日,公司以银行存款支付了全部现金股利,新增股本也已经办理完股权登记和相关增资手续。

Ⅰ.2017年年末结转本年利润时:

借:本年利润　　76 000 000
　贷:利润分配——未分配利润　　76 000 000

Ⅱ.提取法定盈余公积和任意盈余公积时:

借:利润分配——提取法定盈余公积　　7 600 000
　　　　　　——提取任意盈余公积　　3 800 000
　贷:盈余公积——法定盈余公积　　7 600 000

——任意盈余公积 3 800 000

Ⅲ.结转“利润分配”的明细科目时：

借：利润分配——未分配利润 11 400 000

贷：利润分配——提取法定盈余公积 7 600 000

——提取任意盈余公积 3 800 000

Ⅳ.批准发放现金股利时：

2 000 万元×0.4＝800 万元

借：利润分配——应付现金股利 8 000 000

贷：应付股利 8 000 000

Ⅴ.结转“利润分配——应付现金股利”明细科目时：

借：利润分配——未分配利润 8 000 000

贷：利润分配——应付现金股利 8 000 000

Ⅵ.2018 年 3 月 10 日，实际发放现金股利时：

借：应付股利 8 000 000

贷：银行存款 8 000 000

Ⅶ.2018 年 3 月 10 日，发放股票股利时：

2 000 万元×1×30%＝600 万元

借：利润分配——转作股本的股利 6 000 000

贷：股本 6 000 000

Ⅷ.结转“利润分配——转作股本的股利”明细科目时：

借：利润分配——未分配利润 6 000 000

贷：利润分配——转作股本的股利 6 000 000

此时，江南公司“利润分配——未分配利润”科目的贷方余额为：

(8 500＋7 600－1 140－800－600)万元＝13 560 万元

项目11

财务报告编制

【学习目标要求】

明确财务会计报告种类、编制要求和编制前的准备工作；熟悉总账报表岗位职责；掌握资产负债表、利润表、所有者权益变动表的报表结构、编制依据和编制方法；熟悉现金流量表的报表结构、编制依据和编制方法；熟悉总账报表会计核算岗位职责。

【典型工作任务】

1. 认识财务报告
2. 资产负债表编制
3. 利润表编制
4. 现金流量表编制
5. 所有者权益变动表编制
6. 附注编制

本项目知识结构

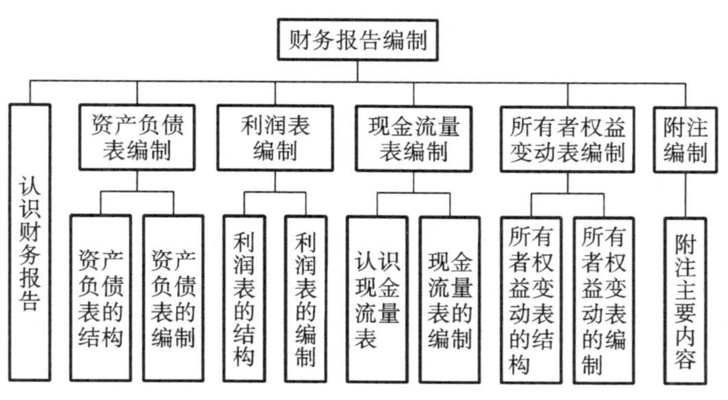

任务11.1　认识财务报告

一、财务报告的含义及目标

财务报告，是指企业对外提供的反映企业某一特定日期的财务状况和某一会计期间的经营成果、现金流量等会计信息的文件。财务报告是企业会计工作的最终成果，是输出企业会计信息的主要形式，是企业与外部联系的桥梁。

财务报告的目标，是向财务报告使用者提供与企业财务状况、经营成果和现金流量等有关的会计信息，反映企业管理层受托责任履行情况，有助于财务报告使用者做出经济决策。财务报告使用者通常包括投资者、债权人、政府及其有关部门和社会公众等。

二、财务报告的构成

财务报告，包括财务报表和其他应当在财务报告中披露的相关信息和资料。财务报表，是对企业财务状况、经营成果和现金流量的结构性表述。

《企业会计准则》规定，财务报表至少应当包括下列组成部分：资产负债表、利润表、现金流量表、所有者权益（或股东权益）变动表以及附注。财务报表上述组成部分具有同等的重要程度。小企业编制的财务报表可以不包括现金流量表。

资产负债表反映企业特定日期所拥有的资产、需偿还的债务以及股东（投资者）拥有的净资产情况；利润表反映企业一定期间的经营成果即利润或亏损的情况，表明企业运用所拥有的资产的获利能力；现金流量表反映企业在一定会计期间现金和现金等价物流入和流出的情况；所有者权益变动表反映构成所有者权益的各组成部分当期的增减变动情况；企业的净利润及其分配情况是所有者权益变动的组成部分，相关信息已经在所有者权益变动表及其附注中反映，企业不需要再单独编制利润分配表。附注是财务报表不可或缺的组成部分，是对在资产负债表、利润表、现金流量表和所有者权益变动表等报表中列示项目的文字描述或明细资料，以及对未能在这些报表中列示项目的说明等。

三、财务报表的编制要求

高质量的会计信息是保证会计决策有用的基石。从诸多企业经营的历史来看，不讲究诚信原则的企业，虽然可能暂时成功，但是无法长期保持竞争力。所以，财务报表所揭示的会计信息应遵循会计准则和公认会计原则的基本要求。为了充分发挥会计信息的作用，确保信息质量，各会计主体单位必须按照一定的程序、方法和要求，编报合法、真实和公允的财务报表。

（1）为了确保财务报表编报的及时性，政府有关部门对各单位财务报表编报时间做出了明确的规定。

（2）企业应当以持续经营为基础，根据实际发生的交易和事项进行确认和计量，在此基础上编制财务报表。企业不应以附注披露代替确认和计量，不恰当的确认和计量也不能通过充分披露相关会计政策而纠正。

(3) 财务报表项目的列报应当在各个会计期间保持一致,不得随意变更,除非会计准则要求改变,或主体的经营性质发生重大变化,改变后的列报能够提供更可靠、更相关的信息。

(4) 企业应当考虑报表项目的重要性。重要性,是指在合理预期下,财务报表某项目的省略或错报会影响使用者据此做出经济决策的,该项目具有重要性。重要性应当根据企业所处的具体环境,从项目的性质和金额大小两方面予以判断,且对各项目重要性的判断标准一经确定,不得随意变更。判断项目性质的重要性,应当考虑该项目在性质上是否属于企业日常活动、是否显著影响企业的财务状况、经营成果和现金流量等因素;判断项目金额大小的重要性,应当考虑该项目金额占资产总额、负债总额、所有者权益总额、营业收入总额、营业成本总额、净利润、综合收益总额等直接相关项目金额的比重或所属报表单列项目金额的比重。

(5) 当期财务报表的列报,至少应当提供所有列报项目的上一可比期间的比较数据,以及与理解当期财务报表相关的说明。

(6) 企业在所编制的财务报表中应当在显著位置至少披露下列内容:①编报企业的名称;②资产负债表日或财务报表涵盖的会计期间;③人民币金额单位;④财务报表是合并财务报表的,应予以标明。

此外,企业在列报财务报表时,应严格遵守资产、负债、所有者权益、收入和费用的定义和确认标准,如实反映企业的交易与其他经济事项,真实而公允地反映企业的财务状况、经营成果以及现金流量。在必要的情况下,企业还可以通过附注的形式来补充说明财务报表的内容以及财务报表不能反映的内容,进一步提高财务报表的真实性与公允性。

◇注意

针对2018年1月1日起分阶段实施的《企业会计准则第22号——金融工具确认和计量》(财会〔2017〕7号)、《企业会计准则第23号——金融资产转移》(财会〔2017〕8号)、《企业会计准则第24号——套期会计》(财会〔2017〕9号)、《企业会计准则第37号——金融工具列报》(财会〔2017〕14号)(以上四项简称新金融准则)和《企业会计准则第14号——收入》(财会〔2017〕22号,简称新收入准则),以及企业会计准则实施中的有关情况,财政部对一般企业财务报表格式进行了修订。考虑到目前企业尚未全部执行新金融准则和新收入准则,本项目仍采用未修订的一般企业财务报表格式。

任务11.2 资产负债表编制

一、认识资产负债表

1. 资产负债表的含义

资产负债表,是反映企业在某一特定日期的财务状况的财务报表。资产负债表主要反映资产、负债和所有者权益三方面的内容，并满足“资产＝负债＋所有者权益”平衡式。

资产负债表是静态报表，主要提供有关企业财务状况方面的信息，即某一特定日期关于企业资产、负债、所有者权益及其相互关系。其作用主要包括：可以提供某一日期资产的总额及其结构，表明企业拥有或控制的资源及其分布情况；可以提供某一日期的负债总额及其结构，表明企业未来需要偿付的债务数额以及清偿时间；可以反映所有者所拥有的权益，据以判断企业资本保值增值的情况以及对负债的保障程度。此外，资产负债表还可以提供进行财务分析的基本资料，通过对资产负债表项目金额及其相关比率（流动比率、资产负债率）的分析，可以反映企业变现能力、偿债能力和资金周转能力，从而为未来的经济决策提供信息。

2. 资产负债表列报的总体要求

（1）分类列报。资产负债表应当按照资产、负债和所有者权益三类别分类列报，左方列报的资产项目反映资产的构成；右方列报的负债和所有者权益项目反映权益结构，即资产的来源渠道。

（2）资产和负债按流动性列报。资产和负债类项目应当按照流动性，分为流动资产和非流动资产、流动负债和非流动负债列报。流动性通常按照资产的变现或耗用时间长短或者负债的偿还时间长短来确定。

（3）所有者权益按先后次序列报。所有者权益类项目应当按照资本的永久性高低为依据进行先后次序的排列，永久性高者在前，低者在后。

（4）列报相关的合计、总计项目。资产负债表中的资产类应当列示流动资产和非流动资产的合计项目及资产总计项目；负债类至少应当列示流动负债、非流动负债以及负债的合计项目；所有者权益类应当列示所有者权益的合计项目；负债类和所有者权益还要列示总计项目。

3. 资产负债表的结构

资产负债表一般包括表首、表体和表尾三部分。其中，表首部分列示报表名称、编制单位、编制日期、报表编号、货币名称、计量单位等内容；资产负债表的报表编号为“会企 01 表”；表体是资产负债表的主体，列示了反映企业财务状况的资产、负债和所有者权益各个项目的年初余额和期末余额；表尾主要包括附注资料及有关人员签章。

在我国，资产负债表采用账户式结构。账户式资产负债表分为左右两方，左方列示资产类项目，反映全部资产的分布及存在的形态，大体按资产的流动性大小排列，流动性大的资产如“货币资金”“以公允价值计量且其变动计入当期损益的金融资产”等排在前面，流动性小的资产如“长期股权投资”“固定资产”等排在后面。右方列示负债及所有者权益类项目，反映全部负债和所有者权益的内容及构成情况，一般按要求清偿时间的先后顺序排列，“短期借款”“应付票据”“应付账款”等需要在一年以内或者长于一年的一个正常营业周期内偿还的流动负债排在前面，“长期借款”等在一年以上才需偿还的非流动负债排在中间，在企业清算之前不需要偿还的所有者权益项目排在后面。每个项目又分为“年初余额”和“期末余额”两栏分别填列，便于使用者通过比较不同时点资产负债表的数据，掌握企业财务状况的变动情况及发展趋势。

账户式资产负债表左右双方平衡，即资产各项目的合计等于负债和所有者权益各项目的合计。因此，通过账户式资产负债表，可以反映资产、负债、所有者权益之间的内在关系，即“资产＝负债＋所有者权益”。我国企业资产负债表的具体格式如表 11-1 所示。

表 11-1　资产负债表

会企 01 表

编制单位：　　　　　　　　____年____月____日　　　　　　　　单位：元

资产	期末余额	年初余额	负债和所有者权益（或股东权益）	期末余额	年初余额
流动资产：			流动负债：		
货币资金			短期借款		
以公允价值计量且其变动计入当期损益的金融资产			以公允价值计量且其变动计入当期损益的金融负债		
应收票据			应付票据		
应收账款			应付账款		
预付款项			预收款项		
应收利息			应付职工薪酬		
应收股利			应交税费		
其他应收款			应付利息		
存货			应付股利		
持有待售的非流动资产或持有待售的处置组中的资产			其他应付款		
一年内到期的非流动资产			持有待售的处置组中的负债		
其他流动资产			一年内到期的非流动负债		
流动资产合计			其他流动负债		
非流动资产：			流动负债合计		
以摊余成本计量的金融资产			非流动负债：		
以公允价值计量且其变动计入其他综合收益的金融资产			长期借款		
长期应收款			应付债券		
长期股权投资			长期应付款		
投资性房地产			专项应付款		
固定资产			预计负债		
在建工程			递延收益		
工程物资			递延所得税负债		
固定资产清理			其他非流动负债		
生产性生物资产			非流动负债合计		
油气资产			负债合计		
无形资产			所有者权益（或股东权益）：		

续表

资产	期末余额	年初余额	负债和所有者权益（或股东权益）	期末余额	年初余额
开发支出			实收资本（或股本）		
商誉			资本公积		
长期待摊费用			减：库存股		
递延所得税资产			盈余公积		
其他非流动资产			其他综合收益		
非流动资产合计			未分配利润		
			所有者权益（或股东权益）合计		
资产合计			负债和所有者权益（或股东权益）合计		

法定代表人：　　　　主管会计工作负责人：　　　　会计机构负责人：

此外，如有下列情况，应当在资产负债表中调整或增设相关项目：

(1) 高危行业企业如有按国家规定提取安全生产费的，应当在资产负债表所有者权益项下的“其他综合收益”项目和“盈余公积”项目之间增设“专项储备”项目，反映企业提取的安全生产费期末余额。

(2) 企业衍生金融工具业务具有重要性的，应当在资产负债表资产项下“以公允价值计量且其变动计入当期损益的金融资产”项目和“应收票据”项目之间增设“衍生金融资产”项目，在资产负债表负债项下“以公允价值计量且其变动计入当期损益的金融负债”项目和“应付票据”项目之间增设“衍生金融负债”项目，分别反映企业衍生工具形成资产和负债的年初余额和期末余额。

二、资产负债表编制

（一）资产负债表项目的填列方法

1. “年初余额”栏的填列

资产负债表各项目“年初余额”栏内各项数字，应根据上年年末资产负债表“期末余额”栏内所列数字填列。如果本年度资产负债表规定的各个项目的名称和内容与上年度不一致，应对上年年末资产负债表各项目的名称和数字按照本年度的规定进行调整，将调整后的数字填入本年度资产负债表“年初余额”栏内。

2. “期末余额”栏的填列

资产负债表各项目“期末余额”栏的填列主要有以下几种方法：

(1) 根据总账账户余额填列。如“工程物资”“固定资产清理”“递延所得税资产”“短期借款”“应付票据”“应付职工薪酬”“应交税费”“应付利息”“应付股利”“其他应付款”“专项应付款”“预计负债”“递延所得税负债”“实收资本（或股本）”“库存股”“资本公积”“盈余公积”等项目，应根据有关总账账户的余额直接填列。

（2）根据几个总账账户的期末余额计算填列。在资产负债表中某些项目涵盖范围广，须根据几个总账账户的期末余额计算填列。如货币资金项目，应根据“库存现金”“银行存款”“其他货币资金”三个总账账户的期末余额的合计数填列；“其他非流动资产”“其他流动负债”项目，应根据有关账户的期末余额分析填列。

（3）根据明细账户余额计算填列。部分项目涉及不同总账账户的内容，要根据相应几个总账账户所属部分明细账账户余额计算填列。如“应付账款”项目，应根据“应付账款”和“预付账款”账户所属明细账的期末贷方余额合计填列；“应收账款”项目，应根据“应收账款”和“预收账款”账户所属明细账的期末借方余额合计减去与应收账款有关的坏账准备贷方余额计算填列；“预付账款”项目，应根据“应付账款”和“预付账款”账户所属明细账的期末借方余额减去与“预付账款”有关的坏账准备贷方余额计算填列；“预收款项”项目，应根据“预收账款”和“应收账款”账户所属明细账的期末贷方余额合计填列；“开发支出”项目，应根据“研发支出”账户所属的“资本化支出”明细账户期末余额填列；“应付职工薪酬”项目，应根据“应付职工薪酬”账户的明细科目期末余额计算填列；“一年内到期的非流动资产”“一年内到期的非流动负债”项目，应根据有关非流动资产或负债项目的明细账户余额分析填列；“未分配利润”项目，应根据“利润分配”账户中所属的“未分配利润”明细账户期末余额填列。

（4）根据总账账户余额和所属明细账账户余额分析计算填列。部分项目按性质只反映某总分类账户余额的一部分，应根据明细账余额做相应扣减后填列。如“长期借款”项目，应根据“长期借款”总账账户余额扣除“长期借款”账户所属明细账户中将在资产负债表日起一年内（含一年）到期且企业不能自主地将清偿义务展期的长期借款后的金额计算填列；“其他非流动资产”项目，应根据有关账户的期末余额减去将于一年内（含一年）收回数后的金额计算填列；“其他非流动负债”项目，应根据有关账户的期末余额减去将于一年内（含一年）到期偿还数后的金额填列。

（5）根据有关账户余额减去其备抵账户余额后的净额填列。如资产负债表中“应收票据”“应收账款”“长期股权投资”“在建工程”等项目，应当根据“应收票据”“应收账款”“长期股权投资”“在建工程”等账户的期末余额减去“坏账准备”“长期股权投资减值准备”“在建工程减值准备”等账户余额后的净额填列；“投资性房地产”“固定资产”项目，应当根据“投资性房地产”“固定资产”账户的期末余额减去“投资性房地产累计折旧”“累计折旧”“投资性房地产减值准备”“固定资产减值准备”等账户余额后的净额填列；“无形资产”项目，应当根据“无形资产”账户的期末余额，减去“累计摊销”“无形资产减值准备”等账户余额后的净额填列；“长期应收款”项目，应根据“长期应收款”账户的期末余额，减去相应的“未实现融资收益”账户和“坏账准备”账户所属相关明细账户期末余额后的金额填列；“长期应付款”项目，应根据“长期应付款”账户的期末余额，减去相应的“未确认融资费用”账户期末余额后的金额填列。

（6）综合运用上述填列方法分析填列。如资产负债表中的“存货”项目，应根据“原材料”“材料采购”“在途物资”“库存商品”“委托加工物资”“周转材料”“发出商品”“受托代销商品”“材料成本差异”等总账账户期末余额的分析汇总数，减去“受托代销商品款”“存货跌价准备”账户期末余额后的金额填列；材料采用计划成本核算，以及库存商品采用计划成本核算或售价核算的企业，还应按加或减材料成本差异、商品进销差价后的金额填列。

（二）资产负债表项目的填列说明

资产负债表中资产、负债和所有者权益主要项目的填列说明如下：

1. 资产项目的填列说明

(1)"货币资金"项目,反映企业在生产经营过程中处于货币形态的经营资金,包括企业库存现金、银行结算户存款、外埠存款、银行汇票存款、银行本票存款、信用卡存款、信用证保证金存款等的合计数。本项目应根据"库存现金""银行存款""其他货币资金"三个总账账户期末余额的合计数填列。

(2)"以公允价值计量且其变动计入当期损益的金融资产"项目,反映企业持有的以公允价值计量且其变动计入当期损益的为交易目的所持有的债券投资、股票投资、基金投资、权证投资等金融资产。本项目应根据"交易性金融资产"账户和在初始确认时指定为以公允价值计量且其变动计入当期损益的金融资产账户的期末余额填列。

(3)"应收票据"项目,反映企业因销售商品、提供劳务等而收到的商业汇票,包括银行承兑汇票和商业承兑汇票。已向银行贴现和已背书转让的应收票据不包括在本项目内。本项目应根据"应收票据"总账账户期末余额,减去"坏账准备"账户中有关应收票据计提的坏账准备期末余额后的金额填列。

(4)"应收账款"项目,反映企业因销售商品、提供劳务等而应向购货单位和接受劳务单位收取的各种款项。本项目应根据"应收账款"和"预收账款"两个账户所属各明细账户的期末余额合计数,减去"坏账准备"账户中有关应收账款计提的坏账准备期末余额后的净额填列。如"应收账款"账户所属明细账户期末有贷方余额的,应在资产负债表"预收款项"项目内填列。

(5)"预付款项"项目,反映企业按照购货合同规定预付给供应单位的款项等。本项目应根据"预付账款"和"应付账款"两个账户所属各明细账户的期末借方余额合计数,减去"坏账准备"账户中有关预付账款计提的坏账准备期末余额后的净额填列。如"预付账款"账户所属明细账户期末有贷方余额的,应在资产负债表"应付账款"项目内填列。

(6)"应收利息"项目,反映企业应收取的债券投资等的利息。企业购入到期还本付息债券应收的利息,不包括在本项目内。本项目应根据"应收利息"总账账户的期末余额,减去"坏账准备"账户中有关应收利息计提的坏账准备期末余额后的净额填列。

(7)"应收股利"项目,反映企业应收取的现金股利和应收取其他单位分配的利润。本项目应根据"应收股利"总账账户期末余额,减去"坏账准备"账户中有关应收股利计提的坏账准备期末余额后的净额填列。

(8)"其他应收款"项目,反映企业除应收票据、应收账款、预付账款、应收股利、应收利息等经营活动以外的其他各项应收、暂付款项的净额。本项目应根据"其他应收款"总账账户的期末余额,减去"坏账准备"账户中有关其他应收款计提的坏账准备期末余额后的净额填列。

(9)"存货"项目,反映企业期末在库、在途和加工中的各种存货的可变现净值,包括各种材料、商品、在产品、半成品、包装物、低值易耗品、委托代销商品等。工程物资不属于企业的存货,而属于非流动资产。本项目应根据"材料采购""在途物资""原材料""周转材料""低值易耗品""库存商品""委托加工物资""委托代销商品""生产成本"等账户的期末余额合计数,减去"代销商品款""存货跌价准备"账户期末余额后的净额填列。材料采用计划成本核算,以及库存商品采用计划成本核算或售价核算的企业,还应按加或减材料成本差异、商品进销差价后的金额填列。

(10)"持有待售的非流动资产或持有待售的处置组中的资产"项目,反映企业主要通过出售(包括具有商业实质的非货币性资产交换)而非持续使用收回其账面价值的一项非流动资产或处置组。企业应当在资产负债表中区别于其他资产单独列示持有待售的非流动资产或持有待售的处置组中的资产。

(11)“一年内到期的非流动资产”项目，反映企业将于一年内到期的非流动资产的金额，包括一年内到期的持有至到期投资、长期待摊费用和一年内可收回的长期应收款。本项目应根据有关账户的期末余额分析填列。

(12)“以摊余成本计量的金融资产”项目，反映企业持有的以摊余成本计量的金融资产。本项目应根据有关账户的期末余额分析填列。

(13)“以公允价值计量且其变动计入其他综合收益的金融资产”项目，反映企业持有的以公允价值计量且其变动计入其他综合收益的金融资产。本项目应根据有关账户的期末余额分析填列。

(14)“长期应收款”项目，反映企业融资租赁产生的应收款项和采用递延方式分期收款、实质上具有融资性质的销售商品和提供劳务等经营活动产生的应收款项。本项目应根据“长期应收款”账户的期末余额，减去“坏账准备”账户所属相关明细账户期末余额，再减去一年内可收回的部分、“未确认融资收益”账户期末余额后的金额分析计算填列。

(15)“长期股权投资”项目，反映投资方对被投资单位实施控制、重大影响及对其合营企业的权益性投资。本项目应根据“长期股权投资”账户的期末余额，减去提取的“长期股权投资减值准备”账户的期末余额后的净额填列。

(16)“投资性房地产”项目，反映为赚取租金或资本增值或两者兼有而持有的房地产，主要包括已出租的土地使用权、持有并准备增值后转让的土地使用权和已出租的建筑物。成本计量模式下，本项目应根据“投资性房地产”账户的期末余额，减去“投资性房地产累计折旧(摊销)”、“投资性房地产减值准备”所属明细账户期末余额后的金额填列；公允价值模式下，本项目应根据“投资性房地产”账户的期末余额直接填列。

(17)“固定资产”项目，反映企业各种固定资产的账面价值。本项目应根据“固定资产”账户的期末余额，减去“累计折旧”和“固定资产减值准备”账户期末余额后的净额填列。

(18)“在建工程”项目，反映企业尚未达到预定可使用状态的在建工程价值，包括交付安装的设备价值、未完建筑安装工程已经耗用的材料、工资和费用支出等项目的可收回金额。本项目应根据“在建工程”账户的期末余额，减去“在建工程减值准备”账户期末余额后的净额填列。

(19)“工程物资”项目，反映企业各项工程尚未使用的工程物资的实际成本。本项目应根据“工程物资”账户的期末余额，减去“工程物资减值准备”账户期末余额后的金额填列。

(20)“固定资产清理”项目，反映企业因出售、毁损、报废等原因转入清理但尚未清理完毕的固定资产的账面价值，以及固定资产清理过程中所发生的清理费用和变价收入等各项金额的差额。本项目应根据“固定资产清理”账户的期末借方余额填列。如“固定资产清理”账户期末为贷方余额，以“－”号填列。

(21)“无形资产”项目，反映企业持有的专利权、非专利技术、商标权、著作权、土地使用权等无形资产的净值。本项目应根据“无形资产”账户的期末余额，减去“累计摊销”“无形资产减值准备”账户期末余额后的净额填列。

(22)“开发支出”项目，反映企业开发无形资产过程中发生的、能够资本化形成无形资产成本的支出部分。本项目应根据“研发支出”账户中所属的“资本化支出”明细账户的期末余额填列。

(23)“长期待摊费用”项目,反映企业已经发生但应由本期和以后各期负担的分摊期限在一年以上(不含一年)的各项费用,如租入固定资产改良支出、大修理支出以及摊销期限在一年以上(不含一年)的其他待摊费用。长期待摊费用中在一年内(含一年)摊销的部分,应在资产负债表“一年内到期的非流动资产”项目填列。本项目应根据“长期待摊费用”账户的期末余额减去将于一年内(含一年)摊销的数额后的金额填列。

(24)“递延所得税资产”项目,反映企业确认的递延所得税资产。本项目应根据“递延所得税资产”账户期末余额分析填列。

(25)“其他非流动资产”项目,反映企业除以上资产以外的其他非流动资产。本项目应根据有关账户的期末余额填列。其他长期资产价值较大的,应在附注中披露其内容和金额。

2. 负债项目的填列说明

(1)“短期借款”项目,反映企业向银行或其他金融机构等借入的期限在一年以下(含一年)的各种借款。本项目应根据“短期借款”总账账户的期末余额填列。

(2)“以公允价值计量且其变动计入当期损益的金融负债”项目,反映企业发行短期债券等所形成的交易性金融负债的公允价值。本项目应根据“交易性金融负债”账户的期末余额分析填列。

(3)“应付票据”项目,反映企业因购买材料、商品和接受劳务供应等而开出、承兑的商业汇票,包括银行承兑汇票和商业承兑汇票。本项目应根据“应付票据”账户的期末余额填列。

(4)“应付账款”项目,反映企业因购买材料、商品和接受劳务供应等而应付给供应单位的款项。本项目应根据“应付账款”和“预付账款”账户所属各明细账户的期末贷方余额合计数填列。如“应付账款”账户所属各明细账户期末有借方余额,应在资产负债表“预付款项”项目内填列。

(5)“预收款项”项目,反映企业按照购货合同规定预收供应单位的款项。本项目应根据“预收账款”和“应收账款”账户所属各明细账户的期末贷方余额合计数填列。如“预收账款”账户所属明细账户期末有借方余额的,应在资产负债表“应收账款”项目内填列。

(6)“应付职工薪酬”项目,反映企业为获得职工提供的服务或解除劳动关系而给予的各种形式的报酬或补偿。职工薪酬包括短期薪酬、离职后福利、辞退福利和其他长期职工福利,包括企业提供给职工配偶、子女、受赡养人、已故员工遗属及其他受益人等的福利。本项目应根据“应付职工薪酬”账户期末贷方余额填列。如“应付职工薪酬”账户期末为借方余额,以“—”填列。

(7)“应交税费”项目,反映企业按照税法规定计算应交纳的各种税费,包括增值税、消费税、所得税、资源税、土地增值税、城市维护建设税、房产税、土地使用税、车船税、教育费附加、矿产资源补偿费等。企业代扣代缴的个人所得税,也通过本项目列示。企业所交纳的税金不需要预计应交数的,如印花税、耕地占用税等,不在本项目列示。本项目应根据“应交税费”账户的期末贷方余额合计数填列。如“应交税费”账户期末为借方余额,应以“—”填列。

(8)“应付利息”项目,反映企业按照规定应当支付的利息,包括分期付息到期还本的长期借款应支付的利息、企业发行的企业债券应支付的利息等。本项目应根据“应付利息”账户的期末贷方余额填列。

(9)“应付股利”项目,反映企业尚未支付的现金股利或利润。企业分配的股票股利,不通过本项目列示。本项目应根据“应付股利”账户的期末余额填列。

(10)“其他应付款”项目,反映企业除应付票据、应付账款、预收账款、应付职工薪酬、应付股利、应付利息、应交税费等经营活动以外的其他各项应付、暂收的款项。本项目应根据“其他应付款”账户的期末余额填列。

(11)“一年内到期的非流动负债”项目，反映企业非流动负债中将于资产负债表日后一年内到期部分的金额，包括一年内到期的长期借款、长期应付款和应付债券。本项目应根据有关账户的期末余额分析填列。

(12)“长期借款”项目，反映企业向银行或其他金融机构借入的期限在一年以上(不含一年)的各项借款。本项目应根据“长期借款”账户的期末余额，减去将在一年内到期且企业不能自主地将清偿义务展期的长期借款后的金额填列。

(13)“应付债券”项目，反映企业为筹集长期资金而发行的各种长期债券摊余价值。本项目应根据“应付债券”账户的期末余额，减去一年内到期的应付债券部分后的金额填列。

(14)“长期应付款”项目，反映企业除长期借款和应付债券以外的其他各种长期应付款。主要有应付补偿贸易引进设备款、采用分期付款方式购入固定资产和无形资产发生的应付账款、应付融资租入固定资产租赁费等。本项目应根据“长期应付款”账户的期末余额，减去“未确认融资费用”账户期末余额和一年内到期的长期应付款部分后的金额填列。

(15)“专项应付款”项目，反映企业接受国家作为企业所有者拨入的具有专门用途的款项所形成的不需要以资产或增加其他负债偿还的负债，是企业接受国家拨入的具有专门用途的拨款。本项目应根据“专项应付款”账户的期末余额填列。

(16)“预计负债”项目，反映企业根据或有事项等相关准则确认的各种预计负债期末余额，包括对外提供担保、未决诉讼、产品质量保证、重组义务以及固定资产和矿区权益弃置义务等产生的预计负债。本项目应根据“预计负债”账户的期末余额填列。

(17)“递延收益”项目，反映尚待确认的收入或收益。本项目核算包括企业根据政府补助准则确认的应在以后期间计入当期损益的政府补助金额、售后租回形成融资租赁的售价与资产账面价值差额等其他递延收入。本项目应根据“递延收益”账户的期末余额填列。

(18)“递延所得税负债”项目，反映企业根据所得税准则确认的应纳税暂时性差异产生的递延所得税负债。本项目应根据“递延所得税负债”账户的期末余额分析填列。

(19)“其他非流动负债”项目，反映企业除长期借款、应付债券等项目以外的其他非流动负债。本项目应根据有关账户的期末余额，减去将于一年内(含一年)到期偿还数后的余额分析填列。非流动负债各项目中将于一年内(含一年)到期的非流动负债，应在“一年内到期的非流动负债”项目内反映。其他非流动负债价值较大的，应在附注中披露其内容和金额。

3. 所有者权益项目的填列说明

(1)“实收资本(或股本)”项目，反映企业各投资者实际投入的资本(或股本)总额。本项目应根据“实收资本(或股本)”账户的期末余额填列。

(2)“资本公积”项目，反映企业资本公积的期末余额。本项目应根据“资本公积”账户的期末余额填列。其中“库存股”项目按“库存股”账户余额填列。

(3)“盈余公积”项目，反映企业盈余公积的期末余额。本项目应根据“盈余公积”账户的期末余额填列。

(4)“其他综合收益”项目，反映企业其他综合收益的期末余额。本项目应根据“其他综合收益”账户的期末余额填列。

(5)“未分配利润”项目，反映企业尚未分配的利润。本项目平时应根据“本年利润”账户和

"利润分配"账户的余额计算填列;年终应根据"利润分配——未分配利润"明细账户余额填列。如为未弥补亏损,在本项目内以"－"填列。

三、资产负债表编制应用

1. 报表编制资料简介

(1)江南公司为增值税一般纳税人,2017年12月31日账户资料如表11-2所示。

表11-2　账户余额表

单位:元

账户	借方余额	贷方余额
库存现金	15 384.00	
银行存款	128 656 799.35	
其他货币资金	5 673 889.85	
应收票据	5 000 000.00	
应收账款	150 000 000.00	
坏账准备——应收账款		7 653 890
预付账款	46 000 000.00	
其他应收款	4 834 728.25	
原材料	28 000 000.00	
生产成本	20 000 000.00	
自制半成品	26 000 000.00	
库存商品	41 000 000.00	
委托加工物资	12 485 600.00	
周转材料——包装物	1 965 000.00	
周转材料——低值易耗品	2 180 082.00	
存货跌价准备		485 000.00
长期股权投资	19 800 000.00	
固定资产	190 000 000.00	
累计折旧		36 000 000.00
固定资产减值准备		935 000.00
在建工程	5 343 408.75	
无形资产	49 854 108.34	
累计摊销		1 298 028.93
长期待摊费用	1 286 666.43	
递延所得税资产	1 896 450.00	
短期借款		4 000.00
应付票据		2 000 000.00
应付账款		117 000 000.00

续表

账户	借方余额	贷方余额
预收账款		8 600 000.00
应付职工薪酬		3 355 299.20
应交税费		-12 765 972.21
应付利息		6 000.00
其他应付款		20 000 000.00
长期应付款		900 000.00
实收资本		86 420 000.00
资本公积		234 965 345.56
盈余公积		20 657 439.73
利润分配——未分配利润		97 478 085.76

(2)债权债务明细账户余额：

"应收账款——A公司"借方余额180 000 000元，"应收账款——B公司"贷方余额30 000 000元；"预付账款——C公司"借方余额48 000 000元，"预付账款——D公司"贷方余额2 000 000元；"应付账款——E公司"贷方余额118 000 000元，"应付账款——F公司"借方余额1 000 000元；"预收账款——G公司"贷方余额9 600 000元，"预收账款——H公司"借方余额1 000 000元。

2. 资产负债表的编制

根据以上资料，编制的资产负债表如表11-3所示。

表11-3 资产负债表

会企01表

编制单位：江南公司　　2017年12月31日　　单位：元

项目	期末余额	年初余额	项目	期末余额	年初余额
流动资产：			流动负债：		
货币资金	134 346 073.20		短期借款	4 000.00	
以公允价值计量且其变动计入当期损益的金融资产			以公允价值计量且其变动计入当期损益的金融负债		
应收票据	5 000 000.00		应付票据	2 000 000.00	
应收账款	173 346 110.00		应付账款	120 000 000.00	
预付款项	49 000 000.00		预收款项	39 600 000.00	
应收利息			应付职工薪酬	3 355 299.20	
应收股利			应交税费	-12 765 972.21	
其他应收款	4 834 728.25		应付利息	6 000.00	
存货	16 145 682.00		应付股利		

续表

项目	期末余额	年初余额	项目	期末余额	年初余额
持有待售的非流动资产或持有待售的处置组中的资产			其他应付款	20 000 000.00	
一年内到期的非流动资产			持有待售的处置组中的负债		
其他流动资产			一年内到期的非流动负债		
流动资产合计	382 672 593.45		其他流动负债		
非流动资产:			流动负债合计	172 199 326.99	
以摊余成本计量的金融资产			非流动负债:		
以公允价值计量且其变动计入其他综合收益的金融资产			长期借款		
长期应收款			应付债券		
长期股权投资	19 800 000.00		长期应付款	900 000.00	
投资性房地产			专项应付款		
固定资产	153 065 000.00		预计负债		
在建工程	5 343 408.75		递延收益		
工程物资			递延所得税负债		
固定资产清理			其他非流动负债		
生产性生物资产			非流动负债合计	900 000.00	
油气资产			负债合计	173 099 326.99	
无形资产	48 556 079.41		所有者权益(或股东权益):		
开发支出			实收资本(或股本)	86 420 000.00	
商誉			资本公积	234 965 345.56	
长期待摊费用	1 286 666.43		减:库存股		
递延所得税资产	1 896 450.00		其他综合收益		
其他非流动资产			盈余公积	20 657 439.73	
非流动资产合计	229 947 604.59		未分配利润	97 478 085.76	
			所有者权益(或股东权益)合计	439 520 871.05	
资产合计	612 620 198.04		负债和所有者权益合计	612 620 198.04	

法定代表人:赵平　　　　主管会计工作负责人:王林　　　　会计机构负责人:王林

任务11.3 利润表编制

一、认识利润表

1. 利润表的含义和作用

利润表，是反映企业在一定会计期间的经营成果的财务报表。

利润表是动态报表，通过利润表，可以反映企业经营业绩的主要来源和构成，反映企业在一定会计期间收入、费用、利润（或亏损）的数额和构成情况，是考核企业管理人员绩效的重要依据；可以帮助报表使用者全面了解企业的经营成果，分析企业的获利能力及盈利增长趋势，判断企业未来的发展趋势，从而为其做出经济决策提供依据。

2. 利润表的结构

利润表一般包括表首、正表两部分。其中，表首概括说明报表名称、编制单位、编制日期、报表编号、货币名称、计量单位等内容。利润表的报表编号为"会企02表"，正表是利润表的主体，反映形成经营成果的各个项目和计算过程。正表的格式一般有两种：单步式和多步式。单步式利润表是将当期所有的收入列在一起，然后将所有的费用列在一起，两者相减得出当期净损益。多步式利润表是通过对当期的收入、费用、支出项目按性质加以归类，按利润形成的主要环节列示一些中间性的指标，如营业利润、利润总额、净利润，分步计算当期净损益。普通股或潜在普通股已公开交易的企业，以及正处于公开发行普通股或潜在普通股过程中的企业，还应当在利润表中列示每股收益信息。

在我国，利润表采用多步式结构，将不同性质的收入和费用类别进行对比，通过这些中间性的利润数据有助于使用者正确理解企业经营成果的不同来源。我国企业利润表的具体格式如表11-4所示。

表11-4 利润表

会企02表

编制单位：　　　　____年____月　　　　单位：元

项目	本期金额	上期金额
一、营业收入		
减：营业成本		
税金及附加		
销售费用		
管理费用		
财务费用		
资产减值损失		
加：公允价值变动收益（损失以"－"号填列）		
投资收益（损失以"－"号填列）		

续表

项目	本期金额	上期金额
其中:对联营企业和合营企业的投资收益		
其他收益		
二、营业利润(亏损以"一"号填列)		
加:营业外收入		
其中:非流动资产处置利得		
减:营业外支出		
其中:非流动资产处置损失		
三、利润总额(亏损总额以"一"号填列)		
减:所得税费用		
四、净利润(净亏损以"一"号填列)		
五、其他综合收益的税后净额		
(一)以后不能重分类进损益的其他综合收益		
1. 重新计量设定受益计划净负债或净资产的变动		
2. 权益法下在被投资单位不能重分类进损益的其他综合收益中享有的份额		
……		
(二)以后将重分类进损益的其他综合收益		
1.权益法下在被投资单位以后将重分类进损益的其他综合收益中享有的份额		
2.可供出售金融资产公允价值变动损益		
3.持有至到期投资重分类为可供出售金融资产损益		
4.现金流量套期损益的有效部分		
5.外币财务报表折算差额		
……		
六、综合收益总额		
七、每股收益		
(一)基本每股收益		
(二)稀释每股收益		

法定代表人: 主管会计工作的负责人: 会计机构负责人:

二、利润表编制

(一)利润表项目的填列方法

我国企业利润表的主要编制步骤和内容如下:

第一步,以营业收入为基础,减去营业成本、税金及附加、销售费用、管理费用、财务费用、资产减值损失,加上公允价值变动收益(减去公允价值变动损失)和投资收益(减去投资损失),计算出营业利润。

第二步，以营业利润为基础，加上营业外收入，减去营业外支出，计算出利润总额。

第三步，以利润总额为基础，减去所得税费用，计算出净利润（或净亏损）。

第四步，以净利润（或净亏损）和其他综合收益为基础，计算综合收益总额。

所有者权益变动表在一定程度上体现了企业综合收益。综合收益，是指企业在某一期间与所有者之外的其他方面进行交易或发生其他事项所引起的净资产变动。综合收益的构成包括两部分：净利润和直接计入所有者权益的利得和损失。其中，前者是企业已实现并已确认的收益，后者是企业未实现但根据企业会计准则已确认的收益。用公式表示如下：

综合收益＝收入－费用＋直接计入当期损益的利得和损失

第五步，以净利润（或净亏损）为基础，计算每股收益。

普通股或潜在股已公开交易的企业，以及正处于公开发行普通股或潜在普通股过程中的企业，还应当在利润表中列示每股收益信息。

同时，根据财务报表列报准则的规定，企业需要提供比较利润表，以使报表使用者通过比较不同期间利润的实际情况，判断企业经营成果的未来发展趋势。所以，利润表还就各项目再分为“本期金额”和“上期金额”两栏分别填列。

1．“上期金额”栏填列

利润表中“上期金额”栏内各项数字，应根据上年该期利润表“本期金额”栏内所列数字填列。如果上期利润表与本期利润表规定的项目名称和内容不相一致，应对上期利润表各项目的名称和数字按本期的规定进行调整，填入本表“上期金额”栏内。

2．“本期金额”栏填列

利润表中“本期金额”栏内各项数字，除“基本每股收益”和“稀释每股收益”项目外，应当按照相关科目的发生额分析填列，主要有直接填列和间接填列等方法。直接填列，根据各损益类账户的本期发生额填列；间接填列，根据相关项目计算分析填列，如“营业收入”“营业成本”“营业利润”“利润总额”和“净利润”等项目。

（二）利润表项目的填列说明

（1）“营业收入”项目，反映企业经营主要业务和其他业务所确认的收入总额。本项目应根据“主营业务收入”和“其他业务收入”账户的发生额分析计算填列。

（2）“营业成本”项目，反映企业经营主要业务和其他业务所发生的成本总额。本项目应根据“主营业务成本”和“其他业务成本”账户的发生额分析计算填列。

（3）“税金及附加”项目，反映企业经营活动应负担的消费税、城市维护建设税、资源税、土地资源税和教育费附加等。本项目应根据“税金及附加”账户的发生额分析填列。

（4）“销售费用”项目，反映企业在销售商品过程中发生的包装费、广告费等费用和为销售本企业商品而专设的销售机构的职工薪酬、业务费等经营费用。本项目应根据“销售费用”账户的发生额分析填列。

（5）“管理费用”项目，反映企业为组织和管理生产经营活动而发生的各项费用。本项目应根据“管理费用”账户的发生额分析填列。

（6）“财务费用”项目，反映企业为筹集生产经营所需资金而发生的各项费用。本项目应根据“财务费用”账户的发生额分析填列。

（7）“资产减值损失”项目，反映企业各项资产发生的减值损失。本账户应根据“资产减值损失"账户的发生额分析填列。

(8)"公允价值变动收益"项目,反映企业应当计入当期损益的资产或负债公允价值变动收益。本项目应根据"公允价值变动损益"账户的发生额分析填列;如为变动损失,以"一"号填列。

(9)"投资收益"项目,反映企业以各种方式对外投资所取得的收益或发生的损失。本项目应根据"投资收益"账户的发生额分析填列;如为投资损失,以"一"号填列。

(10)"其他收益"项目,反映收到的与企业日常活动相关的计入当期损益的政府补助。本项目应根据"其他收益"账户的发生额分析填列。

(11)"营业利润"项目,反映企业实现的营业利润,根据利润表确定的营业利润构成项目及钩稽关系依序计算求得;如为亏损,本项目以"一"号填列。

(12)"营业外收入"项目,反映企业发生的与经营业务无直接关系的各项收入。本项目应根据"营业外收入"账户的发生额分析填列。

(13)"营业外支出"项目,反映企业发生的与经营业务无直接关系的各项支出。本项目应根据"营业外支出"账户的发生额分析填列。

(14)"利润总额"项目,反映企业实现的利润,根据利润表确定的利润总额构成项目及钩稽关系依序计算求得;如为亏损,本项目以"一"号填列。

(15)"所得税费用"项目,反映企业根据所得税准则确认的应从当期利润总额中扣除的所得税费用。本项目应根据"所得税费用"账户的发生额分析填列。

(16)"净利润"项目,反映企业实现的净利润,根据利润表确定的净利润构成项目及钩稽关系依序计算求得;如为亏损,本项目以"一"号填列。

(17)"其他综合收益的税后净额"项目,反映企业根据企业会计准则规定未在损益中确认的各项利得和损失扣除所得税影响后的净额。

(18)"综合收益总额"项目,反映企业净利润与其他综合收益扣除所得税后的净额相加后的合计金额。

(19)"每股收益"项目,包括"基本每股收益"和"稀释每股收益"两项指标,反映普通股或潜在普通股已公开交易的企业,以及正处于公开发行普通股或潜在普通股过程中的企业的每股收益信息。基本每股收益是用归属于普通股股东的当期净利润除以当期发行在外普通股的加权平均数计算求得并填报;稀释每股收益是将我国企业目前发行的潜在普通股如可转换公司债券、认股权证、股份期权等考虑在内,以计算基本收益时的普通股的加权平均数与假定稀释性潜在普通股转换为已发行普通股而增加的普通股股数的加权平均数之和作为分母,同时,分子也将涉及归属于普通股股东的当期净利润的增减变动事项:①当期已确认为费用的稀释性潜在普通股的利息;②稀释性潜在普通股转换时将产生的收益或费用包含进来作为分子,从而计算求得稀释每股收益。

三、利润表编制应用

1. 报表编制资料简介

江南公司 2017 年 1—12 月各损益类账户的累计发生额如表 11-5 所示。

表 11-5　江南公司 2017 年损益类账户累计发生额

单位：元

账户	借方发生额	贷方发生额
主营业务收入		864 589 906.00
其他业务收入		59 576 747.50
主营业务成本	649 366 997.00	
其他业务成本	36 768 546.20	
税金及附加	4 886 478.75	
销售费用	37 688 465.32	
管理费用	46 757 980.04	
财务费用	4 697 658.56	
资产减值损失	365 890.88	
投资收益	3 897 658.35	
营业外收入		9 576 657.38
营业外支出	1 868 475.36	
所得税费用	12 576 365.35	

2. 利润表的编制

根据以上资料，编制江南公司 2017 年度利润表，如表 11-6 所示。

表 11-6　利润表

会企 02 表

编制单位：江南公司　　2017 年度　　单位：元

项目	本期金额	上期金额
一、营业收入	924 166 653.50	
减：营业成本	686 135 543.20	
税金及附加	4 886 478.75	
销售费用	37 688 465.32	
管理费用	46 757 980.04	
财务费用	4 697 658.56	
资产减值损失	365 890.88	
加：公允价值变动收益（损失以“－”号填列）		
投资收益（损失以“－”号填列）	－3 897 658.35	
其中：对联营企业和合营企业的投资收益		
其他收益（损失以“－”号填列）		
二、营业利润（亏损以“－”号填列）	144 434 636.96	
加：营业外收入	9 576 657.38	
其中：非流动资产处置利得		
减：营业外支出	1 868 475.36	
其中：非流动资产处置损失		

续表

项目	本期金额	上期金额
三、利润总额(亏损总额以“－”号填列)	152 142 818.98	
减:所得税费用	12 576 365.35	
四、净利润(净亏损以“－”号填列)	139 566 453.63	
五、其他综合收益的税后净额		
(一)以后不能重分类进损益的其他综合收益		
1. 重新计量设定受益计划净负债或净资产的变动		
2. 权益法下在被投资单位不能重分类进损益的其他综合收益中享有的份额		
……		
(二)以后将重分类进损益的其他综合收益		
1. 权益法下在被投资单位以后将重分类进损益的其他综合收益中享有的份额		
2. 可供出售资产公允价值变动损益		
3. 持有至到期投资重分类为可供出售金融资产损益		
4. 现金流量套期损益的有效部分		
5. 外币财务报表折算差额		
……		
六、综合收益总额	139 566 453.63	
七、每股收益		
(一)基本每股收益		
(二)稀释每股收益		

法定代表人:赵平　　　　主管会计工作负责人:王林　　　　会计机构负责人:王林

任务 11.4　现金流量表编制

一、认识现金流量表

1. 现金流量表的含义和作用

现金流量表,是反映企业在一定会计期间现金和现金等价物流入和流出的财务报表。

现金,是指企业库存现金以及可以随时用于支付的存款,包括库存现金、银行存款和其他货币资金(如外埠存款、银行汇票存款、银行本票存款、信用卡存款、信用证保证金存款和存出投资款等)等,但不包括不能随时支取的定期存款。

现金等价物，是指企业持有的期限短、流动性强、易于转换为已知金额现金、价值变动风险很小的投资。其中，期限短，一般是指从购买日起三个月内到期。现金等价物通常包括三个月内到期的债券投资等。权益性投资变现的金额通常不确定，因而不属于现金等价物。企业应当根据具体情况，确定现金等价物的范围，一经确定不得随意变更。

现金流量表是动态报表，通过现金流量表，可以为报表使用者提供企业一定会计期间内现金和现金等价物流入和流出的信息，有助于了解企业现金流量的影响因素，了解企业净利润的质量，便于使用者了解和评价企业的支付能力、偿债能力和周转能力，据以预测企业未来现金流量，为分析和判断企业的财务前景提供信息。

2. 现金流量表的分类列示

现金流量，是指在一定会计期间内企业现金和现金等价物的流入和流出。企业从银行提取现金、用现金购买短期到期的国债等现金和现金等价物之间的转换不属于现金流量。现金流量按企业业务活动的性质可以分为以下三类：

1）经营活动产生的现金流量

经营活动，是指企业投资活动和筹资活动以外的所有交易和事项。经营活动产生的现金流量主要包括销售商品或提供劳务、购买商品或接受劳务、支付工资和交纳税费等流入和流出的现金和现金等价物。

2）投资活动产生的现金流量

投资活动，是指企业长期资产的购建和不包括在现金等价物范围内的投资及其处置活动。投资活动产生的现金流量主要包括购建固定资产、处置子公司及其他营业单位等流入和流出的现金和现金等价物。

3）筹资活动产生的现金流量

筹资活动，是指导致企业资本及债务规模和构成发生变化的活动。筹资活动产生的现金流量主要包括吸收投资、发行股票、分配利润、发行债券、偿还债务等流入和流出的现金和现金等价物。偿付应付账款、应付票据等商业应付款等属于经营活动，不属于筹资活动。

3. 现金流量表的结构

现金流量表一般包括表首、正表和补充资料三部分。其中，表首部分列示报表名称、编制单位、编制日期、报表编号、货币名称、计量单位等内容，现金流量表的报表编号为“会企 03 表”；正表是现金流量表的基本部分，主要反映现金流量的分类和每一类现金流量的流入量和流出量；补充资料是对正表部分的补充，可以起到与正表进行核算，全面揭示企业的理财活动的作用。

我国企业现金流量表采用报告式结构，以“现金流入－现金流出＝现金流量金额”为基础，采用多步式，分类反映经营活动产生的现金流量、投资活动产生的现金流量和筹资活动产生的现金流量，最后汇总反映企业在某一期间现金及现金等价物的净增加额。我国企业现金流量表的具体格式如表 11-7 所示。

表 11-7　现金流量表

会企 03 表

编制单位：　　　　____年____月　　　　单位：元

项目	本期金额	上期金额
一、经营活动产生的现金流量：		
销售商品、提供劳务收到的现金		

续表

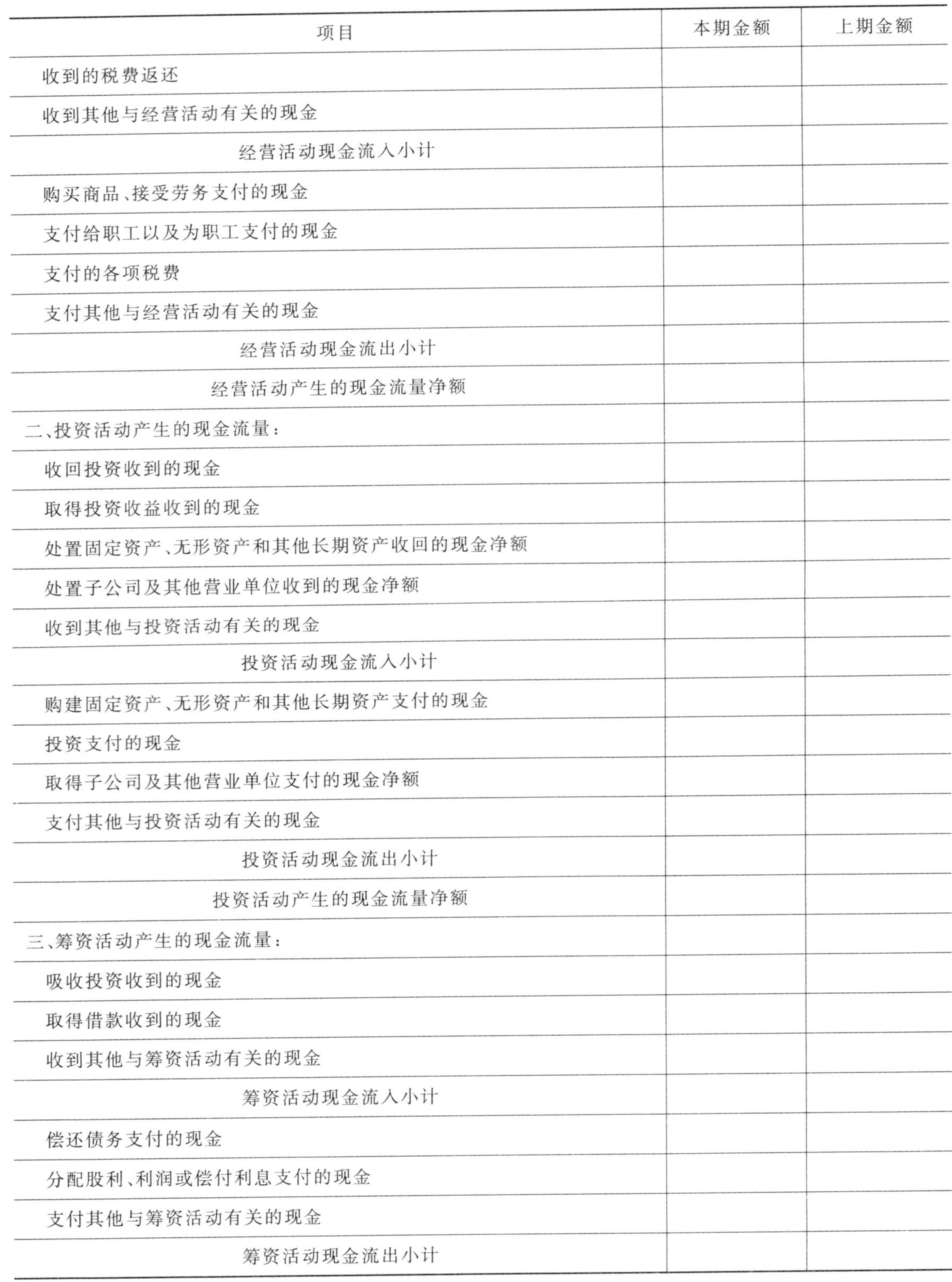

项目	本期金额	上期金额
收到的税费返还		
收到其他与经营活动有关的现金		
经营活动现金流入小计		
购买商品、接受劳务支付的现金		
支付给职工以及为职工支付的现金		
支付的各项税费		
支付其他与经营活动有关的现金		
经营活动现金流出小计		
经营活动产生的现金流量净额		
二、投资活动产生的现金流量：		
收回投资收到的现金		
取得投资收益收到的现金		
处置固定资产、无形资产和其他长期资产收回的现金净额		
处置子公司及其他营业单位收到的现金净额		
收到其他与投资活动有关的现金		
投资活动现金流入小计		
购建固定资产、无形资产和其他长期资产支付的现金		
投资支付的现金		
取得子公司及其他营业单位支付的现金净额		
支付其他与投资活动有关的现金		
投资活动现金流出小计		
投资活动产生的现金流量净额		
三、筹资活动产生的现金流量：		
吸收投资收到的现金		
取得借款收到的现金		
收到其他与筹资活动有关的现金		
筹资活动现金流入小计		
偿还债务支付的现金		
分配股利、利润或偿付利息支付的现金		
支付其他与筹资活动有关的现金		
筹资活动现金流出小计		

续表

项目	本期金额	上期金额
筹资活动产生的现金流量净额		
四、汇率变动对现金及现金等价物的影响		
五、现金及现金等价物净增加额		
加:期初现金及现金等价物余额		
六、期末现金及现金等价物余额		

法定代表人: 主管会计工作负责人: 会计机构负责人:

二、现金流量表编制方法

现金流量表的编制是根据资产负债表和利润表、会计核算记录和业务发生情况进行重分类,因此,编制现金流量表的过程就是将权责发生制下的会计资料调整为收付实现制下的现金流量。现金流量信息要求分别经营活动、投资活动和筹资活动报告。

现金流量表的编制方法常见的有直接法和间接法。企业应当采用直接法反映经营活动产生的现金流量。现金流量表补充资料采用间接法反映经营活动产生的现金流量情况,是对现金流量表中采用直接法反映的经营活动现金流量进行核对和补充说明。

1. 直接法

直接法,是指按现金收入和现金支出的主要类别直接反映企业经营活动产生的现金流量,如销售商品、提供劳务收到的现金;购买商品、接受劳务支付的现金等就是按现金收入和支出的类别直接反映的。在直接法下,一般是以利润表中的营业收入为起算点,调整与经营活动有关的项目的增减变动,然后计算出经营活动产生的现金流量。

采用直接法具体编制现金流量表时,可以采用工作底稿法或T型账户法,也可以根据有关科目记录分析填列。

1) 工作底稿法

工作底稿法,是以工作底稿为手段,以资产负债表和利润表数据为基础,结合有关账户的记录(主要是有关的明细资料和备查账簿),对每一项目进行分析并编制调整分录,从而编制出现金流量表的一种方法。工作底稿的设计格式如表11-8所示。

表11-8 现金流量表工作底稿

项目	期初数	调整分录		期末数
		借方	贷方	
一、资产负债表项目				
借方项目				
货币资金				
……				
贷方项目				
……				

续表

项目	期初数	调整分录		期末数
		借方	贷方	
二、利润表项目				
主营业务收入				
……				
三、现金流量表项目				
(一)经营活动产生的现金流量				
……				
调整分录借贷合计				

工作底稿法的程序如下：

第一步，将资产负债表项目的年初余额和期末余额过入工作底稿中与之对应项目的期初数栏和期末数栏。

第二步，对当期业务进行分析编制调整分录。编制调整分录时，要以利润表项目为基础，从“营业收入”开始，结合资产负债表项目逐一进行分析。在调整分录中，有关现金及现金等价物的事项，并不直接借记或贷记现金，而是分别计入“经营活动产生的现金流量”“投资活动产生的现金流量”“筹资活动产生的现金流量”等项目，借记表示现金流入，贷记表示现金流出。

第三步，将调整分录过入工作底稿中的相应部分。

第四步，核对调整分录，借贷方合计数应当相等，资产负债表项目期初数加减调整分录中的借贷金额以后，应当等于期末数。

第五步，根据工作底稿中的现金流量表项目部分编制正式的现金流量表。

2) T 型账户法

T 型账户法，是以 T 型账户为手段，以资产负债表和利润表数据为基础，结合有关账户的记录，对每一项目进行分析并编制调整分录，从而编制出现金流量表的一种方法。

T 型账户法的程序如下：

第一步，为所有的非现金项目(包括资产负债表项目和利润表项目)分别开设 T 型账户，并将各自的期末期初变动数过入各该账户。如果项目的期末数大于期初数，则将差额过入和项目余额相同的方向；反之，过入相反的方向。

第二步，开设一个“现金及现金等价物”T 型账户，每边分为经营活动、投资活动和筹资活动三个部分，左边记现金流入，右边记现金流出。与其他账户一样，过入期末期初变动数。

第三步，以利润表项目为基础，结合资产负债表分析每一个非现金项目的增减变动，并据此编制调整分录。

第四步，将调整分录过入各 T 型账户，并进行核对，该账户借贷相抵后的余额与原先过入的期末期初变动数应当一致。

第五步，根据“现金及现金等价物”T 型账户编制正式的现金流量表。

3) 分析填列法

分析填列法，是直接根据资产负债表、利润表和有关会计账户明细账的记录，分析计算出现金流量表各项目的金额，并据以编制现金流量表的一种方法。

2. 间接法

间接法，是指以净利润为起算点，调整不涉及现金的收入、费用、营业外收支等有关项目，剔除投资活动、筹资活动对现金流量的影响，据此计算出经营活动产生的现金流量。由于净利润是按照权责发生制原则确定的，且包括了与投资活动和筹资活动相关的收益和费用，将净利润调整为经营活动现金流量，实际上就是将按权责发生制原则确定的净利润调整为现金净流入，并剔除投资活动和筹资活动对现金流量的影响。

采用直接法编报的现金流量表，便于分析企业经营活动产生的现金流量的来源和用途，预测企业现金流量的未来前景；采用间接法编报现金流量表，便于将净利润与经营活动产生的现金流量净额进行比较，了解净利润与经营活动产生的现金流量差异的原因，从现金流量的角度分析净利润的质量。所以，我国企业准则规定企业应当采用直接法编报现金流量表，同时要求在附注中提供以净利润为基础调节经营活动现金流量的信息，也即报表附注通常采用间接法来编制。

任务 11.5　所有者权益变动表编制

一、认识所有者权益变动表

1. 所有者权益变动表的含义和作用

所有者权益变动表，是指反映构成所有者权益各组成部分当期增减变动情况的财务报表。

所有者权益变动表是动态报表，通过所有者权益变动表，既可以为报表使用者提供所有者权益总量增减变动的信息，也能为其提供所有者权益增减变动的结构性信息，特别是能够让报表使用者理解所有者权益增减变动的根源。

所有者权益变动表为公允价值的广泛运用创造了条件；所有者权益变动表可以从综合收益角度为企业的股东和投资者提供更加全面的财务信息；所有者权益变动表既能反映企业以历史成本计价已确认实现的收入、费用、利得和损失，又能反映以多种计量属性计价的已确认但未实现的利得和损失，有利于全方面反映企业的经营业绩，进而满足报表使用者对企业会计信息披露多样化的需求。

◇**知识拓展 11.1**

综合收益的构成包括两部分，即净利润和直接计入所有者权益的利得和损失，它们均为单列项目，体现了企业综合收益的构成。

2. 所有者权益变动表的结构

所有者权益变动表一般包括表首和正表两部分。表首部分列示报表名称、编制单位、编制日期、报表编号、货币名称、计量单位等内容。所有者权益变动表的报表编号为“会企 04 表”。

正表部分至少应当单独列示反映下列信息的项目：①综合收益总额，在合并所有者权益变动表中还应单独列示归属于母公司所有者的综合收益总额和归属于少数股东的综合收益总额；②会计政策变更和前期差错更正的累积影响金额；③所有者投入资本和向所有者分配利润等；④按照规定提取的盈余公积；⑤所有者权益各组成部分的期初期末余额及其调节情况。

为了清楚地表明构成所有者权益的各组成部分当期的增减变动情况，所有者权益变动表以矩阵的形式列示：一方面，横向列示导致所有者权益变动的交易或事项，改变了以往仅仅按照所有者的各组成部分反映所有者变动情况，而是按所有者权益变动的来源对一定时期所有者权益变动情况进行全面反映；另一方面，纵向列示按照所有者权益各组成部分（包括实收资本、资本公积、盈余公积、未分配利润和库存股）及其总额列示交易或事项对所有者权益的影响。此外，企业还需要提供比较所有者权益变动表，因此，所有者权益变动表就各项目再分为“本年金额”和“上年金额”两栏分别填列。我国企业所有者权益变动表的具体格式如表 11-9 所示。

表 11-9　所有者权益变动表

会企 04 表

编制单位：　　　　____年度　　　　单位：元

项目	本年金额							上年金额						
	实收资本（或股本）	资本公积	减：库存股	其他综合收益	盈余公积	未分配利润	所有者权益合计	实收资本（或股本）	资本公积	减：库存股	其他综合收益	盈余公积	未分配利润	所有者权益合计
一、上年年末余额														
加：会计政策变更														
前期差错更正														
二、本年年初余额														
三、本年增减变动金额（减少以“－”号填列）														
（一）综合收益总额														
（二）所有者投入和减少资本														
1. 所有者投入资本														
2. 股份支付计入所有者权益的金额														
3. 其他														
（三）利润分配														
1. 提取盈余公积														

续表

项目	本年金额							上年金额						
	实收资本（或股本）	资本公积	减:库存股	其他综合收益	盈余公积	未分配利润	所有者权益合计	实收资本（或股本）	资本公积	减:库存股	其他综合收益	盈余公积	未分配利润	所有者权益合计
2. 向所有者（或股东）的分配														
3. 其他														
(四) 所有者权益内部结转														
1. 资本公积转增资本（或股本）														
2. 盈余公积转增资本（或股本）														
3. 盈余公积弥补亏损														
4. 其他														
四、本年年末余额														

法定代表人：　　　　主管会计工作负责人：　　　　会计机构负责人：

二、所有者权益变动表编制

（一）所有者权益变动表项目的填列方法

所有者权益变动表各项目均需填列“本年金额”和“上年金额”两栏。

1.“上年金额”栏填列

所有者权益变动表“上年金额”栏内各项数字，应根据上年度所有者权益变动表“本年金额”栏内所列数字填列。上年度所有者权益变动表规定的各个项目的名称和内容同本年度不一致的，应对上年度所有者权益变动表各项目的名称和内容按照本年度的规定进行调整，填入所有者权益变动表的“上年金额”栏内。

2.“本年金额”栏填列

所有者权益变动表“本年金额”栏内各项数字一般应根据“实收资本（或股本）”“资本公积”“盈余公积”“其他综合收益”“利润分配”“库存股”“以前年度损益调整”账户的发生额分析填列。

（二）所有者权益变动表主要项目填列说明

(1)“上年年末余额”项目，反映企业上年资产负债表中实收资本（或股本）、资本公积、库存股、其他综合收益、盈余公积、未分配利润的年末余额。

(2)“会计政策变更”和“前期差错更正”项目,分别反映企业采用追溯调整法处理的会计政策变更的累积影响金额和采用追溯重述法处理的会计差错更正的累积影响金额。

为了体现会计政策变更和前期差错更正的影响,企业应当在上期期末所有者权益余额的基础上进行调整,得出本期期初所有者权益,根据“盈余公积”“利润分配”“以前年度损益调整”等账户的发生额分析填列。

(3)“本年增减变动金额”项目:

“综合收益总额”项目,反映企业当年实现的净利润(或净亏损)和其他综合收益扣除所得税影响后的净额相加后的合计金额。

其中,净利润反映企业当年实现的净利润(或净亏损)金额;其他综合收益反映企业根据其他会计准则规定未在当期损益中确认的各项利得和损失。

“所有者投入和减少资本”项目,反映企业当年所有者投入和减少的资本。其中:①“所有者投入资本”项目,反映企业接受投资者投入形成的实收资本(或股本)和资本溢价或股本溢价,并对应列在“实收资本”和“资本公积”栏;②“股份支付计入所有者权益的金额”项目,反映企业处于等待期中的权益结算的股份支付当年计入资本公积的金额,并对应列在“资本公积”栏。

“利润分配”项目,反映当年对所有者(或股东)分配的利润(或股利)金额和按照规定提取的盈余公积金额,并对应列在“未分配利润”和“盈余公积”栏,其中:①“提取盈余公积”栏目,反映企业按照规定提取的盈余公积;②“向所有者(或股东)的分配”栏目,反映对所有者(或股东)分配的利润(或股利)金额。

“所有者权益内部结转”下各项目,反映不影响企业当年所有者权益总额的所有者权益各组成部分之间当年的增减变动情况,其中:①“资本公积转增资本(或股本)”项目,反映企业以资本公积转增资本或股本的金额;②“盈余公积转增资本(或股本)”项目,反映企业以盈余公积转增资本或股本的金额;③“盈余公积弥补亏损”项目,反映企业以盈余公积弥补亏损的金额。

任务 11.6　附注编制

一、认识附注

1. 附注的含义及作用

附注,是指对资产负债表、利润表、现金流量表和所有者权益变动表等报表中列示项目的文字描述或明细资料,以及对未能在这些报表中列示项目的说明等。

附注是财务会计报告的重要组成部分,是对财务报表的补充说明,有助于企业财务报表使用者理解和使用会计信息。首先,附注拓展了企业财务信息的内容,打破了财务报表内容所受限制,例如,提供报表数据的形成来源及结构的分析性信息等;其次,附注突破了揭示项目必须用货币加以计量的局限性;再次,附注充分满足了企业财务会计报告使用者的要求,增进了会计信息的可理解性;最后,附注提高了会计信息的可比性,可以使不同行业或同一行业不同企业的会计信息的差异更具可比性,从而便于进行对比分析。

2. 附注披露的基本要求

(1) 附注披露的信息应是定量、定性信息的结合,因而能从量和质两个角度对企业经济事项完整地进行反映,也才能满足信息使用者的决策需求。

(2) 附注应当按照一定的结构进行系统、合理的排列和分类,有顺序地披露信息。由于附注的内容繁多,因此,更应按逻辑顺序排列、分类披露、条理清晰,具有一定的组织结构,以便于使用者理解和掌握,也更好地实现财务报表的可比性。

(3) 附注相关信息应当与资产负债表、利润表、现金流量表和所有者权益变动表等报表列示的项目相互参照,以有助于使用者联系相关联的信息,并由此从整体上更好地理解财务报表。

二、附注的主要内容

通常情况下,附注应当按照如下顺序披露相关内容:

(一) 企业的基本情况

(1) 企业注册地、组织形式和总部地址。

(2) 企业的业务性质和主要经营活动,如企业所处的行业、所提供的主要产品或服务、客户的性质、销售策略、监管环境的性质等。

(3) 母公司以及集团最终母公司的名称。

(4) 财务报告的批准报出者和财务报告批准报出日,或者以签字人及其签字日期为准。

(5) 营业期限有限的企业,还应当披露有关营业期限的信息。

(二) 财务报表的编制基础

财务报表的编制基础,是指财务报表是在持续经营基础上还是非持续经营基础上编制的。企业一般是在持续经营基础上编制财务报表,清算、破产属于非持续经营基础。财务报表的编制基础包括会计年度、记账本位币、会计计量所运用的计量基础、现金和现金等价物的构成等。

(三) 遵循企业会计准则的声明

企业应当声明编制的财务报表符合企业会计准则的要求,真实、完整地反映了企业的财务状况、经营成果和现金流量等有关信息,以此明确企业编制财务报表所依据的制度基础。

如果企业编制的财务报表只是部分地遵循了企业会计准则,附注中不得做出这种表述。

(四) 重要会计政策和会计估计

企业应当披露采用的重要会计政策和会计估计,并结合企业的具体实际披露其重要会计政策的确定依据和财务报表项目的计量基础,以及其会计估计所采用的关键假设和不确定因素;不重要的会计政策和会计估计可以不披露。

1. 重要会计政策的说明

由于企业经济业务的复杂性和多样性,某些经济业务可以有多种处理方法,即存在不止一种可供选择的会计政策。如,存货的计价可以有先进先出法、加权平均法、个别计价法等;固定资产的折旧,可以有平均年限法、工作量法、双倍余额递减法、年数总和法等。企业在发生某项经济业务时,必须从允许的会计处理方法中选择适合本企业特点的会计政策,企业选择不同的会计处理方法,可能极大地影响企业的财务状况和经营成果,进而编制出不同的财务报表。为了有助于报表使用者理解,有必要对这些会计政策加以披露。

需要特别指出的是,说明会计政策时还需要披露下列两项内容:

(1) 会计政策的确定依据，主要是指企业在运用会计政策过程中所做的对报表中确认的项目金额最具影响的判断，有助于使用者理解企业选择和运用会计政策的背景，增加财务报表的可理解性。如，企业如何判断持有的金融资产是持有至到期的投资而不是交易性投资；又如，对于拥有的持股不足50%的关联企业，企业为何判断企业拥有的控制权因此将其纳入合并范围；再如，企业如何判断与租赁资产相关的所有风险和报酬已经转移给企业，从而符合融资租赁的标准；投资性房地产的判断标准是什么等。

(2) 财务报表项目的计量基础，是指企业计量该项目采用的是历史成本、重置成本、可变现净值、现值还是公允价值，这直接影响使用者对财务报表的理解和分析。这项披露要求便于使用者了解企业财务报表中的项目是按何种计量基础予以计量的，如存货是按成本还是按可变现净值计量的等。

2. 重要会计估计的说明

在确定报表中确认的资产和负债的账面价值过程中，企业有时需要对不确定的未来事项在资产负债表日对这些资产和负债的影响加以估计。如，固定资产可收回金额的计算需要根据其公允价值减去处置费用后的净额与预计未来现金流量的现值两者之间的较高者确定，在计算资产预计未来现金流量的现值时需要对未来现金流量进行预测，并选择适当的折现率，应当在附注中披露未来现金流量预测所采用的假设及其依据，所选择的折现率为什么是合理的等；又如，企业预计持有至到期投资未来现金流量采用的折现率和假设等。这些假设的变动对这些资产和负债项目金额的确定影响很大，有可能会在下一会计年度内做出重大调整，因此，强调这一披露要求，有助于提高财务报表的可理解性。

（五）会计政策和会计估计变更以及差错更正的说明

企业应当按照《企业会计准则第28号——会计政策、会计估计变更和差错更正》及其应用指南的规定，披露会计政策和会计估计变更以及差错更正的有关情况。

（六）报表重要项目的说明

企业对报表重要项目的说明，应当按照资产负债表、利润表、现金流量表、所有者权益变动表及其项目列示的顺序，对报表重要项目的说明采用文字和数字描述相结合的方式进行披露。报表重要项目的明细金额合计应当与报表项目金额相衔接。企业应当在附注中披露费用按照性质分类的利润表补充资料，可将费用分为耗用的原材料、职工薪酬费用、折旧费用、摊销费用等。主要包括以下重要项目：

(1) 应收款项。企业应当披露应收款项的账龄结构和客户类别以及期初、期末账面余额等信息。

(2) 存货。企业应当披露下列信息：

①各类存货的期初和期末账面价值；②确定发出存货成本所采用的方法；③存货可变现净值的确定依据，存货跌价准备的计提方法，当期计提的存货跌价准备的金额，当期转回的存货跌价准备的金额，以及计提和转回的有关情况；④用于担保的存货账面价值。

(3) 长期股权投资。企业应当披露下列信息：

①对控制、共同控制、重大影响的判断；②对投资性主体的判断及主体身份的转换；③企业集团的构成情况；④重要的非全资子公司的相关信息；⑤对使用企业集团资产和清偿企业集团债务的重大限制；⑥纳入合并财务报表范围的结构化主体的相关信息；⑦企业在其子公司的所

有者权益份额发生变化的情况;⑧投资性主体的相关信息;⑨合营企业和联营企业的基础信息;⑩重要的合营企业和联营企业的主要财务信息;⑪不重要的合营企业和联营企业的汇总财务信息;⑫与企业在合营企业和联营企业中权益相关的风险信息;⑬未纳入合并财务报表范围的结构化主体的基础信息;⑭与权益相关资产负债的账面价值和最大损失敞口;⑮企业是结构化主体的发起人但在结构化主体中没有权益的情况;⑯向未纳入合并财务报表范围的结构化主体提供支持的情况;⑰未纳入合并财务报表范围结构化主体的额外信息披露。

(4) 投资性房地产。企业应当披露下列信息:

①投资性房地产的种类、金额和计量模式;②采用成本模式的,投资性房地产的折旧或摊销,以及减值准备的计提情况;③采用公允价值模式的,公允价值的确定依据和方法,以及公允价值变动对损益的影响;④房地产转换情况、理由,以及对损益或所有者权益的影响;⑤当期处置的投资性房地产及其对损益的影响。

(5) 固定资产。企业应当披露下列信息:

①固定资产的确认条件、分类、计量基础和折旧方法;②各类固定资产的使用寿命、预计净残值和折旧率;③各类固定资产的期初和期末原价、累计折旧额及固定资产减值准备累计金额;④当期确认的折旧费用;⑤对固定资产所有权的限制及金额和用于担保的固定资产账面价值;⑥准备处置的固定资产名称、账面价值、公允价值、预计处置费用和预计处置时间等。

(6) 无形资产。企业应当披露下列信息:

①无形资产的期初和期末账面余额、累计摊销额及减值准备累计金额;②使用寿命有限的无形资产,其使用寿命的估计情况;使用寿命不确定的无形资产,其使用寿命不确定的判断依据;③无形资产的摊销方法;④用于担保的无形资产账面价值、当期摊销额等情况;⑤计入当期损益和确认为无形资产的研究开发支出金额。

(7) 职工薪酬。企业应当披露短期职工薪酬相关的下列信息:

①应当支付给职工的工资、奖金、津贴和补贴及其期末应付未付金额;②应当为职工缴纳的医疗保险费、工伤保险费和生育保险费等社会保险费及其期末应付未付金额;③应当为职工缴存的住房公积金及其期末应付未付金额;④为职工提供的非货币性福利及其计算依据;⑤依据短期利润分享计划提供的职工薪酬金额及其计算依据;⑥其他短期薪酬。

企业应当披露所设立或参与的设定提存计划的性质、计算缴费金额的公式或依据、当期缴费金额以及应付未付金额。

企业应当披露与设定受益计划有关的下列信息:

①设定受益计划的特征及与之相关的风险;②设定受益计划在财务报表中确认的金额及其变动;③设定受益计划对企业未来现金流量金额、时间和不确定性的影响;④设定受益计划义务现值所依赖的重大精算假设及有关敏感性分析的结果。

企业应当披露支付的因解除劳动关系所提供辞退福利及其期末应付未付金额。

企业应当披露提供的其他长期职工福利的性质、金额及其计算依据。

(8) 应交税费。企业应当披露应交税费的构成及期初、期末账面余额等信息。

(9) 短期借款和长期借款。企业应当披露短期借款、长期借款的构成及期初、期末账面余额等信息。对于期末逾期借款,应分贷款单位、借款金额、逾期时间、年利率、逾期未偿还原因和预期还款期等进行披露。

(10) 应付债券。企业应当披露应付债券的构成及期初、期末账面余额等信息。

(11) 长期应付款。企业应当披露长期应付款的构成及期初、期末账面余额等信息。

(12) 营业收入。企业应当披露营业收入的构成及本期、上期发生额等信息。

(13) 公允价值变动收益。企业应当披露公允价值变动收益的来源及本期、上期发生额等信息。

(14) 投资收益。企业应当披露投资收益的来源及本期、上期发生额等信息。

(15) 资产减值损失。企业应当披露各项资产的减值损失及本期、上期发生额等信息。

(16) 营业外收入。企业应当披露营业外收入的构成及本期、上期发生额等信息。

(17) 营业外支出。企业应当披露营业外支出的构成及本期、上期发生额等信息。

(18) 所得税费用。企业应当披露下列信息：

①所得税费用(收益)的主要组成部分；②所得税费用(收益)与会计利润关系的说明。

(19) 其他综合收益。企业应当披露下列信息：

①其他综合收益各项目及其所得税影响；②其他综合收益各项目原计入其他综合收益、当期转出计入当期损益的金额；③其他综合收益各项目的期初和期末余额及其调节情况。

(20) 政府补助。企业应当披露下列信息：

①政府补助的种类及金额；②计入当期损益的政府补助金额；③本期返还的政府补助金额及原因。

(21) 借款费用。企业应当披露下列信息：

①当期资本化的借款费用金额；②当期用于计算确定借款费用资本化金额的资本化率。

(七) 或有和承诺事项、资产负债表日后非调整事项、关联方关系及其交易等需要说明的事项

详细说明请参考相关资料。

(八) 有助于财务报表使用者评价企业管理资本的目标、政策及程序的信息

详细说明请参考相关资料。

参考文献

[1] 财政部会计资格评价中心.初级会计实务[M].北京:中国财经出版传媒集团,经济科学出版社,2017.

[2] 财政部中财传媒 全国会计资格考试辅导用书编写组.初级会计实务通关题库[M].北京:经济科学出版社,2017.

[3] 东奥会计在线.2018 会计专业技术资格考试机考题库一本通[M].上海:上海财经大学出版社,2017.

[4] 财政部会计资格评价中心.中级会计实务[M].北京:中国财经出版传媒集团,经济科学出版社,2017.

[5] 财政部会计司编写组.企业会计准则讲解:2010[M].北京:人民出版社,2010.

[6] 谢国珍,李传双.财务会计[M].5 版.北京:高等教育出版社,2016.

[7] 王宗江,张洪波.财务会计[M].5 版.北京:高等教育出版社,2016.

[8] 解媚霞.财务会计实务学习指导、习题与项目实训[M].3 版.北京:高等教育出版社,2016.

[9] 张志凤,刘忠.初级会计实务[M].北京:北京大学出版社,2015.

[10] 全国税务师职业资格考试教材编写组.财务与会计[M].北京:中国税务出版社,2016.

[11] 范雅玲,崔红敏.初级会计实务[M].北京:高等教育出版社,2013.

[12] 王碧秀.财务会计实务[M].北京:人民邮电出版社,2013.